U0611607

南开现代项目管理系列教材

国际项目管理协会主席主编并亲自编写多部著作
亚洲最优秀项目管理教育团队倾力奉献

南开现代项目管理系列教材

项目时间管理

（第2版）

杨 坤 李 平 编著

南开大学出版社

天 津

图书在版编目(CIP)数据

项目时间管理 / 杨坤，李平编著. —2 版. —天津：南开
大学出版社，2014.4(2022.1 重印)
南开现代项目管理系列教材
ISBN 978-7-310-04430-6

Ⅰ.①项… Ⅱ.①杨…②李… Ⅲ.①项目管理－时间学
－高等学校－教材 Ⅳ.①F224.5

中国版本图书馆 CIP 数据核字(2014)第 039224 号

版权所有 侵权必究

项目时间管理(第二版)
XIANGMU SHIJIAN GUANLI (DI-ER BAN)

南开大学出版社出版发行
出版人：陈 敬
地址：天津市南开区卫津路 94 号 邮政编码：300071
营销部电话：(022)23508339 营销部传真：(022)23508542
https://nkup.nankai.edu.cn

天津午阳印刷股份有限公司印刷 全国各地新华书店经销
2014 年 4 月第 2 版 2022 年 1 月第 11 次印刷
230×170 毫米 16 开本 20.75 印张 378 千字
定价：52.00 元

如遇图书印装质量问题,请与本社营销部联系调换,电话:(022)23508339

《南开现代项目管理系列教材》编委会名单

总　主　编:戚安邦

编委会成员:于仲鸣　李金海　何红锋

程莉莉　焦媛媛　杨　坤

杜倩颖

总　策　划:胡晓清

总　序

　　随着全世界的经济逐步向知识经济迈进,创造和运用知识开展创新活动成了全社会人们创造财富和福利的主要手段。由于任何企业或个人的创新活动都具有一次性、独特性和不确定性等现代项目的特性,因此人们的各种创新活动都需要按照项目的模式去完成。任何项目都需要使用现代项目管理的方法去进行有效的管理和控制,因此现代项目管理成了近年来管理学科发展最快的领域之一。近年来甚至有人提出现代管理科学可以分成两大领域,其一是对于周而复始不断重复的日常运营的管理(Routine Management),其二是对于一次性和独特性任务的项目管理(Project Management)。因为实际上人类社会的生产活动就有这两种基本模式,而且至今人类创造的任何成就和物质与文明财富都始于项目,都是先有项目后有日常运营。只是过去人们从事项目的时间很短而从事日常运营的时间很长,然而在信息社会和知识经济中人们从事项目的时间变长,所以现代项目管理就获得了长足的发展。

　　现代项目管理实际上始于20世纪80年代,最重要的标志是1984年以美洲为主的项目管理协会(PMI)推出了现代项目管理知识体系(PMBOK)的草案,随后在1996年他们推出了PMBOK的正式版本,国际标准化组织于1997年推出了相应的ISO10006标准。最近10年是现代项目管理发展最快的时期,这主要表现在两个方面。其一是现代项目管理的学术发展十分迅速,不断形成了自己独立的学科,而且学科知识体系建设得到飞速发展,全球数百家大学已经设立了相关系科或研究院所。20世纪80年代以来,管理学界许多新的学术领域的发展都是与现代项目管理有关的,"虚拟组织"、"学习型组织"、"项目导向型组织与社会"都属于此列。其二是现代项目管理的协会和资质认证大发展,全球不但有以美洲为主的项目管理协会(PMI),还有以欧洲为主的国际项目管理协会(IPMA),各国的项目管理协会也相继成立。他们一方面不断组织自己的会员开展现代项目管理的研究,而且分别推出了自己的项目管理知识体系。另一方面,他们在现代项目管理职业教育方面推出了大量的课程和资质认证,这方面既有PMI的项目管理专业人员资质认证(PMP),也有IPMA的国际项目管理人员资质认证(IPMP)。这些对于推动现代项目管理的发展起到了巨大的作用,从而使得现代项目管理成了近年来发展最快的管理学科专业领域之一。

　　我国的现代项目管理学科发展最早始于 20 世纪最后几年,国内最早的现代项目管理译著应该是由南开大学张金成教授于 1999 年翻译出版的《成功的项目管理》。随后 PMI 和国家外专局的培训中心以及南开大学商学院于 1999 年夏天共同在南开大学举办了国内首次引进 PMI 现代项目管理知识体系(PMBOK)和项目管理专业认证(PMP)的新闻发布会。紧接着在 2001 年春节南开大学戚安邦教授等受国家外专局委托主持了在中央电视一台播出的"现代项目管理"讲座,并且以 PMBOK 的 1996 年版为蓝本出版了国内最早的《现代项目管理》一书,该书成为国内 PMP 认证的指定教材。接下来 IPMA 也在中国开展他们的 IPMP 认证和推广工作,而且随着这些推广工作的开展,国内现代项目管理教育和培训的热潮空前高涨和迅猛发展。到了 2004 年国务院学位办和国家教育部全面认识到了中国信息社会与知识经济发展的需要,从而在充分论证的基础上专门开设了(现代)项目管理工程硕士的专业学位教育,并且当年首次就授权 72 家高校开办这一专业硕士学位的教育,到 2005 年经国务院学位办和教育部批准的项目管理工程硕士教育主办单位就已经超过了 MBA 专业学位教育经过 15 年批准的主办单位的总数。现代项目管理教育的这种快速发展充分说明,在当今信息社会和知识经济中现代项目管理是最为重要和发展最为迅速的管理学专业领域之一。

　　南开大学是国内最早开展现代项目管理研究和教育的著名高校之一,由此而形成了一个非常强大的研究创新群体和现代项目管理师资队伍。他们不但完成了许多国家和企业委托的科学研究和应用研究的课题,而且由南开大学出版社组织出版了一系列的现代项目管理专著、译著和教科书。最早他们于 2001 年就出版了《21 世纪工程造价管理前沿丛书》一套 8 本专著;2003 年他们出版的《项目管理学》(戚安邦主编)获得了天津市社科成果奖并且是天津市精品课教材(也是天津市 2005 年推荐申报国家精品课的教材);2004 年他们又出版了《南开·现代卓越项目管理普及丛书》一套 4 本;2005 年他们出版了《南开现代项目管理译丛》一套 6 本,全面介绍了国际上最新的现代项目管理研究成果,为此国际项目管理协会前主席,现任《国际项目管理杂志》(International Journal of Project Management)主编的 J. R. Turner 教授还专门为他们作了英文序言。本次出版的《南开现代项目管理系列教材》已经是我们第四次出版现代项目管理的系列丛书了,由此可见南开大学和南开大学出版社在现代项目管理的研究和出版事务中具有深厚的积累和很强的实力。因此我们对于本套系列教材的质量和成功都信心十足,因为这是我们多年在现代项目管理领域的研究和教学的积累成果的体现。

本套《南开现代项目管理系列教材》主要是面向现代项目管理工程硕士和现代项目管理本科专业以及现代项目管理高自考本科段教学的，所以它包括三个层次的教材。第一个层面的是现代项目管理的基础课教材，如《项目管理学》、《项目评估学》、《项目设计与计划》、《项目管理仿真与软件应用》和《项目管理法律法规及国际惯例》等。第二个层面的是现代项目管理的专业基础课教材，如《项目成本管理》、《项目时间管理》、《项目质量管理》、《项目采购管理》、《项目风险管理》和《项目组织与沟通管理》等。第三个层面的是现代项目管理的专业课教材，如《建设项目管理》、《IT 项目管理》、《研发项目管理》和《金融项目管理》等。本套现代项目管理教材的知识体系框架是按照 PMI 最新发布的 PM-BOK2004 版组织的，所以本系列教材是与国际上现代项目管理的最新发展同步的。另外，本系列教材的最大特色是整个系列教材中的基础课和专业基础课都是面向一般项目管理的，即都是针对各种一次性和独特性任务的现代项目管理的，而不是传统以工程项目管理为核心内容的，所以本系列教材具有很强的普遍适用性。

当然，由于编者自身的水平所限和编写时间紧迫，所以本套系列教材难免会存在某些不足之处。我们真诚地希望广大读者和使用本系列教材的教师与学生，能够诚恳地指出我们的不足和失误之处。我们会在随后的出版工作中予以纠正，因为本系列教材将不断修订和推出最新的版本，以供广大的现代项目管理工作者使用。我们认为：现代项目管理的学科建设和教育发展是我们中华民族在走向信息社会和知识经济中必须倚重的一个专门的学问，开拓和发展现代项目管理事业既是我们大家的神圣职责，也是为我们伟大祖国贡献聪明才智的最好机遇。因为这是一个我国未来十分需要，而现在又相对较新和发展迅速的领域。我们希望能够与本领域的所有人共同合作，去做好这一份伟大的事业。

《南开现代项目管理系列教材》编委会

前　言

　　在西方国家,项目管理的应用已十分普及。因为它的理论与应用方法极大程度地提高了管理人员的工作成效和效率,所以项目管理已从最初的国防和航天领域(如"曼哈顿"计划,"阿波罗登月计划"等)迅速发展到目前的电子、通讯、计算机、软件开发、建筑业、制药业、金融业等行业甚至政府机关。随着中国对外开放以及加入WTO之后,愈来愈多的跨国公司将进入中国,同时也会有愈来愈多的企业走出国门,参与国际性竞争。在这种重大的机遇面前,能否把握住一次次机会,实现企业的发展战略,中国的管理人员愈加迫切地需要掌握国际上最新的项目管理知识体系和技能。

　　项目时间管理(Project Time Management),也称为项目进度管理和项目工期管理,是项目管理的重要组成部分之一,它和项目成本管理、项目质量管理、项目范围管理并称为项目管理的"四大约束管理"。实现对时间、范围、质量和费用的平衡与控制是使项目管理成功的关键,而时间管理则是保证整个项目在计划预期的时间内成功完成的重要一步。本书试图将项目时间管理从整个项目管理的大体系中细分出来,将项目时间管理的内容和方法系统地作一介绍,使读者能从时间管理的层面来了解项目管理的过程与方法。

　　本书的特点是首先注重理论体系与专用工具和方法的介绍,其次也为读者提供了较为丰富的案例,因为项目管理是一种非常注重实践性和操作性的学科。我们希望这样能够帮助读者更好地理解理论并有效应用于实践。同时为了便于读者进一步查阅相关文献,每一章的结尾都列出了关键术语和参考文献。同时,一些简单的思考练习题也将为读者提供一些思路,以更好地领悟理论的精髓。此外,不同于一般项目管理的内容,本书还加入了项目经理和项目团队成员如何管理时间的一些观念、技巧和方法,相信这对实践中的项目从业人员会有很大的帮助。因为从某种意义上讲,成功的项目时间管理也从成功的个人时间管理开始。

　　本书共分成十二个部分。在对项目时间管理进行了总体描述与相关概念介绍之后,分十个部分对项目时间管理的内容进行了详细阐述。项目生命周期与项目时间管理介绍了项目生命周期的有关概念、项目在生命周期各阶段的特点,以及项目生命周期与项目时间管理的关系;项目活动的分解和定义介绍了如何对项目工作分解结构作进一步分解,如何给出项目的活动清单和有关项目活动清单的支持细节以及更新后的工作分解结构的方法;项目活动的排序通过对各项活动之间依赖关系的分析讲述了如何对项目活动进行排序;项目活动资源需求估计介绍了项目活动资源需求的重要意义、项目活动资源需求的定义和分类、项目活动资源与项目时间管理的关系以及项目活动资源需求估计的输入、输出和确定方法;项目工期估算介绍了项目各项活动历时估计和整个项目工期的估算方法,介绍了 CPM/PERT 等项目时间管理的专有思路和工具;项目时间计划编制介绍了根据项目活动定义、项目活动排序、项目活动工期和所需要资源估计,对项目进行分析并编制项目时间计划的方法;项目时间管理计划介绍了在项目计划及开展过程中,如何订立时间计划、上报审批、存档,以及对实际项目执行当中偏离项目时间计划的情况应该如何处理的方法;项目经理的时间管理通过回顾个人时间管理的基本内涵、重要性和时间管理矩阵的相关内容及其应用,介绍了项目经理在从项目开始到结束整个过程中的时间管理方法和原则、应掌握的与时间管理有关的基本技能;项目团队成员的时间管理介绍了项目团队成员个人,包括项目团队成员中的高级、中级、低级管理人员,以及项目团队的普通成员的时间管理;实践中的项目时间管理通过几个经典的项目时间管理案例,形象地讲述了项目时间管理的实践应用。

本书也是集体努力的结果。南开大学项目管理工程硕士中心主任、博士生导师戚安邦教授多次帮助编者修改大纲和确定全书的内容及结构安排。南开大学出版社的胡晓清编辑多次主持召开编委会会议,对写作此书给予了相当多的专业指导。此外很多同学在繁忙的学习之余也积极、热心地帮助编者搜集资料、打印文稿,他们是凤翔宇(绪论部分)、乔娜(第一章)、张子扬(第二章)、黄静(第三章)、李中(第四章)、徐源(第五章)、黄秋国(第六章)、屈鹏、(第七章)、段爽、张婷(第八章)、李静(第九章)、唐磊(第十章)、岳有旺(第十一章)。在此对以上同志和同学的帮助与指点表示衷心感谢。

尽管本书酝酿和准备时间都比较长,但限于编者的知识和经验,书中难免会有疏漏和错误,恳请读者多提宝贵意见和建议,以便在未来的修订中能够使本教材不断丰富内容和提高质量。本书主要供教学使用,考虑到教材知识点的准确性和通用性,本书从项目管理的相关文献中引入了大量的资料介绍给读者,编者在此也对这些项目管理同行深表谢意,并期待着今后能在项目管理教材编写上与广大同行进一步加强合作。

编 者

2013 年 1 月于南开大学

目录

绪　论

一、项目时间管理与项目管理

时间就是金钱,效率就是生命。项目的主要特点之一即是有严格的期限要求,不仅开始时间明确,对结束时间也很严格。一个项目能否在预定的时间框架内完成,是项目管理的一项关键内容和绩效衡量指标,安排进度计划的目的也正是为了控制时间和节约时间。一个项目的时间进度如果得不到科学的管理,任由各项活动自由开展,那么具有网络化结构特征的项目活动必然会出现窝工等待、人员和设备闲置无事,而某些活动又急于过早完成、人困马乏的现象。最终还可能导致整个项目延长工期,造成人力物力的浪费;而如果盲目追求节省时间,通过牺牲质量来赶工期、抢进度,又势必会加大成本,并给项目留下无穷后患。所以,进度控制堪称项目控制的首要内容,是项目的灵魂。从某种意义上说,管理时间就是管理成功。因此也就不难理解,项目时间管理(Project Time Management)构成了项目管理的重要组成部分,它和项目成本管理、项目质量管理、项目范围管理并称为项目管理的"四大约束管理"。

在描述项目目标与其他约束目标的关系时,我们常常表示为图 1 这样的情况。

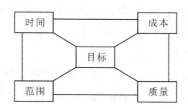

图 1　项目目标与四大约束

　　该图形象地说明,不仅四大约束目标对项目整体目标具有直接的影响,它们之间也是互相影响的。从时间管理的角度来看,它与其他项目管理内容之间的关系是:

　　●项目范围管理:工作分解结构(WBS)是活动定义的基础,是活动清单编制的前提和基础,也是整个时间管理的基础。清晰的项目范围是整个项目工期计算的最重要的依据。一旦漏项,不仅整个项目活动网络图要重新绘制,对项目时间和成本也会带来直接的影响。可以说范围管理在明确项目干什么和不干什么的同时,也为包括时间管理在内的很多具体的管理工作提供了基础性的工作依据。

　　●项目成本管理:成本管理和时间管理是相辅相成的。良好的时间管理避免了无谓的赶工和窝工等现象,这是任何管理活动中都力求避免的浪费现象,节约了项目成本;而良好的成本管理又保证了时间和资金的同步进展,资金到位不至于影响活动的顺利开展。再具体来讲,活动工期估算和进度计划编制均须考虑资源需求及资源可用情况(其中就包括资金使用);而项目进度计划又是成本预算的主要输入,进度计划的编制过程可能会修改资源需求,从而影响项目成本,因此是成本基准计划的主要关联依据。

　　●项目质量管理:质量不符合预期要求的原因,除了技术方面的因素以外,就是工期的压力,以致不得不降低质量要求而赶工期。这既可以在一般的居民家庭装修中见到,也可以在奥运会这样大型的项目管理中见到。这种质量问题一是来自缩小工作范围,比如建筑业的辅助工程;二是来自减少工作次数和环节,比如建筑物内的墙面粉刷有严格的工作程序和次数要求。降低质量追赶工期的结果,是在按期交付项目的同时也为日后项目运行期留下了隐患。

　　狭义的项目时间管理也称为项目工期管理(Project Duration Management)、项目进度管理(Project Schedule Management),它是指为了确保项目能够在规定时间内实现项目目标,针对项目活动进度及日程安排所进行的管理工作。对项目开展时间管理就是要在规定的时间框架内,制定出经济合理的时间计划,然后在该计划的执行过程中,检查实际工作进度是否与时间计划相一致。若出现偏差,要及时找出原因,采取必要的补救措施。如有必要,还要调整原时间计划,从而保证项目按原计划完成或按照新的时间计划完成。

　　具体来说,项目时间管理可大体分为如下内容:

(一)项目时间计划工作

　　项目时间计划工作包括活动定义、活动排序、资源估计、活动历时估算、活动时间计划等几项工作,它的成果是要形成一份在现有假设条件基础上的项目工期、总体进度计划、显示图表以及所有活动的时间安排(可以细化到每一项活动什么时候可以或者必须开始、什么时候可以或者必须结束）。这项工作通常在项目立项以前就应该比较精确地完成，以便为是否能够在规定交付时间以前完成项目提供决策依据，它决定着我们是否应该立项或者放弃项目。在此之后，在实际大规模投入资源以前，还应该把与资源投入相对应的更加细致的进度计划准备到位，为项目的实际操作提供时间框架和依据。

（二）项目时间计划的管理工作

项目时间计划的管理工作主要是确保项目在实际运作过程中能够遵守已经制定出的时间计划。它包括对时间计划执行情况的监测、变动或变更管理，以及新的时间计划的制定、报告和审批工作。通常人们将此阶段的工作简称为进度控制。

项目时间管理的过程与活动不是孤立的，而是既相互关联又相互影响的。每个过程与活动都需要项目经理和项目团队予以重视并付出一定的努力。一些所谓的经验和惯例做法是不可取的，比如人们常说，计划赶不上变化，所以只要积极努力、拼命向前赶就不会耽误工期。现实当中我们已经有了很多这方面的经验教训。当你制定了严格的时间计划之后还不能保证按期完工，更何况在没有计划、一头雾水、盲目赶工的情形下，结果只会更糟。

另外，尽管这些过程与活动在理论上是分阶段的，而且各阶段都是界限分明的，但在实际的项目实施和管理中，它们却是相互交叉、混合在一起的。对于小型的私人项目，一些项目管理的过程与活动甚至可以合并。例如，项目时间管理中的项目活动界定、工作排序、工期估算、制定项目时间计划等活动几乎可以同时进行，所以常常被视为一个阶段，甚至可以由一个人在相当短的时间内完成。因此，从事项目管理活动的人必须了解项目时间管理的所有相关内容。

二、项目时间管理知识与本书结构

在作出具体的项目时间计划之前，项目团队必须做好充分的前期准备，其中包括分析和确定项目的各项活动，研究和分析活动顺序，确定资源的需求和供给状况，对各项活动进行时间估算等。很多项目经理在做进度规划时只图节省时间，把这些前期准备工作都省略掉了，并试图在项目进行当中再不断补充完善。须知，每个项目除了计划好的活动以外，还会面临大量的突发事件。计划工作的目的是将非计划活动的数量压缩到最小。而人为的计划不周实际上是在进一步加大突发事件的数量。其结果必然是后面的工作要么走了很多弯路，要么穷于应付新的工作，反而浪费更多的时间。正所谓"磨刀不误砍柴工"，做好充分准备，制定出较为合理可行的项目时间计划，将为整个项目时间管理打下基础。

三、编制项目时间计划的基础性工作

我们需要做好哪些基础性工作才能编制出一份科学、合理的项目时间计划呢？

(一)项目活动的分解与定义

项目活动分解是指在项目工作分解结构的基础上，为了使项目活动更易识别、分析、定义和管理，通过进一步分解和细化将项目逐步分解为更小的与更易操作的结构化、层次化的活动单元，找到完成项目目标所需的所有活动。

项目活动定义(Project Activity Definition)是一个过程，它涉及确认和描述完成项目目标所需要的所有活动，完成了这些活动意味着完成了工作分解结构(WBS)中的项目细目和子细目，它是为确定实现项目目标所必须开展的一系列具体项目活动的一项工作任务。

在此过程中，项目团队可以发现和确认原有项目工作分解结构中遗漏的、错误的和不妥的地方，并进行增删、更正和修订，形成完整的项目活动清单，并对工作分解结构进行更新。同时，也要对其他相关的项目管理文件进行更新，否则就会造成项目活动定义文件与其他项目管理文件脱节的现象，从而使项目管理陷入混乱的境地。此部分详细内容将在本书第三章进行介绍。

(二)项目活动排序

在完成项目活动定义后，项目时间管理的下一个步骤就是活动排序(Activity Sequencing)。活动排序涉及审查活动之间的依赖关系(包括必然的依存关系、组织关系及外部制约关系)、项目的活动清单和项目出产物的描述以及项目的各种约束和假设条件。

在对项目活动进行了正确的排序后，才有可能在此基础上制定出切实可行的进度计划。排序可由计算机执行(利用计算机软件)或用手工排序。对于小型项目手工排序很方便，对大型项目的早期阶段(此时对项目细节了解甚少)用手工排序也是方便的，或者手工编制和计算机排序结合使用。

在项目时间管理中，有特定的术语和工具用来描述活动之间的逻辑关系和排序结果，并且图形显示工具也有利于以后的项目操作和时间控制。有关内容将在本书第四章进行介绍。

(三)项目资源需求的确定

以往我们在排序工作完成以后就可以对所有活动进行活动历时估计，但现在我们要加入资源需求估计和确定这样一个环节。实际上，一项活动应该耗用多长时间既与该活动的技术经济特性有关，也与它所需要使用的活动资源能否及时到位有关。项目的资源按其特点可分为两类：

●可以无限使用的资源。这类资源的供给比较充足,而且价格很低,在项目的执行过程中,对成本没有太大的影响,可根据项目的需要任意使用,如简单的劳动力、普通的设备等都属于这一类。

●只能有限使用的资源。这类资源是指价格比较昂贵或者比较稀缺,在项目实施过程中不可能完全得到或者使用数量有明确标准的资源,比如大型的机器设备和高水平的人力资源等。

项目时间计划是项目计划中的主要部分。因此,对于可以无限使用的资源,项目资源需求的确定必须服务于工作进度计划,什么时候需要何种资源应当围绕工作进度计划的需要确定。但对于只能有限使用的资源,项目时间计划和项目资源使用类计划(比如成本计划和采购计划)要作必要的妥协和权衡。这部分相关内容将在本书第五章进行介绍。

(四)活动历时估计

活动的历时估计是在确定了活动的排序关系以及资源需求和供给状况后,预计完成各项活动所需时间的长短,它是项目时间计划制定的一项重要的基础性工作,并由在项目团队中熟悉该活动特性的个人和小组来进行估计。

活动的历时估计直接关系到项目完工时间的计算和完成整个项目任务所需要的时间要求细节,比如哪些活动必须在何时开始和结束。若活动时间估计得太短,则会在工作中造成被动紧张的局面;相反,若活动时间估计得太长,就会使在此基础上得到的整个工程的完工期延长,影响决策的科学性和合理性。因此,对活动历时的估计要做到客观、正确。这就要求在对活动作出时间估计时,不应受活动重要性及工程完成期限的影响,要在考虑人力、物力、财力等各种资源的情况下,把活动置于独立的正常状态下进行估计,这样才能得到比较客观的数据。这部分内容将在本书第六章进行介绍。

(五)项目工期估算

如果单纯从理论的角度讲,项目活动历时或者活动工期是运用各种方法估计出来的,但项目的整个工期却是可以通过项目时间管理特有的数学工具严格计算出来的。不过由于我们计算整个项目工期的基础是项目活动的历时估计数值,而且有时还会根据实际情况和以往经验对数学计算结果进行人为调整,所以我们仍然将项目工期视为估计数值,而非严格的数学推理和计算。

估算的工期应该现实、有效并且能够保证质量。若项目的工期估算过短,会使项目组织处于被动和无必要的紧张状态,增加赶工成本;若项目的工期估算过长,又会延迟项目的完成,可能使项目失去大好的获利机会,并增加日常运作成本。所以,在估算工期时要充分考虑活动清单、合理的资源需求、人员的能力、环境以及风险因素等对项目工期的影响。

项目工期估算的方法需要根据项目具体的情况确定。对于确定性项目来说，基于单点时间估计方法比较方便快捷。而对于不确定性项目来说，则需要运用基于三点时间估计的方法，其专业叫法为关键路径法（CPM，Critical Path Method）和项目评审技术（PERT，Program Evaluation and Review Technique）。有关内容将在本书第六章加以介绍。

四、编制项目时间计划

在前期准备工作就绪后就可以进入项目时间管理的下一个步骤——编制项目时间计划。项目时间计划是对项目活动所进行的时间安排，其目的是通过确定各活动的开工或完工日期，最终确定整个项目的开工或完工时间。

除了在计算机内可以生成文字和表格式的项目时间计划以外，项目管理还有自己特有的一些图形显示工具，帮助人们更好地把握项目的工作进度。这些图表包括项目的里程碑图、甘特图以及网络图等，它们或繁或简，既可随身携带，也可放大后贴于项目经理办公室的墙壁上，是非常直观、好用的时间管理工具。

另外，在现代项目时间管理中，仅仅满足于编制出项目时间计划，并以此来进行资源调配和进行工期控制是远远不够的，还必须依据各种主、客观条件，在满足工期要求的同时，合理安排时间与资源，力求达到资源消耗合理和经济效益最佳这一目的，这就是时间计划的优化。工期压缩方法就是考虑在不改变项目范围的前提下缩短工期，这部分详细内容将在第七章进行介绍。

五、项目时间管理计划

项目时间计划为实施科学合理的项目时间管理提供了依据，但项目能否如期完成还与项目能否按计划执行有关。人们常说，计划赶不上变化。由于外部环境的变化，项目的时间进度经常会与进度计划发生偏离，因此，在制定项目时间计划后，还应制定出相应的项目时间管理计划，通过加强团队内外部沟通，及时了解各方面的最新进展情况，更好地应对环境的变化。

项目时间管理计划包括如何进行状态报告，随时了解时间计划执行的情况，例如哪些活动已经如期完成，哪些活动尚未按期完成；如何分析偏差，确定是否需要变更进度；如何与团队成员、客户及其他利益相关者进行沟通，并在突发事件出现时及时有效地采取应对措施，从而确保项目能够如期完成。这部分具体内容将在本书第八章进行介绍。

六、项目时间计划的变更管理

在整个项目实施过程中，各方面可能发生的变更都会对时间计划产生影响，例如项目范围的变更或质量水平的变更。这些变更来源于各个方面,可能是由客户或项目团队等人为因素引起的,也可能是由一些不可预见的外部因素引起的,如客户向承约商或项目团队提出一些新的要求,以及项目团队基于项目执行情况对项目时间计划所作的一些变更,还有因意外事故而改变计划等。同时,随着项目的进展,更多活动细节的深化也会引起一些计划变更。实际上,无论最初的网络图详细到何种程度,在项目进展过程中都会分解出一些新的活动,从而引发时间计划的变更。

　　无论这些变更是由客户、承约商、项目团队成员还是由不可预见的事件引起的,都要求对原项目计划涉及的范围、预算和进度进行修改。对于项目的时间计划而言,变更可能引起活动的增加或删除、活动的重新排序、活动工期估计的变更或者项目要求完工时间的更新等。

　　但是,变更工作不可随意进行,特别是以时间紧张为借口。在形成项目时间计划变更方案后,还要对变更方案进行综合评估,包括方案的可行性、经济性和风险性等,看看新的方案是否符合新的变化要求,变更后的方案是否优于原有方案等,然后在实施过程中还要进行控制工作。有关内容将在本书第八章进行介绍。

七、项目团队的时间管理
(一)项目经理的时间管理

　　时间是稀缺资源,能否驾驭时间并成为时间的主人对每一位经理人来说都是一种考验。事实上,研究发现,在很多情况下,经理人都没有有效地利用他们的时间。虽然他们每天都在奔波忙碌,但却经常只是在做一些积极而又无效的活动而已。一些调查常常让我们感到震惊,经理的很多时间都浪费在各种各样无效的活动中了。因此,对经理人的工作时间进行科学有效的管理是十分重要而且必要的。

　　就项目经理来说,对时间进行科学的管理就更加重要了。对一个一般的经理人来说,如果执行的是经过精心计划而且还不断重复的任务,那么实现有效的时间管理并不难。但作为一个项目经理,面对的是每一次都不相同的项目和任务,需要制定计划、安排进度、对资源和活动进行控制等,工作内容涉及时间管理、质量管理、成本管理、风险管理、人力资源管理等各个方面,再加上往往有出乎意料的问题出现,有效的时间管理自然具有相当的难度。而项目经理能否有效地利用时间又会直接影响到项目能否在既定时间内完成。项目的时效性对项目经理有效安排和利用时间的能力提出了更高的要求,可以说管理时间的能力是项目经理必备的一项基本能力。

时间作为一种稀缺资源是需要进行合理规划和利用的,但是说来简单做起来却很难。有时常常不知道究竟是什么因素影响了我们对时间的合理利用,这就需要对影响时间有效利用的障碍进行分析。有时候也可能是我们处理事务的观念本身有问题而导致效率低下,这就要从分析观念本身入手。同时,项目时间管理,还有着自己的特点和特殊的要求。这些内容都将在本书第九章进行详细介绍。

(二)项目团队成员的时间管理

时间管理不仅仅是项目经理个人的事,还需要整个团队的参与和配合。对于一个团队来说,统一时间观念是协调成员活动并使项目能够按计划完成的必要条件。因此,项目团队成员的时间管理同样不容忽视,这里用到的一些方法和工具可能和一般的时间管理方法相似,但也有其独特的地方,在学习时需要注意。详细的内容将会在本书第十章进行介绍。

八、关于案例

本书的特点之一就是在全书穿插使用了一些与项目时间管理有关的案例。在项目时间管理的学习中单纯死记硬背一些理论和术语是没什么意义的,会使用特定工具计算项目的工期更是不可以作为在经验丰富的实际工作人员面前进行炫耀的资本。学习项目时间管理的最佳方法是将不断更新的理论工具运用到实践中,去指导实践,从而更好地实现项目的目标。这样来看,案例学习无疑是一个有效的方法。另外,本书将在第十一章专门针对若干案例对项目的时间管理进行分析和探讨。

九、小结

项目时间管理作为项目管理的四大管理内容之一,在项目管理中有着重要的地位和作用。因此,了解项目时间管理、学习项目时间管理并能将其运用于实践是非常重要的。本书不仅会对一些经典的理论、工具、方法进行介绍,还会引入一些经典的案例并对其进行分析,从而能够更好地指导读者将所学知识运用于实践,并充分意识到项目时间管理的难度。本部分主要介绍了项目时间管理的重要性和基本内容,并针对本书的知识结构进行了简要介绍,希望读者能够通过本部分对项目时间管理有一个初步的认识,并激发起学习和应对未来挑战的兴趣。好了,现在就开始我们的学习之旅吧!

案例:雅典对伦敦 2012 年举办奥运会的忠告

路透社雅典 2005 年 7 月 13 日电:雅典对伦敦 2012 年奥运会主办者有两条

坚定的忠告:不要浪费一分钟,现在就开始为明天计划。

负责奥运场馆管理工作的文化部常务副部长法妮·帕利·彼得拉利亚告诉本社记者:"一天也别耽搁,时间永远不够用。"

她向伦敦这样的未来主办城市建议:"即使是一天也是非常宝贵。计划、计划、计划,从开始的一刹那就制定奥运结束后的计划。"

曾在上届政府中负责奥运场馆建设工程的反对党议员纳索斯·阿莱弗拉斯说:"我认为工作存在着严重的拖拉,而且我找不出拖拉的理由,我对未来存在困惑。"草拟计划,获得议会通过,然后完成招标工作,这意味着商业计划直到现在才刚刚开始。

彼得拉利亚说:"我们根本没耽搁时间,我们在加速工作。"

由于前一届政府拖延场馆建设,导致雅典奥运会开支增加了一倍,达90亿欧元。

雅典市副市长西奥多·普萨利佐普洛斯说:"希腊人为奥运会付出了很多。根据我们的统计,我们的孙辈还要为去年8月举办的奥运会付款。"

进一步阅读

1.白思俊著:《现代项目管理》,机械工业出版社,2002年。

2.戚安邦著:《项目管理学》,南开大学出版社,2003年。

3.卢向南主编:《项目计划与控制》,机械工业出版社,2004年。

第一章　项目时间管理

本章导读

你有一个小项目,持续两个小时,明天做,你会选择几点开始?

下周你必须给 10 个重要客户打电话,推销一种新产品。按照你以往的工作习惯和风格,你会怎么完成这个任务?

你有一个比较重要的大项目,从现在开始,预计可以在 9 月中下旬某个时间来完成,但客户对截止时间的要求并不是很严格,那你会如何给团队设定完工期限?

在项目管理中,项目时间管理和项目成本管理、项目质量管理、项目范围管理并称为项目管理的"四大约束管理"。实现对时间、范围、质量和费用的平衡与控制是使项目管理成功的关键,而时间管理则是保证整个项目在计划预期的时间内成功完成的重要环节。项目时间管理在项目管理中作为计划活动的重要组成部分,其重要性得到了充分体现,它包括为确保项目按时完成所需要的完整过程,一般分成项目活动分解与定义、项目活动排序、资源需求估计、项目活动工期估算、项目时间计划的制定和项目时间计划的控制等主要过程。

本章将系统讲述有关项目时间管理的概念、过程和绩效,旨在使读者对项目时间管理有一个全面的了解,构建出基本的项目时间管理体系,熟悉并掌握项目时间管理的各个过程及各自的输入、工具和输出,为读者从事项目时间管理提供必备的知识,培养工作的基本技能。

> 时间是最稀缺的资源,只有它得到管理时,其他东西才能加以管理。
> ——彼得·德鲁克

第一节　项目时间管理的概念

一、项目时间管理的重要意义

时间是什么？它最长又最短，最慢又最快，最小又最广大；最值得珍惜但又最不受重视；它使渺小的东西消失，使伟大的东西永存；时间还能说话，有时只有它才能告诉你真相。

时间是客观的还是主观的？供给无弹性，时间的供给量是固定不变的；无法蓄积，管理者无法针对时间进行节流；无法取代，时间是任何活动都不可缺少的基本资源；无法失而复得，丧失的时间是无法挽回的。

思考问题：·

(1)一个活动定于 7：18 开始和 7：30 开始，会带给人不同的感觉吗？

(2)重大节假日前结束项目有何好处？

(3)从项目开始到结束，时间对人的含义一样吗？

(4)时间压力会对人产生哪些影响？

时间本身是无法管理的。时间管理并不是指以时间为对象的管理。其真正涵义是面对时间而进行的"管理者自我管理"。

时间管理对于一切管理来说都是至关重要的。时间管理对于项目而言，更多的是指项目的进度管理。项目的进度安排决定了项目完成所需的成本预算、资源配置、质量水平等一系列相关问题。因此在项目管理中，时间往往是最重要的约束条件之一，实现对时间的有效控制是使项目管理成功的关键，是保证整个项目在计划预期的时间内成功实施的重要环节。一个项目能否在预定的时间内完成，这是项目最为重要的问题之一，也是进行项目管理所追求的目标之一。如果项目不能在合同工期之内完成，就会受到合同条款所规定的惩罚。如果项目完成得过早，势必会给项目后期工作带来额外的维修、保养等压力。因此，项目最好是按照合同条款或约定按期、保质保量地完成。

但在项目进行过程中，进度方面出现问题却是最为普遍的，同时也是最为突出的问题。特别是对于时间约束很强的项目，其项目时间表是对外公开的，例如大型会议或体育活动，在项目管理中对进度的考虑要优于费用考虑。还有一个原因就是时间和费用的稀缺性与可追加性，往往费用是可以追加的，但时机一错过就无法挽回了，例如奥运申办项目。可见，项目的时间管理在项目管理中非常重要，是成功实现项目目标的关键。此外，良好的时间管理和控制对保证项目按照时间期限在预算内完成项目全部工作具有重要的作用，有助于合理分配资源和发挥最佳工作效率，因此也有人说项目时间管理是项目控制工作的首要内容，是项目管理的灵魂。

对项目经理而言,有效地控制项目的实施过程,使其顺利达到合同规定的工期、质量及造价目标,是他们的中心任务,也是他们所面临的最大挑战。项目进入实施阶段后,项目经理的一切活动都是围绕这个中心任务展开的。这就要求项目经理首先必须制定出周密的进度计划,然后在实施过程中时刻紧跟进度计划,加强进度控制,使之不偏离项目运行的轨道,按期、保质保量地完成项目。

二、项目时间管理的概念

项目时间管理(Project Time Management)常常也被叫做项目工期管理或项目进度管理。从概念上说,项目的时间管理所包括的范围较宽,而项目的工期管理所包括的范围相对较窄,项目的进度管理所包括的范围就更加狭窄了。因此本书定名为项目的时间管理,比一般项目进度管理或工期管理包含了较多的内容。

项目时间管理是项目管理的一个重要方面,它与项目成本管理、项目质量管理、项目范围管理等协调作用、相辅相成,合力确保能够准时、合理安排资源供应,节约工程成本,如期、高质完成项目目标。具体来看,项目的时间目标与费用目标和质量目标之间就是对立统一的关系。通常加快项目实施进度就要增加一些直接费用,但项目提前完成又可能提高投资效益。严格控制质量标准就可能会影响项目实施进度,增加项目投资;但严格的质量控制又可避免返工,从而防止项目进度计划的拖延和投资的浪费。当严格按照项目范围去工作可能时间来不及时,缩减范围可节省时间和成本,但却会影响到项目的整体质量和项目承约商的信誉。因此,这四大目标是相互关联、相互制约的,不能只片面强调某一方面的管理,而是要相互协调、相辅相成,这样才能真正实现项目管理的总目标。

关于项目时间管理或者进度管理的概念,学者们主要提出了以下几种观点:

(1)项目时间管理是为确保项目按时完工所必需的一系列管理的过程与活动。[①]

(2)项目时间管理是指在项目实施过程中,对各阶段的进展程度和项目最终完成的期限所进行的管理,其目的是保证项目能在满足其时间约束条件的前提下实现总体目标。[②]

(3)项目进度管理就是采用科学的方法确定进度目标,编制进度计划和资源

[①] 戚安邦:《现代项目管理》,北京:对外经济贸易大学出版社,2001年,第203页。

[②] 朱宏亮:《项目进度管理》,北京:清华大学出版社,2002年,第3页。

供应计划,进行进度控制,在与质量、费用等项目目标协调的基础上,实现工期目标。①

　　(4)项目进度管理是指在项目的进展过程中,为了确保项目能够在规定的时间内实现项目目标,对项目活动进度及日程安排所进行的管理过程。②

　　从上述学者对项目时间管理的定义中不难看出,项目时间管理是项目管理中的一个关键职能,对于项目进展的控制至关重要。项目时间管理是在项目范围确定以后,在权衡质量目标、成本目标、资源供给等一系列特定项目限制性条件后,为实现项目目标、特别是确保项目按时完工所开展的一系列管理活动和过程。

　　项目时间管理应建立在范围管理的基础上,通过确定、调整合理的工作排序,采用一定的方法对项目范围所包括的活动及其之间的相互关系进行分析,在满足项目时间要求和资源约束的情况下,对各项活动所需要的时间进行估计,并在项目的时间期限内合理地安排和控制所有活动的开始和结束时间,使资源配置和成本消耗达到均衡状态。在项目的执行和实施过程中,项目经理应经常检查实际进度是否按计划要求进行,若出现偏差,应及时找出原因,采取必要的补救措施或调整、修改原计划,直至项目完成。

　　重要的是,在项目的时间管理中,我们需要用到项目管理的一些特有的工具和方法。目前对项目时间管理的研究多集中在项目进度计划制定和项目进度控制方面,人们已经开发、研究了不少管理技术,包括流水作业方法、科学排序方法、网络计划方法、滚动计划方法等。从项目时间管理实践看,常用的方法有关键日期法、甘特图技术、关键路径法(CPM)、计划评审技术(PERT)等四种。后来又陆续提出了一些新的网络技术,如图示评审技术(GERT)、风险评审技术(VERT)等。

　　在实际应用中,我们应考虑到不同行业的项目特点,以及同一个行业的项目也具有唯一性和独特性的特点,采用适当的方法搞好特定项目的时间管理。我国的三峡工程就实施了项目管理,其中在进度管理方面就很有特点,使人很受启发。③据报道,针对三峡工程的特点、进度计划编制主体及进度计划涉及内容的范围和时段等具体情况,工程师们将三峡工程进度计划分为三个大层次进行管理,即业主层、监理层和施工承包商层。通常业主在工程进度控制上要比监理更宏观一些,但鉴于三峡工程的特性,三峡工程业主对进度的控制要相对深入和细

---

①　白思俊:《现代项目管理》(中册),北京:机械工业出版社,2002年,第147页。
②　许成绩等著:《现代项目管理教程》,北京:中国宇航出版社,2003年,第128页。
③　潘振海:"项目管理与工程监理的比较",中国计算机世界网,2004年3月2日。

致。这是因为三峡工程规模大、工期长、参与工程建设的监理和施工承包商多，任何一家监理和施工承包商所监理的工程项目及施工内容都仅仅是三峡工程一个阶段中的一个方面或一个部分，而且业主在设备、物资供应、阶段交接和协调上的介入，形成了进度计划管理的复杂关系。为满足三峡工程总体进度计划的要求，各监理单位控制的工程进度计划需要协调一致，这个工作自然要由业主来完成，这也就是三峡工程进度计划为什么要分三大层次进行管理的客观原因和进度计划管理的特点。

三、项目时间管理的过程

根据 PMBOK（Project Management Body of Knowledge，美国项目管理协会推出的项目管理知识体系）[①]的观点，项目时间管理由 5 项任务组成：活动定义、活动顺序、活动时间的估计、项目进度编制和项目的进度控制。在 2004 年最新的版本中，这个过程变成了 6 个方面，本书在此基础上，把项目时间管理中的进度管理过程归纳为 6 个方面：活动分解和定义、活动排序、活动资源估计、活动历时估算、项目进度计划编制和进度控制（如图 1-1 所示）。各个部分的定义如下：

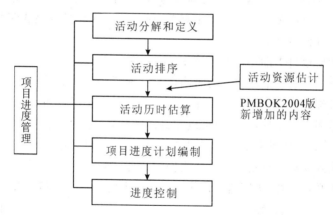

图 1-1 项目进度管理的过程

（一）项目活动定义（Activity Definition）

根据项目章程、项目范围说明书、项目工作分解结构、项目假设及约束条件和历史信息来界定与确认项目团队成员和项目干系人为完成项目可交付成果而

---

① PMBOK 是项目管理专业知识的总论，是公认的项目管理知识和实践的入门性读物。项目管理知识体系掌握在应用和推进它们的实践者和学者手中，包括通过实践检验并得到广泛应用的做法和已经得到部分应用的创造性的先进做法。

必须完成的各项具体活动,并对特定的项目目标所需的各种作业活动进行分析,形成文档。

(二)项目活动排序(Activity Sequencing)

识别项目活动之间的关联和依赖关系,并据此对项目活动的先后次序进行安排,形成相应的文档。

(三)活动资源估计((Activity Resource Estimating)

确定各项活动都需要什么资源,通常是指人员、材料和设备,以及需要的时间。从理论上讲,如果资源都是无限丰富的,这项工作是不需要做的。但在实际项目工作中,由于贵重的或者特殊的资源是紧缺的,而且项目不可能随时随地获得所需的资源,因此本来可以在预定时间内完成的工作可能会由于等待资源到位而加大时间需求。另外,如果关键资源的获得和使用只局限于一个特殊的时间段,那么其余使用非关键资源或者非紧缺资源的活动过早完成就没有意义了,拖后完成就更使项目在资源调动和使用上捉襟见肘了。

(四)活动历时估计(Activity Duration Estimating)

活动历时估计是指具体估算出所有项目活动所要耗用的时间。值得注意的是,此时每个项目活动需要多长时间只与本身的技术经济特性有关,与它所使用的资源是否到位以及可否连续使用有关,而与前后活动是否完成无关。这种估计是独立于其他活动而进行的。

(五)生成项目工期和进度计划(Schedule Development)

在得到项目所有活动耗用的时间以及这些活动的前后排序之后,我们利用项目时间管理的特有工具就可以计算出整个项目什么时候可以完成,也就是项目的工期是多少。此外,我们还可以知道许多数据,比如所有活动最早什么时候可以开始、什么时候可以结束,以及最晚什么时候可以开始、什么时候可以结束才不会影响到项目的既定工期。当我们知道这些数据后,项目的进度计划就生成了。这里必须注意,进度这个词代表了时间上的开始时刻和结束时刻,而不是时间段的概念。所以,编制项目进度计划一定包括定义项目的起止时间,以及所有活动的起止时间。

(六)项目进度计划控制(Schedule Control)

项目进度计划控制是指控制和管理项目进度计划的实施和项目进度计划的变更。从实际项目的执行情况来看,计划的控制要远远难于计划的制定,以至于人们常说,我们宁可计划不太好但执行得很好,也不要计划得很好但执行不好。在项目管理中,仔细制定各种计划是一项基础工作,包括时间计划,也常常会耗用一定的资源,但这些计划能否发挥作用还有赖于对计划执行工作的控制能力。项目管理最忌讳的就是做完计划并且分配下去,然后等待项目的成功,特别对那些学过项目管理之后初干项目的人,更应该引起注意。

由上可见,对项目进度的管理就是要在规定的时间内,通过对项目的分解、活动定义、排序和历时估算,制定出合理、经济的进度计划;然后在该计划的执行过程中,检查实际进度是否与进度计划相一致,若出现偏差,要及时找出原因,采取必要的补救措施,从而保证项目按时完成。

需要注意的是,项目进度管理所包含的这些工作虽然在理论上层次分明,各阶段界限清楚,但在项目管理的实践中,这些项目进度管理的过程与活动之间通常是交叉重叠和相互影响的,很难截然分开,有时甚至跨步骤进行。在某些项目中,特别是那些小型项目,项目进度管理过程与活动甚至可以合并在一起视为一个阶段。例如,一些小型项目中的项目活动界定、工作排序、工期估算、制定项目进度计划之间的关系极为密切,几乎可以同时进行,甚至可以由一个人在相当短的时间内完成。

但是,由于其中每一个过程所使用的工具和技术都有所不同,为了将它们都能够熟练掌握,本书仍然按照不同的相互独立的过程逐一进行介绍。在本书的后面章节中将分别讨论这些项目时间管理的过程与活动内容。

四、项目时间管理的干扰因素

在项目进行过程中,很多因素影响项目工期目标的实现,这些因素可称之为干扰因素。要有效地进行进度控制,必须对影响进度的因素进行分析,事先采取措施,尽量缩小计划进度与实际进度的偏差,实现对项目的主动控制。

影响项目工期目标实现的干扰因素主要有以下几个方面:[1]

(1)人的因素;

(2)材料、设备的因素;

(3)技术、工艺的因素;

(4)资金因素;

(5)环境因素等。

其中,人的因素通常被认为是最主要的干扰因素。进一步分析的话.我们常会见到以下几种情况:

(一)错误估计了项目的特点及项目实现的条件

这其中最主要的是低估了项目在技术上所面临的困难。比如,没有考虑到某些设计问题和实际施工必须先期进行科研和实验,而这既需要资金,又需要时间;低估了项目实施过程中多个单位项目参与者之间将产生的协调工作;对环境

---

①　白思俊:《现代项目管理》(中册),北京:机械工业出版社,2002 年,第 147 页。

因素了解不够；对物质供应的条件、市场价格的变化趋势把握不足等。

（二）盲目确定工期目标

不考虑项目的独特性，不进行充分的调研、沟通，仅凭以往经验、同行经验或领导的意见就盲目确定工期目标，使得工期要么太短，无法实现；要么太长，效率低下。

（三）工期计划方面的不足

例如，项目设计、材料、设备等资源条件不落实，进度计划缺乏资源的保证，以致进度计划难以实现；进度计划编制质量粗糙，指导性差；进度计划未认真沟通，操作者不能切实掌握计划的目的和要求，以致贯彻不力；不考虑计划的可变性，认为一次计划就可以一劳永逸；计划的编制缺乏科学性，致使计划缺乏贯彻的基础而流于形式；项目实施者不按计划执行，凭经验办事，使编制的计划徒劳无益，不起作用。

（四）项目参加者的工作错误

例如，设计者草率设计，实施单位没有及时作必要的决策，总承包施工单位将任务分包给不合格的分包施工单位，国家、地方建设管理部门机构拖延审批时间等。

（五）不可预见的事件发生

不可预见的事件包括罢工、事故、企业倒闭，恶劣的气候条件、复杂的地质条件，政变、战争等天灾人祸事件的发生等。这种不确定的因素往往会对项目进度造成极大的影响。

以上仅列举了几类问题，而实际出现的问题会更多，其中有些是主观的干扰因素，有些是客观的干扰因素；有些是我们可以预见而且必然要出现的，有些则是在十分偶然的情况下才会出现的；有些是我们可以努力避免的，有些则是只能被动应付的。这些干扰因素的存在，充分说明了项目进度管理的难度以及加强进度管理的必要性。但无论如何，在项目实施之前和项目进行过程中，加强对干扰因素的分析、研究，将有助于我们提高项目进度管理的绩效。

第二节　项目时间管理的内容

如前所述，项目时间管理是由一些环环相扣的过程组成的，这些过程是按时完成项目所必须经历的，包括项目活动分解和定义、项目活动排序、活动资源估计、项目工期估算、项目时间计划的编制以及项目时间计划的控制等几个主要环节和内容。本节将依次讨论这些项目时间管理的概念、意义以及输入、处理和输出等方面的内容。

一、项目活动分解和定义

项目活动的分解和定义是项目时间管理的前期基础工作之一,它是项目管理者在已完成的项目范围界定工作的基础上,对项目范围的进一步细化。

为了使项目目标得以实现,在项目管理过程中对活动作出分解和定义是十分必要的。不论项目大小,在完成任一个项目时,都必须完成特定的活动。目前在项目管理专业人员中,对活动和任务的关系有如下两种意见:

一是在许多应用领域,认为活动是由任务组成的。这是一种最普遍的、也是最好的表达方式。

二是在其他领域,认为任务是由活动组成的。[1]

在项目被提议之后,比较明确的一般只是项目的目标,要制定出完善的项目进度计划,就必须进行目标和工作分解,以明确项目所包含的各项工作和活动。这种分解是编制进度计划、进行进度控制的基础,也是项目管理的一项最基本的工作。一个项目分解成多少项工作和活动,这是在项目分解过程中应该加以研究确定的问题。一般来说,应根据项目的具体情况以及进度计划的类型和作用来加以确定。

活动是指项目工作分解结构中确定的工作任务或工作元素。[2] 每一项活动就是一个工作单元,它们通常具有预计的时间、预计的成本和预计的资源需求。需要注意的是,在项目管理中,活动就是需要消耗一定时间的一项明确的工作,但不一定消耗人力。例如,等待混凝土变硬,可以看作一项活动,它需要几天的时间,但不需要任何人的工作。

关于活动定义有以下几种解释:

(1)项目活动定义就是对工作分解结构中规定的可交付成果或半成品的产出所必须进行的具体活动进行定义,并形成文档的过程。[3]

(2)项目活动定义就是识别为实现项目目标、完成项目可交付成果,项目团队成员和项目干系人所必须开展的具体活动。[4]

(3)项目活动定义是指为生成产出物及其各个组成部分而必须完成的任务或必须开展的活动的一项项目时间管理的特定工作。[5]

项目活动分解和定义的主要工作如表 1-1 所示。

---

[1]　甘华鸣:《项目管理》(MBA 必修核心课程),北京:中国国际广播出版社,2002 年,第98~99 页。

[2]　白思俊:《现代项目管理》(中册),北京:机械工业出版社,2002 年,第 149 页。

[3]　许成绩等著:《现代项目管理教程》,北京:中国宇航出版社,2003 年,第 129 页。

[4]　陈远、寇继红、代君:《项目管理》,武汉大学出版社,2002 年,第 206 页。

[5]　戚安邦:《现代项目管理》,北京:对外经济贸易大学出版社,2001 年,第 204 页。

表 1-1　项目活动分解和定义的主要工作

输　　入	处　　理	输　　出
项目工作分解结构	活动分解技术	更新后的项目工作分解结构
范围说明	模板法	活动清单
历史资料		详细依据
约束条件		辅助性说明
假定		

由表 1-1 我们可以看出，项目活动分解和定义的输入，主要依据的是项目的目标、范围说明和项目的工作分解结构，同时在项目活动界定过程中，还需要参考各种历史的信息与数据，考虑项目的各种约束条件和假设前提条件；项目活动分解和定义的处理，即工具和方法，主要是利用分解技术和模板法；而其输出的结果是更为详细的工作分解结构及其相关的辅助信息，包括项目活动清单，有关项目活动清单的支持细节和项目最终产品信息、假设前提条件及约束条件等。

二、项目活动排序

项目活动分解和定义以活动清单的形式给出了完成项目所必须进行的各项活动，这些活动在实际的执行中必须按一定的顺序进行，其中一个原因是一些活动的执行必须在某些活动完成后才能进行，因此接下来需要进行项目活动排序的工作。

项目活动排序是指识别项目活动清单中各项活动的相互关联与依赖关系，并据此对项目各项活动的先后顺序进行安排和确定的工作。[①] 由此可见，活动排序首先必须识别出各项活动之间的先后依赖关系，这种先后依赖关系主要是由项目之间的关系，项目的各种假设、约束条件，项目活动安排人员的个人观念等来决定的。为制定项目计划，我们必须科学合理地找出和安排项目各项活动的顺序。

一个项目有若干项工作和活动，这些工作和活动在时间上的先后顺序称之为逻辑关系。一般来说，在工作排序的过程中，首先应分析、确定工作之间客观存在的逻辑关系，在此基础上，再分析、研究各个活动之间的人为关系，以确定工作之间可变的逻辑关系。项目活动之间的相互联系主要有以下四种：

(一)硬逻辑关系

硬逻辑关系是指客观存在的、不变的逻辑关系。以生产性项目而言，项目活动就是为生产出项目产品所必须完成的工作。项目产品的生产过程本身必须遵

---

① 陈远、寇继红、代君：《项目管理》，武汉大学出版社，2002 年，第 208 页。

循一定的工艺流程,并且不同产品的生产工艺流程不尽相同,这就决定了项目活动的次序安排必须按照一定的逻辑顺序。由于这种顺序取决于活动之间的必然联系,所以把项目活动间的这种关系称为硬逻辑关系,或强制依存关系。例如,建一座厂房,首先应进行基础施工,然后才能进行主体施工。

(二)软逻辑关系

除了上述各种客观影响因素之外,项目活动的排序还会受到活动排序人员的主观看法的影响。这类逻辑关系随着人为约束条件的变化而变化,随着实施方案、人员调配、资源供应条件的变化而变化。例如,项目施工组织设计的人员不同,设计的结果也会存在差异,那么施工工序的先后安排就不一样。这种决定活动间排列顺序的逻辑关系称为软逻辑关系,又称为自由依存关系。但其仅仅适用于硬逻辑关系不是很强的情况。

(三)项目的假设前提和约束条件

对于同一项目的活动集合,各项活动的先后次序安排的不同,最终花费的时间、耗费的资源都不会相等。所以,活动安排的先后次序,还受到项目的有关工期、资源和成本等方面的假设前提、约束条件的限制。当工期非常紧时,大量工作必须尽可能同时开展,这时往往需要技术上的创新或者更多资源大批量投入。

(四)外部依存关系

项目组织开展的活动还与其他项目组织开展的活动,以及本项目组织内的非项目活动等存在着相互影响的关系,这就是一种外部依存关系。[①]

项目活动排序的过程可以利用现有的计算机管理软件,如可以使用专业项目管理软件,也可以用手工来做。在较小的项目中,或在大型项目的早期阶段,其具体细节尚不清晰时,手工技术更为有效。而大项目后期的项目活动排序需要借助于计算机软件系统。在实际的运用中,手工和计算机技术也可以结合起来使用。为了制定项目的工期计划,必须准确、合理地安排和确定项目各项活动的顺序和以这些顺序排列而构成的项目活动路径,以及由这些项目活动路径构成的项目活动网络。[②] 今后我们会看到,项目时间管理会通过几种十分简明的顺序关系将纷繁复杂的项目活动集成到一张张网络图中,并极大地方便我们得到所有活动和整个项目进度的信息。

项目活动排序的主要工作如表 1-2 所示。

---

① 　陈远、寇继红、代君:《项目管理》,武汉大学出版社,2002 年,第 208～209 页。
② 　戚安邦:《现代项目管理》,北京:对外经济贸易大学出版社,2001 年,第 209 页。

表 1-2   项目活动排序的主要工作

输　　　入	处　　　理	输　　　出
活动说明 产品描述 项目活动之间的依赖关系 约束条件和假设 里程碑	节点法 箭线图法 条件图法 网络模板法	项目网络图 更新后的项目活动清单

由表 1-2 可见，项目活动排序的过程主要是将活动说明、产品描述以及项目活动之间的关系结合约束条件和假设，通过节点法、箭线图法、条件图法和网络模板法的处理，最终得到描述项目各活动相互关系的网络图以及更新后的项目活动清单。项目网络图是表示项目各工作相互关系的基本图形，它可以显示出整个项目的总体和详细工作流程；工作列表则包含了项目各工作关系的详细说明，是项目工作关系的基本描述。

三、基于资源需求估计的项目活动历时/工期估算

项目活动历时/工期估算在项目管理中起着很重要的作用，只有比较准确地估算出项目的时间之后，才能够进行项目进度的计算工作，生成进度计划，进而实现有效的项目进度管理。

为了进行项目活动工期估算，我们首先需要了解项目活动持续时间的概念。项目活动的持续时间是指在一定的条件下，直接完成该项活动所需时间与必要停歇时间的总和。[1]项目活动持续时间估算也叫活动历时估计或活动工期估计，是根据项目范围、资源和相关信息对项目已确定的各种活动的可能持续时间长度的估算工作。[2] 项目活动持续时间是计算其他网络参数和确定项目工期的基础。项目活动持续时间的估计是编制项目进度计划的一项重要的基础工作。如果活动持续时间估计太短，则会人为造成被动紧张的局面；相反，则会造成后续工作的无谓等待，延长工期，造成浪费。

在估计活动时间时，要尽可能客观、准确，不受活动的重要性及项目完成期限的限制，将工作置于独立的正常状态下进行估计。另外，大多数活动持续时间的长短都取决于分配给它们的人力、物力和财力资源的多寡，还受到分配给活动的人员能力、物资质量和设备效率的影响，因此要在考虑各种资源供应、技术、工艺、现场条件、工作量、工作效率、劳动定额等因素的情况下，对一项活动所需时

① 　白思俊：《现代项目管理》(中册)，北京：机械工业出版社，2002 年，第 153 页。
② 　许成绩等著：《现代项目管理教程》，北京：中国宇航出版社，2003 年，第 143 页。

间进行估算。最后,还要考虑到项目活动的延误时间和间歇时间,例如"混凝土浇铸"持续时间的估算必须考虑到因不同季节而可能需要的时间。

活动持续时间估算不是一劳永逸的事,应随着时间的推移和经验的增多不断地对估算进行更新,因为在项目进展中还可以获得更多的经验和认识,从而能够给出比事前更准确的估算。估算更新后,需要对剩余的活动进行重新安排。但无论采用何种估算方法,活动实际的持续时间和事前估算的时间总是会有所不同,主要是因为:

(1)参与人员的熟练程度。一般估算是以典型人员的熟练程度为基础进行的,而项目的实际参与人员的熟练程度可能高于也可能低于平均水平,这就使得活动实际的持续时间可能比估算的时间缩短或延长。

(2)不确定性因素。项目在实际执行过程中总会遇到一些意料不到的突发事件,如大到战争与地震、小到人员生病等,在估算中对所有可能突发事件都进行考虑是不可能的,这样的不确定性对活动的实际持续时间可能会产生影响。

(3)工作效率。在活动持续时间估算中,总是假设人员的工作效率保持不变,但在实际工作中,由于主观或客观的原因,人员的工作效率很难保持稳定。例如一个人的工作被打断后,往往需要一定时间才能达到原来的工作速度,而这种干扰或多或少总是存在的。

(4)误解和失误。不管计划如何详尽,总是无法避免实施过程中的误解和失误,而出现错误时需要纠正,从而导致活动所需时间与估算的不尽相同。[①]

项目工期估算的主要工作如表 1-3 所示。

表 1-3　项目工期估算的主要工作

输　　入	处　　理	输　　出
活动清单	专家判断法	估算出活动持续时间
资源需求	类推估算法	估算依据的文档
历史资料	模拟法	更新活动清单
约束条件和假设	德尔菲法	
已识别风险		

由表 1-3 可见,项目工期估算的过程主要是将活动清单、资源要求和历史资料结合约束条件、假设和已识别的风险,通过专家判断、类推估算、德尔菲法和模拟法,从而估算出项目的活动时间,输出估算依据并更新活动清单。通常项目活动工期的估算工作应由项目团队中对项目各种具体活动的内容和性质熟悉的个人或团队来完成或审核,也可以由计算机模拟进行估算,再由专家审查确定该估

---

① 许成绩等著:《现代项目管理教程》,北京:中国宇航出版社,2003 年,第 143～144 页。

算。在后面我们还会具体介绍项目时间估算的工具和技术等内容。

四、项目时间计划的编制

项目时间计划(有时也称项目进度计划、项目工期计划)制定是指根据项目活动的分解和定义、项目活动顺序、各项活动工期和所需资源所进行的分析与项目计划的编制工作。[①] 项目的进度计划被认为是项目计划的基本要素之一。制定项目工期计划要定义出项目的起始、完成日期和具体实施方案与措施。在制定出项目工期计划之前,必须同时考虑这一计划所涉及的其他方面的问题,尤其是对于项目工期估算和成本预算的综合考虑问题。[②] 项目进度计划是项目进度控制的基准,是确保项目在规定的合同工期内完成的重要保证。

项目进度计划编制所要参考的依据是指项目时间管理前期工作及项目其他计划管理所生成的各种文件,具体包括:(1)项目网络图;(2)项目活动历时估算;(3)项目的承包合同;(4)项目的各种约束和假设条件;(5)项目的设计方案。[③]

根据项目进度计划所包含的内容不同,项目进度计划可分为项目总体进度计划、分项进度计划、年度进度计划等。这些不同的进度计划构成了项目的进度计划系统。当然,对于不同的项目,其进度计划的划分方法会有所不同。例如,工程项目进度计划就可以分为工程项目总体进度计划、单项工程进度计划、单位工程进度计划、分部分项工程进度计划、年度进度计划等。[④]

(一)制定项目进度计划的目的

项目的主要特点之一就是有严格的时间期限要求,制定项目进度计划的目的是控制项目的时间,因此项目进度计划在项目管理中具有重要的作用。制定项目进度计划时,项目主管要组织有关职能部门参加,明确对各部门的要求,各职能部门据此可拟订本部门的进度计划。具体来说,制定项目进度计划的目的主要有以下几点:[⑤]

(1)保证按时获利以补偿已经发生的费用支出;

(2)协调资源;

(3)使资源在需要时可以获得利用;

(4)预测在不同的时点上所需的资金和资源的级别,以便赋予项目活动不同的优先级;

① 戚安邦:《现代项目管理》,北京:对外经济贸易大学出版社,2001年,第225页。
② 戚安邦:《现代项目管理》,北京:对外经济贸易大学出版社,2001年,第226页。
③ 陈远、寇继红、代君:《项目管理》,武汉大学出版社,2002年,第226页。
④ 白思俊:《现代项目管理》(中册),北京:机械工业出版社,2002年,第148页。
⑤ 甘华鸣:《项目管理》(MBA必修核心课程),北京:中国国际广播出版社,2002年,第121页。

(5)保障项目进度的正常进行。

在这五个目的中，第一个是最为重要的，因为这是项目管理存在的目的。第二个是其次重要的，因为它使现有的项目可以施行。第三和第四个目的只是第一个目的的补充。第五个目的常常为项目经理们所重视：他们设置一个严格的完工时间，尽管有时没有必要，不过他们要用这个时间与项目的费用和质量进行折中权衡。

从这五个目的中，我们也可以看出：制定项目进度计划，主要就是确定项目活动的起始和完成日期。如果起始和完成日期不现实，则项目就不大可能按期完成。在项目进度计划定稿之前，它的编制过程必须反复进行。制定项目进度计划的目的是控制时间和节约时间，而项目的主要特点之一，就是有严格的时间期限要求，由此决定了项目进度计划在项目管理中的重要性。

(二)项目进度计划的作用

凡事预则立，不预则废。我们干任何一件事，都必须有个计划，这样才能心中有数、调度有方，做到有条不紊、按部就班地实现既定目标。在项目时间管理上亦是如此。在项目实施之前，必须先制定出一个切实可行的、科学的进度计划，然后再按计划逐步实施。这个计划的作用有：[①]

(1)为项目实施过程中的时间控制提供依据；

(2)为项目实施过程中的劳动力和各种资源的配置提供依据；

(3)为项目实施有关各方在时间上的协调配合提供依据；

(4)为在规定期限内保质、高效地完成项目提供保障。

(三) 制定项目进度计划的主要工作

为满足项目时间管理和各个实施阶段项目进度控制的需要，对同一项目我们往往要编制各种项目时间计划，如建设项目，就要分别编制工程项目前期工作计划、工程项目建设总进度计划、工程项目年度计划、工程设计进度计划、工程施工进度计划、工程监理进度计划等。这些进度计划的具体内容可能不同，但其制定的主要工作却大致相似。一般包括收集信息资料，利用项目网络图进行项目目标和工作结构分解以及项目活动时间估算，在充分考虑资源需求、项目活动时间提前或滞后、风险管理、活动特性以及其他各种制约因素的条件下，运用甘特图、关键路径法、计划评审技术和图表评审技术，最终得到项目进度计划及其补充说明、项目进度管理计划和更新的资源需求，如表1-4所示。

---

① 　朱宏亮：《项目进度管理》，北京：清华大学出版社，2002年，第4页。

表 1-4　项目进度计划的主要工作

输　　入	处　　理	输　　出
项目网络图	甘特图	项目进度计划
活动持续时间估算	关键路径法	项目进度计划补充说明
资源需求	计划评审技术	详细依据
项目活动提前和滞后的要求	图表评审技术	项目进度管理计划
假设条件		更新项目资源需求
工作日历		
各种制约因素		
风险管理计划		
活动特性		

五、项目时间计划的控制

进度计划是项目时间管理前期工作的重要成果,是进度计划控制的基准性文件。编制进度计划的目的,就是指导项目的实施,以保证实现项目的工期目标。但在进度计划实施过程中,出于主客观条件的不断变化,计划亦须随之改变。凭借一个最优计划而一劳永逸是不可能的。同时由于项目进度计划只是根据 PERT 等技术对项目的工期进行估算,并预测项目的每项活动的进度安排,因而在编制项目进度计划时事先难以预料的问题很多,在项目进度计划执行过程中往往会发生程度不同的偏差。因此,在项目进行过程中,必须对项目的实施进行全过程跟踪,通过深入现场,查看原始记录、统计报表以及通过会议了解实际发生的情况,将实际进度及时与计划进度相比较,不断监控项目的进程以确保各项工作都能按进度计划进行;同时必须不断掌握计划的实施状况,并将实际情况与计划进行对比分析,必要时应采取有效的对策,使项目按预定的进度目标进行,避免工期的拖延。这一过程称之为进度控制。该过程可用图 1-2 加以描述。

项目进度计划控制就是对项目进度计划实施与项目进度计划变更所进行的控制工作。具体地说,进度计划控制就是在项目正式开始实施后,要时刻对项目及其每项活动的进度进行监督,及时、定期地将项目实际进度与项目计划进度进行比较,掌握和度量项目的实际进度与计划进度的差距,一旦出现较大偏差,就必须采取措施纠正偏差,以维持项目进度的正常进行,或者修改原来的进度计划。

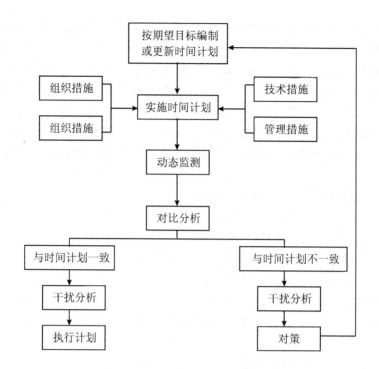

图 1-2　项目时间计划控制过程

资料来源:白思俊:《现代项目管理》(中册),北京:机械工业出版社,2002 年,第 165 页。

根据项目管理的层次,项目进度计划控制可以分为项目总进度控制,即项目经理等高层管理部门对项目中各个里程碑事件的进度控制;项目主进度控制,主要是项目部门对项目中每一主要事件的进度控制;项目详细进度控制,主要是各具体作业部门对各具体活动的进度控制。项目详细进度控制是进度控制的基础,因为只有详细进度得到较强的控制才能保证主进度按计划进行,最终保证项目总进度,使项目按时完成。因此,项目进度控制应首先定位于项目的每一项活动之中。[①]

(一)项目时间计划控制的概念

项目时间计划控制是指项目时间计划制定以后,在项目实施过程中,对实施进展情况进行的检查、对比、分析、调整,以确保项目时间计划总目标得以实现的活动。[②]

在项目实施过程中,必须经常检查项目的实际进展情况,并与项目时间计划

---

①　许成绩等著:《现代项目管理教程》,北京:中国宇航出版社,2003 年,第 362～363 页。

②　朱宏亮:《项目进度管理》,北京:清华大学出版社,2002 年,第 5 页。

进行比较。如实际进度与计划进度相符,则表明项目完成情况良好,时间计划总目标的实现有保证。如发现实际进度已偏离了计划进度,则应分析产生偏差的原因和对后续工作及项目时间计划总目标的影响,找出解决问题的办法和避免时间计划总目标受影响的切实可行措施,并根据这些办法和措施,对时间计划进行修改,使之符合现在的实际情况并保证原时间计划总目标得以实现。然后再进行新的检查、对比、分析、调整,直至项目最终完成,从而确保项目进度总目标的实现,甚至可在不影响项目完成质量和不增加项目成本的前提下,使项目提前完成。

(二)项目时间计划控制的指导思想

在进行项目时间计划控制时,我们必须明确一个指导思想:计划不变是相对的,变是绝对的;平衡是相对的,不平衡是绝对的。因此,我们必须经常地、定期地针对变化的情况,采取对策,对原有的进度计划进行调整。

世界万物都处于运动变化之中,我们制定项目时间计划所依据的条件也在不断变化之中。影响项目按原计划进行的因素很多,既有人为的因素,如实施单位组织不力、协作单位情况有变、实施的技术失误、人员操作不当等;也有自然因素的影响和突发事件的发生,如地震、洪涝等自然灾害的出现和战争、动乱的发生等。因此,我们不能认为制定了一个科学合理的时间计划后就可以一劳永逸,就放弃对时间计划实施的控制。当然,也不能因时间计划肯定要变,而对时间计划的制定不重视,忽视时间计划的合理性和科学性。正确的态度应当是:在确定时间计划制定的条件时,要具有一定的预见性和前瞻性,使制定出的时间计划尽量符合变化后的实施条件;另一方面,在项目实施过程中,又要依据变化后的情况,在不影响时间计划总目标的前提下,对时间计划及时进行修正、调整,而不能完全拘泥于原时间计划。否则就会适得其反,使时间计划总目标的根本目的难以达到,因此要有动态管理思想。

要有效地控制项目工期计划进度,就必须控制项目的实际进度情况,及时、定期地将它与项目计划进度进行比较,掌握和度量项目的实际工期进度与项目工期计划的差距。一旦发现项目实际情况落后于项目进度计划,就必须采取纠偏措施,以维持项目进度的正常进行。如果项目实际执行情况远远落后于项目进度计划,可能就很难完成项目进度计划了。有效项目进度控制的关键是监控实际进度,及时、定期地将它与计划进度进行比较,并采取必要的纠正措施。项目经理不能简单地认为问题会在不采取措施的情况下自动消失,而必须根据实际进度并结合其他可能发生的变动,定期地更新项目进度计划,并预测出项目是提前还是落后于项目工期计划,并制定出相应的工期管理控制措施,最终实现对项目工期的全面管理和控制。[1]

(三)项目时间计划控制的内容

项目时间计划控制的内容主要包括：对于影响项目工期计划变化的因素控制(事前控制)，对于项目工期计划完成情况的绩效度量和对实际实施中出现的偏差采取纠偏措施(事中控制)，以及对于项目工期计划变更的管理控制等。

在项目时间计划控制的实际操作中，应主要从以下三方面考虑：[2]

(1)对造成进度变化的因素施加影响，以保证这种变化朝着有利的方向发展。

(2)确定进度是否已经发生变化。

(3)在变化实际发生和正在发生时，对这种变化实施管理。

(四)项目时间计划控制的主要过程

(1)在收集到已完成活动的实际结束时间和项目变更所带来影响的有关数据，并据此更新项目进度后，对进度进行分析并与原计划进行比较，找出需要采取纠正措施的地方。

(2)对需要采取措施的地方确定所采取的具体措施。

(3)根据确定的纠正措施修改网络计划，并重新计算进度。

(4)估计所采取的纠正措施的效果，如果所采取的纠正措施仍无法获得满意的进度安排，则重复以上步骤。

对项目时间计划控制的主要工作如表 1-5 所示。

表 1-5　项目进度控制的主要工作

输　　入	处　　理	输　　出
项目时间计划	项目进度变更控制系统	更新后的项目时间计划
绩效报告	偏差分析技术	纠偏措施
变更申请	绩效测量	经验教训
进度管理计划	补充计划的编制	
	项目管理软件	

(五)项目时间计划控制的方法

项目进度控制的主要方法是规划、控制和协调。规划是指确定项目总进度控制目标和分进度控制目标，并编制其进度计划；控制是指在项目实施全过程中进行的检查、比较及调整；协调是指协调参与项目的各有关单位、部门和人员之间的关系，使之有利于项目的进展。

---

[1]　戚安邦：《现代项目管理》，北京：对外经济贸易大学出版社，2001 年，第 233 页。

[2]　甘华鸣：《项目管理》(MBA 必修核心课程)，北京：中国国际广播出版社，2002 年，第 142 页。

(六)项目时间计划控制的措施

进度控制所采取的措施主要有组织措施、技术措施、合同措施、经济措施和管理措施等。组织措施是指落实各层次的进度控制人员、具体任务和工作责任，建立进度控制的组织系统，按照项目的结构、工作流程或合同结构等进行项目的分解，确定其进度目标，建立控制目标体系，确定进度控制工作制度，如检查时间、方法，协调会议时间、参加人员等，对影响进度的因素进行分析和预测。技术措施主要是指采取加快项目进度的技术方法。合同措施是指项目的发包方和承包方之间、总包方与分包方之间等通过签订合同明确工期目标，对项目完成的时间进行制约。经济措施是指实现进度计划的资金保证措施。管理措施是指加强信息管理，不断地收集项目实际进度的有关信息资料，并对其进行整理统计，与进度计划相比较，定期提出项目进展报告，以此作为决策依据之一。

(七)项目时间计划的更新

在项目进展中，有些工作或活动会按时完成，有些会提前完成，而有些则可能会延期完成，所有这些都会对项目的未完成部分产生影响。特别是已完成工作或活动的实际完成时间，不仅决定着网络计划中其他未完成工作或活动的最早开始与完成时间，而且决定着总时差(项目计划工期与实际工期的差距)。但必须注意的是，并非所有不按计划完成的情况都会对项目总工期产生不利影响，有些可能会造成工期拖延，有些则可能有利于工期的实现，有些对工期不产生影响。这就需要对实际进展状况进行分析比较，以弄清对项目可能会产生的影响，以此作为项目进度更新的依据。

由于各种因素的影响，项目进度计划的变化是绝对的，不变是相对的。进度控制的核心问题就是能根据项目的实际进展情况，不断地进行进度计划的更新。[①] 可以说，项目进度计划的更新既是进度控制的起点，也是进度控制的终点。

对项目进度变更的控制，可以利用一些技术工具来加以控制，例如各种图表、项目管理软件等。但是，更重要的是要由项目经理及各级管理人员加强对人的管理和控制。[②]

第三节 项目时间管理的绩效

项目时间管理的绩效是指度量项目时间管理的维度，涉及项目时间计划的

---

① 白思俊:《现代项目管理》(中册),北京:机械工业出版社,2002年,第174页。
② 陈远、寇继红、代君:《项目管理》,武汉大学出版社,2002年,第235页。

控制与优化的工具和技术。项目经理和团队成员都有各自的绩效测量方式,用来测量时间和成本,以加强控制、增强激励机制。这里我们主要考虑项目时间控制的基准和项目时间计划的控制与优化的工具和技术。

一、项目时间控制的基准

(一)项目进度计划

项目进度计划是项目进度计划制定过程的主要里程碑,得到批准的项目进度计划在技术上和资源上都应该是可行的,称为进度基准计划。项目进度计划同时也是项目进度计划控制过程的最根本的依据,它是测定项目时间管理实际绩效和报告项目进度计划执行情况的基准。

(二)绩效报告

绩效报告是项目沟通管理的一个重要输出文件,它可以提供有关进度绩效的信息,例如哪些项目活动按期完成了、哪些未按期完成,以及项目进度计划的总体完成情况等。另外,绩效报告中的进度报告还可以提醒项目团队注意解决那些可能引起问题的因素或事项。

(三)变更请求

项目变更请求是对项目计划所提出的改动要求,可以多种形式提出,例如口头或书面的、直接或间接的、从外部提出的或从内部提出的、法律强制的或可以选择的。项目变更请求可能会要求延长进度,也可能会要求加快进度。

(四)进度管理计划

进度管理计划是进度计划制定过程的一个输出,是项目整体管理中项目计划的一个附属部分,同时也是进度计划控制的主要依据之一。

二、项目时间计划的控制与优化的工具和技术

(一)进度变更控制与优化系统

进度变更控制系统定义了改变项目进度计划所应遵循的程序,包括书面文字工作、追踪系统以及核准变更与优化所必需的批准层次。在程序方面则包括工期变动的申请程序、批准程序以及实施程序等。

(二)绩效测量

项目进度计划控制的一个重要问题是确认项目实际与计划之间的差距,并度量这种差距是否达到需要采取措施的程度。在项目沟通管理的绩效报告中介绍的绩效测量技术有助于估算发生的变化的大小,为进度计划控制提供依据。进度计划控制的一个重要部分就是决定进度的偏差是否需要采取纠正措施。例如,非关键路线上一项活动的延误,对整体项目进度可能影响不大,而处于关键路线或次关键路线上的活动即使有非常小的延误,也可能要立即采取纠正措施。

(三)补充计划编制

在项目实施过程中,很少有项目能精确地按照预定计划进行,一些项目活动可能会按时完成,但另一些项目活动可能会提前完成或延期完成,从而对项目未完成部分产生影响。未来的变化可能需要新的或修订的活动历时估算、更新的活动顺序或替代进度计划分析。

另外,在项目的实施过程中,各种变更可能会引起项目活动的增加或删除、项目活动的重新排序、项目活动持续时间的重新估算、对项目要求完工时间的变动等,从而对项目进度计划产生影响。因此,项目进度计划控制需要使用补充计划(或叫追加计划、附加计划)来反映出于各种情况的变更而导致的进度计划的变更。

(四)项目管理软件

项目管理软件能够跟踪和比较计划日期和实际日期,预测(实际的或潜在的)进度变更的后果,因此是进度计划控制的有力工具。

(五)偏差分析

在进度监控过程中进行偏差分析,这是时间控制的一个关键部分。将目标日期与实际预测的开始和结束日期相比较,可以为检测偏差、在进度延迟的情况下执行纠正措施等提供有用的信息。

一个时间管理的小故事

吴教授在给即将毕业的 MBA 班学生上最后一次课。

令学生们不解的是,讲桌上放着一个大铁桶,旁边还有一堆拳头大小的石块。"我能教给你们的都教了,今天我们只做一个小小的测验。"

教授把石块一一放进铁桶。当铁桶里再也装不下一块石头时,教授停了下来。教授问:"现在铁桶里是不是再也装不下什么东西了?""是。"学生回答。

"真的吗?"教授问。随后,他不紧不慢地从桌子底下拿出了一小桶碎石。他抓起一把碎石,放在已装满石块的铁桶表面,然后慢慢摇晃,然后又抓起一把碎石……

不一会儿,这一小桶碎石全装进了铁桶里。"现在铁桶里是不是再也装不下什么东西了?"教授又问。"还……可以吧。"有了上一次的经验,学生们变得谨慎了。

"没错!"教授一边说,一边从桌子底下拿出一小桶细沙,倒在铁桶的表面。教授慢慢摇晃铁桶。大约半分钟后,铁桶的表面就看不到细沙了。"现在铁桶装满了吗?""还……没有。"学生们虽然这样回答,但心里其实没底。

"没错!"教授看起来很兴奋。这一次,他从桌子底下拿出的是一罐水。他慢慢地把水往铁桶里倒。

水罐里的水倒完了,教授抬起头来,微笑着问:"这个小实验说明了什么?"一个学生马上站起来说:"它说明,你的日程表排得再满,你都能挤出时间做更多的事。""有点道理。但你还是没有说到点子上。"教授顿了顿,说:"它告诉我们:如果你不是首先把石块装进铁桶里,那么你就再也没有机会把石块装进铁桶了,因为铁桶里早已装满了碎石、沙子和水。而当你先把石块装进去,铁桶里会有很多你意想不到的空间来装剩下的东西。在以后的职业生涯中,你们必须分清楚什么是石块,什么是碎石、沙子和水,并且总是把石块放在第一位。"

你的时间在哪里,成就就在哪里。如果时间都用在了石块上,你的成就就像石块;如果都用在了沙子上,那成就如沙;用在水上,成就若水。古语云,"求乎上取乎中,求乎中取乎下"。如何决择,在己。

小结

项目时间管理与项目成本管理、项目范围管理、项目质量管理并称为项目管理的"四大约束管理"。项目时间管理涉及的主要过程包括活动定义、活动排序、活动工期估算、时间计划制定和时间计划控制。一个好的时间计划是项目成功的一半,项目时间计划管理的难度与项目的规模、复杂性、紧急性、详细程度、关键因素及相应的技术力量和物质基础有关。在计划执行过程中采取相应措施来进行管理,具有非常重要的意义。在计划执行过程中,要注意随时掌握项目实施动态,检查计划的执行情况。更应随着情况的变化对计划进行调整,这对保证计划目标的顺利实现有着决定性的意义,否则就会使整个时间计划变得无足轻重。同时应理解计划执行中的管理工作,应抓住以下两个方面:决定应该采取的相应措施、补救办法并及时调整计划。

本章全面讨论了项目时间管理的重要意义、概念、内容和绩效评价,较为详尽地阐述了项目进度管理各个过程的依据、所采用的工具和方法以及各个过程产生的结果。在各个过程中所提及的许多方法,例如节点法、箭线图、甘特图、关键路径法、计划评审技术、图表评审技术等,这些内容在以后各章都会加以详尽介绍。

关键术语

项目时间管理 项目活动分解与定义 项目活动排序 项目活动工期估算 项目时间计划制定 项目时间计划控制

思考练习题

1. 你是如何理解项目时间管理的？

2. 项目时间管理的干扰因素有哪些？

3. 项目时间管理与其他项目专项管理是什么关系，有什么不同之处？

4. 说明项目时间管理的工作内容和重要性。

5. 简述项目时间计划的原则和项目时间管理的过程。

6. 项目活动排序所要考虑的信息有哪些，项目活动之间存在哪几种关系？

进一步阅读

1.［美］杰克·吉多等著，张金成等译：《成功的项目管理》，机械工业出版社，1999 年。

2.［美］克利福德·格雷、埃里克·拉森著，黄涛、张会、徐涛、张扬译：《项目管理教程》，人民邮电出版社，2003 年。

3.［美］罗伯特·K、威索基等著，李盛平等译：《有效的项目管理》，电子工业出版社，2002 年。

4. 白思俊：《现代项目管理》（中册），机械工业出版社，2002 年。

5. 陈远、寇继红、代君：《项目管理》，武汉大学出版社，2002 年。

6. 潘振海："项目管理与工程监理的比较"，中国计算机世界网，2004 年 3 月 2 日。

7. 戚安邦著：《现代项目管理》，对外经济贸易大学出版社，2001 年。

8. 朱宏亮：《项目进度管理》，清华大学出版社，2001 年。

案例

核电站的进度管理与控制①

我国的核电站建设始于 20 世纪 80 年代。由于能源资源分布不均，现有电力不能满足东南沿海省份经济发展的需要，所以首先在浙江省秦山和广东省大亚湾两地兴建核电站。到 1994 年，两个电站共三个机组（装机容量共 210 万千瓦）均已先后投入运行。在第九个五年计划期间，又有秦山二期、三期，广东岭澳以及苏州连云港等 4 座核电站共 8 个机组相继开工，预计到 2005 年左右，均将投入运行。

实践证明：核电站建设的质量直接关系到核能发电的优劣，而核电站建设项

---

① 陈远、寇继红、代君：《项目管理》，武汉大学出版社，2002 年，第 249～251 页。

目的质量从根本上又取决于项目的管理,这是由核电站的特点所决定的。

(1)核电站是高科技项目,它涉及的系统数目多、结构复杂、技术密集、专业面广、参与建设的单位多。

(2)核电站建设项目投资大、周期长,伴随的风险大。

(3)核电站建设项目对安全和环境的要求特别高,公众的敏感性特别强。

因此,尽管核电站建设项目的控制目标与其他项目一样,都是质量、工期和成本。但是,核电站要实现这三大目标的难度却比其他项目要困难得多。在这三个控制目标中,时间又是最为重要的。因为核电站的投资巨大,贷款利息相当可观,一旦延误工期,就会造成重大经济损失。

秦山和大亚湾核电站的进度管理与控制都采用了系统的、科学的方法和现代化的手段。根据它们的经验,进度控制职能可以归纳为:进度计划的编制和审定,进度监督和纠正,接口协调,设计文件、设备、材料的催交,实行项目进展报告制度等。

(1)制定一个现实的进度计划。

制定一个现实的进度计划是实施进度控制的基础。所以,在制定计划时,要慎重考虑项目活动的划分,活动间的逻辑关系、相互接口,以及设计、设备、材料和劳力准备等多种因素,通过多次调整,得到最优的方案。

秦山和大亚湾都采用五级进度计划。作为业主,主要是制定好一级和二级进度计划,做好三级进度计划的审查工作。一级进度是里程碑进度。确定一个既能发挥各方积极性而又能实现的总进度是制定整个进度计划的关键。其次是考虑各道施工的关键路径,合理划分土建、安装和调试工期,确定各阶段接口的关键日期。这些日期要列入合同文件,成为编制二级进度计划的依据。二级进度是控制和协调进度。其范围和一级进度相同,但将其全面细化。包括参与项目各方的主要活动,有厂房、区域、系统及子系统的开工和移交日期以及相关工作进度,用于协调设计、设备供货、土建、安装和调试工作的进度。三级进度是由各承包商编制的、用以指导工作进度的计划。它必须符合二级进度,并经业主审查同意。

(2)跟踪计划的实施,及时发现偏差,及时纠正。

核电站二级进度计划包括200多项项目活动,三级进度计划则包括约20万项项目活动。如此浩大的工程,即使再周密的计划也难免出现偏离。实际上,偏离事件的发生是经常的。对此,核电站采取了分级管理、控制的方法。业主主要控制一级和二级进度,三级进度及其以下的进度由承包商自己控制,业主则对其进行监督、跟踪。如果发现某一项活动延误了,只要判断出它不会影响二级进度,业主只须敦促他们加快进度;如果对二级进度有影响,就要及时分析可能的结果,提前采取补救措施。

大亚湾核电站主要采取合同来实施进度控制,制定了有关项目进度目标的合同条款及相应的经济措施。例如,支付与进度挂钩等。

(3)搞好设计文件、设备、材料的催交。

世界上有许多核电站工程都曾发生过因设计文件或设备材料跟不上而影响工期的事例。秦山一期工程因部分设备推迟到货而影响进度达六个月。大亚湾工程承包商系统管道定货推迟了几个月,发来的管道和相应的安装施工文件不配套,成为导致辅助管道施工延误的重要原因。

为了做好文件和设备材料的催交工作,首先要做好这些文件、物项交付清单的审查。审查的内容除了清单的完整性,还包括清单的准确性。审查的依据是二级进度计划、有关的管理程序和合同有关附件。然后,按交付清单进行催交。

计算机化的管理对于搞好催交工作有重要作用。特别是大宗设备、材料的规格品种繁多,如不借助于计算机,就无法实施有效的管理。一旦出现交付延误,拿不出准确的统计,就不能有效进行交涉。

(4)建立完善的进度跟踪和信息反馈制度。

该制度要求项目管理机构对各承包商的项目进展进行跟踪,将了解到的情况编成项目进展报告,有预测性的、专题性的和综合性的等。一般编成月报的形式。报告的内容包括:重大事件,设计、制造、施工的进展描述,不符合项及其处理,合同问题,影响进度、人员及工程量统计等。但是,月报还是难以满足领导层决策信息的时效性要求,通常还要采用例会、接口协调会、调度会以及临时的专门会议等方式。

第二章　项目生命周期与项目时间管理

本章导读

　　项目作为一种创造独特产品与服务的一次性活动是有始有终的,项目目标的实现通常都要经历一定的阶段或工作过程。项目实现过程一般是指为创造项目的可交付成果而开展的各种活动所形成的过程(也称为项目阶段)。项目从始至终的整个过程构成了一个项目的生命周期,各阶段具有明确的时限、任务和成果。因此,项目生命周期与项目时间管理有着紧密的联系,一些特定的工作和任务必须在项目生命周期的特定阶段予以完成。

第一节　项目生命周期

一、项目生命周期的定义

　　项目作为一种创造独特产品与服务的一次性活动是有始有终的,项目从始到终的整个过程都是由为创造项目的可交付成果而开展的各种活动形成的,这些具有鲜明特点的阶段性活动就构成了一个项目的生命周期。

　　与项目的定义一样,对于项目生命周期的定义也是多种多样的。其中,美国项目管理协会的定义较具代表性,它对项目生命周期的定义可表述如下:"项目是分阶段完成的一项独特性的任务,一个组织在完成一个项目时会将项目划分成一系列的项目阶段,以便更好地管理和控制项目,更好地将组织的日常运作与项目管理结合在一起。项目的各个阶段放在一起就构成了一个项目的生命周期(Project Life Circle,PLC)。"这一定义从项目管理和控制的角度,强调了项目过程的阶段性和由项目阶段所构成的项目生命周期,这些对于开展项目管理是非常有利的。项目的生命周期体现了项目从产生到完成的内在规律性。因此,在深刻认识项目的生命周期特点之后,项目经理和项目团队队员才能使项目的工作能够分步骤、分阶段、符合逻辑地开展下去。

项目生命周期的定义还有许多种,但是基本上大同小异。然而,对项目生命周期的定义和理解必须严格区分两个完全不同的概念,即项目生命周期和项目全生命周期的概念。项目生命周期的概念如前所述,而项目全生命周期的概念可以用英国皇家特许测量师协会(Royal Institute of Charted Surveyors, RICS)所给的定义来说明。这一定义的具体表述如下:"项目的全生命周期是包括整个项目的建造、使用,以及最终清理的全过程。项目的全生命周期一般可划分成项目的建造阶段、运营阶段和清理阶段。项目的建造、运营和清理阶段还可以进一步划分为更详细的阶段,这些阶段构成了一个项目的全生命周期。"由这个定义可以看出,项目全生命周期包括一般意义上的项目生命周期(建造周期)和项目产出物的生命周期(从运营到清除的周期)两个部分,而一般意义上的项目生命周期只是项目全生命周期中的项目建造或开发阶段。弄清这两个概念的不同之处,对于学习和实际操作项目管理都是非常有意义的。

二、项目生命周期所包含的内容

一个项目从始至终的整个过程构成了一个项目的生命周期,这个概念实际上包括了下述几方面的内容:

(一)项目的时限

项目生命周期的首要内容是给出了一个具体项目的时间框架,这既包括一个项目的起点和终点,也包括一个项目各个阶段的起点和终点。这些项目或项目阶段的起点和终点,既给出了与项目有关的时点数据(项目开始和结束的时点),也给出了与项目有关的时期数据(项目持续的时期长度)。例如,一个软件开发项目或一个工程建设项目通常不但需要给定整个项目的起点和终点,而且要给出项目各个阶段的起点和终点,从而界定出项目的具体时限。

(二)项目的阶段

项目生命周期的另一项主要内容是有关项目各个阶段的划分,这包括一个项目的主要阶段划分和各个主要阶段中具体阶段的划分。这种阶段划分将一个项目分解成一系列前后持续、互相衔接的项目阶段,而每个项目阶段都是由这一阶段的可交付成果所标识的。所谓项目的可交付成果(Deliverables)就是一种可见的、能够验证的工作成果或事项(或叫产出物)。例如,一个工程建设项目通常需要划分成项目的定义阶段、设计计划阶段、工程施工阶段和交付使用阶段,而项目可行性研究报告、项目设计方案、项目实施结果和项目竣工验收报告等都属于项目阶段的可交付成果。一般来说,项目有中期可交付成果和最终可交付成果之分,对个别项目,就初期可交付成果也可以提出要求。

这里还要明确一个非常重要的术语:里程碑(Milestone)。它是指项目中一些重大事件的完成,通常是指一个主要可交付成果的完成,它是项目进程中的一些重要标记,是在计划阶段应该重点考虑的关键点。里程碑既不占用时间也不消耗资源,仅仅是一些重要的标志。如启动阶段结束时,批准可行性报告就是一个里程碑,其可交付成果就是获得批准的可行性研究报告;计划阶段结束时,批准项目整套计划以及项目本身也是一个里程碑,其可交付成果就是项目的系列计划文件;执行阶段结束,项目完工又是一个里程碑,其可交付成果就是有待交付的完工产品(基本完成的项目)以及相关文件等;收尾阶段结束,项目交接则是一个重要的里程碑,其可交付成果就是完工产品和整套项目文档。

(三)项目的任务

项目生命周期还包含了项目各阶段的任务,这包括项目各个阶段的主要任务和项目各阶段主要任务中的一些主要活动。一个工程建设项目的生命周期需要给出项目定义阶段、设计计划阶段、施工阶段和交付阶段,以及这四个项目阶段中主要的任务和活动。例如,项目定义阶段的项目建议书编制、项目可行性研究、项目的初步设计和项目可行性报告的评审等就是这一阶段的主要任务和主要活动。项目生命周期还定义和给出了究竟哪些任务应该包括在项目范围之中、哪些任务不应该在项目范围之中,并按照这种模式将项目的范围与项目组织的日常运营活动严格地予以区分。

(四)项目的成果

项目生命周期还同时明确给定了项目各阶段的可交付成果,这同样包括项目各阶段和项目各阶段主要活动的成果。例如,一个工程建设项目的设计计划阶段的成果包括项目的设计图纸、设计说明书、项目预算、项目计划任务书、项目的招标和承包合同等。一般来说,项目的阶段性成果是在下一个项目阶段开始之前必须提交和完成的,但是也有一些项目的后续阶段可以在项目前一阶段的工作成果尚未交付之前就开始。这种项目阶段的搭接作业方法通常被称为快速平行作业法,这种做法存在着项目阶段性成果最终无法实现和通过验收的风险,因此并不值得大力提倡。比如,项目资源的大规模投入最好还是在项目合同和预付款到位之后再开始,现实中处处可见这个标志性成果未完成而匆忙开始项目所造成的恶劣后果。

三、项目生命周期阶段的划分

不同的项目虽然经历的时间不同,但它所经历的阶段和在各个阶段所表现出的特征却是相同的或类似的。根据项目在生命周期中所表现出的特性,一般可以把项目生命周期划分为四个阶段:

(1)项目的启动阶段;

(2)项目的规划阶段;

(3)项目的执行阶段;

(4)项目的结束阶段。

项目的每个阶段都包含着许多具体的工作任务,各阶段之间都存在着紧密的联系,从而使得项目具有整体性的特征。图 2-1 是一个典型的项目生命周期示意图。

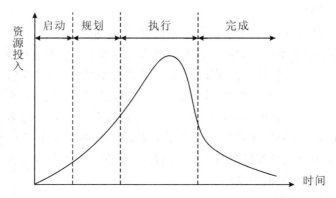

图 2-1   项目生命周期图

在图 2-1 中,纵轴是资源的投入,如人力、物力、财力等,横轴是时间轴。在项目周期的不同阶段,资源的投入和所需耗费的时间是不同的。在项目的开始阶段,资源的投入是最少的,此时正处于需求的产生、识别和项目的创意过程之中。随着项目规划的完成而进入项目执行阶段后,资源的投入量剧增,时间的跨度也较长。当项目接近尾声时,即进入了收尾阶段后,资源的投入量又急剧减少。一般来说,这时所要做的工作主要就是项目的评估和交付物的移交。

总之,随着时间的推进,项目一般表现出明显的阶段性特点。每一阶段都是下一个阶段的基础,即当一个阶段结束时都有一个针对下一个阶段的可交付成果,这一成果是下个阶段得以启动的必要条件。如果上一阶段的既定任务或目标完成的情况不是很好,就将直接影响下一阶段的工作开展,或直接影响到整个项目最终能否达到既定的目标并使客户满意。这个道理是很明显的,如果在启动阶段,项目的构思和创意就很平庸,实施后的项目也必然缺乏新意和惊喜;如果项目在规划时出现重大的失误或错误,在执行阶段就需要投入额外的资源,或者进度再快也无异于南辕北辙、缘木求鱼,因为项目每前进一步都意味着偏离既定项目的本来目标越远、损失越大。如果某一阶段的既定目标或任务根本就没有完成,这时项目的生命周期还可能会终止在该阶段。有些项目被终止于摇篮之中,即项目的启动和规划阶段,此时损失尚小;而有些项目,特别是大型的建筑工程,如果终止于执行或结束阶段,损失就非常巨大。人们通常称这种工程为"半拉子工程",房屋建筑上则称为"烂尾楼"项目。

图 2-2 是项目生命周期示意图,该图粗略反映了各阶段所要完成的任务及各阶段之间的关系,掌握此图有助于进一步了解项目的生命周期理论和完成各种阶段性工作的时间界限要求。

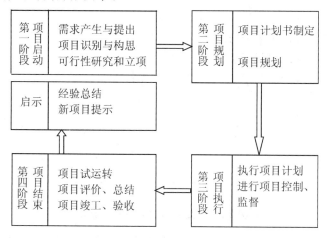

图 2-2 项目生命周期示意图

项目生命周期是项目运行规律的总概括,它是人们在长期的项目管理中,通过实践、认识,再实践、再认识,经过理论和实践的反复总结和概括而得出的,反映了人们对项目型活动及其规律的认识和掌握。认识和掌握这一规律的意义不仅在于丰富和发展了管理理论,更在于对项目管理实践发挥了巨大的指导作用。一些发达国家和世界经济组织,在项目投资活动领域更是总结出了一套自己的科学、严密的项目生命周期理论和方法,并要求每一项投资活动都必须按照科学的项目周期依次进行,从而极大程度地减少了投资风险和失误。世界银行在世界任何一个国家和地区的贷款项目都要经过项目选定、项目准备、项目评估、项目谈判、项目执行和项目总评价等若干步骤和阶段,严格按照项目生命周期的规律来进行投资项目管理,从而保证世界银行在各国的项目投资活动保持较高的成功率。

下面我们就详细看一看项目生命周期的各个阶段以及主要任务。

(一)项目启动期

项目生命周期的第一个阶段称为项目启动期。如图 2-3 所示,在这一阶段中客户要向承约商(承包商)或项目承接单位提供需求信息。正式发出的需求信息一般被称作需求建议书(Request For Proposal,RFP),这是一个很专业的术语。承约商接到需求建议书之后还不能立刻启动一个项目来满足这种需求,而是应当根据需求建议书提出的要求进行需求的进一步识别工作,挖掘和勾勒出客户的真正需求或者隐含需求,然后据此开展能够满足这些需求的项目创意和构思工作,最后生成若干备选项目方案并进行可行性研究,直至获得各有关方的批准。

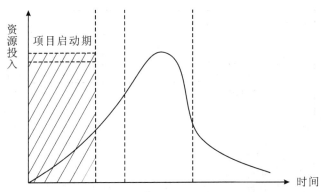

图 2-3   项目生命周期的第一阶段

在项目的启动期,投入的资源相对于项目的总投入来说一般很少,主要的工作任务就是进行需求识别、项目构思,纯粹的智力劳动居多,所需的有形资源的投入较少。对于这一阶段所需的时间,通常客户会在需求建议书中有严格的规定。另外,客户需求产生之后,有时并非只向一家单位发出需求建议书,通常的做法是向多个能提供同类产品或服务的单位发出需求建议书,最后从多个回复的承约商中挑选出少量较佳的再进行一轮或几轮征集、回复和谈判活动,最后与最佳的一个或几个承约商签订项目协议。这一过程类似于工程招标、投标的过程,其间的竞争可能十分激烈。故此,接到需求建议书的潜在承约商在进行项目构思和提交项目方案时,一般要尽可能地在规定时间框架内充分做好需求识别、项目创意和方案准备工作,否则就有可能失掉与客户签约的机会。

其实,以创新的项目来回复 RFP,这本身就是一个项目,其重要性不可低估。对于承约商来说,它直接反映出承约商的项目管理水平和专业水平,决定着是否能够取得项目的承接权和管理权;对项目来说,这一阶段提出的项目方案直接决定着其未来的蓝图和基本框架。善始者才能善终,这就如同服装公司生产服装之前的样板设计,不难想象,一个低俗的、一般化的服装设计,纵然使用再豪华的布料来制作,也难使穿衣者形象出众。

(二)项目规划期

项目规划期是项目生命周期的第二阶段,如图 2-4 所示。一般来说,客户认可承约商的项目方案并与之签订项目合同之时,便是第一阶段的结束和第二阶段的开始,这是一个重要的里程碑。

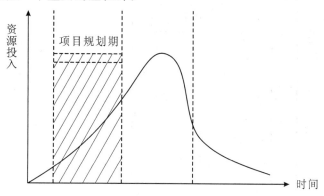

图 2-4　项目生命周期的第二阶段

经过项目启动期,随着一个可交付成果——项目方案的诞生,项目生命周期即进入第二个阶段。在这个阶段,面对既定的项目方案,所需做的主要工作任务是:制定详细的项目计划书,其主要内容包括确定项目工作范围,进行项目工作分解(WBS),估算资源、成本和时间,安排进度以及人员、设备等资源。因此,制定项目规划,主要包括进度规划、费用规划、质量管理规划、组织规划、资源配置规划、沟通规划和风险管理规划等。

项目规划为项目实施提供了行动纲要和蓝图。它好比重大战役前在战略上所作的部署,不仅规定了整个战役的目标、重要的阶段性战略,还为具体的战斗安排提供了计划指针,甚至将具体的计划工作也全部纳入项目规划书。从资源投入的角度来说,项目规划期所经历的时间比较短,人力、物力和财力的投入也相对较少,但在资源的投入上已明显超过了项目的启动期。在这一阶段的工作中,"智力劳动"、"案头工作"仍扮演着主要角色。

项目的规划期显然对项目的成败是至关重要的。如果既定的项目是按照订单生产一批产品用来满足特定的需求,那么项目的启动期主要是进行加工设计,即决定是否有能力接受订单、是自己生产还是委托加工等。项目的规划期就是按照设计的样式以图纸或文字的形式将其转化成技术规格和生产计划,确定原材料、设备和工人的选择以及生产的进度等。而项目执行期就是调配资源,将产品按计划生产出来。收尾期则是将产品和相关说明资料交付给订货方。由此可见,在项目的规划期,就是用图表和文字的形式来规定如何执行项目、产出交付物(及项目目标),这一阶段从某种意义上说已经决定着未来项目管理的成败。

(三)项目执行期

项目执行期是项目生命周期的第三阶段,如图 2-5 所示。这一阶段的主要工作,简单地说就是从无到有、从纸面上到实际上实现项目目标的过程。

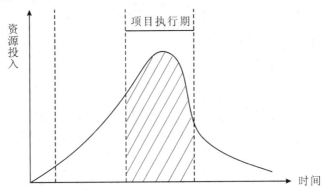

图 2-5　项目生命周期的第三阶段

随着项目规划工作的完成,项目进入生命周期的第三个阶段。这一期间的主要任务就是执行项目的一整套计划,同时进行项目的监督和控制。具体来说,就是按照项目规划和项目计划书的内容,配置项目成员、调拨资金、调配机械设备和工具、进行物资采购等,并按照进度计划实施项目、控制项目,最终实现项目目标,使项目经历一个从无到有的实现过程。

在项目的执行期,资源的投入随着进度的推进而逐渐达到最大值,项目生命周期第三阶段的示意图也明显显示出了这一变化。因为在项目开始的前两个阶段中,工作性质尚属于"智力劳动"和"纸上谈兵",相对于项目整体投入而言,并不需要太多的人力、物力和财力的投入。而项目一旦进入第三阶段,随着项目的实施,各项活动急剧增加,无论是从人力、物力和财力的投入上来看,还是从时间的跨度上来看,项目在这一阶段上的消耗都是最大的。

在这一阶段中,项目的监督、控制和一系列管理工作显得异常重要。尽管在项目规划期中已经制定好了整套工作方案,但能否执行到位尚是一个未知数,加之一些突发事件的发生和人为的一些不可控因素,在具体的执行过程中肯定会出现这样或那样的偏差,重大的失误还有可能导致整个项目的失败。这正如演奏一支乐曲,不同的乐团和指挥组合会演奏出不同的效果,即使是同一个乐团和指挥的组合在不同场合下的演奏也不一定会完全一样。这期间指挥家发挥着巨大作用:他要挑选一支好的乐队,在演奏时要发挥较高的水平,调动每一位演奏人员的热情甚至创造性,指挥他们步调一致,最终演奏出优美的乐曲来。在项目的执行期,项目经理的作用如同这样的指挥家。他们能否对项目的执行过程进行有效的控制、监督和管理,同样决定着项目的成败。

(四)项目结束期

项目结束期是项目生命周期的最后阶段。当项目目标已经实现、交付物已经到位,或者已经明确知道该项目的目标不再可能实现而可以终止时,该项目即已经达到了它生命周期的终点。

如图 2-6 所示,在这一阶段,主要工作包括项目的竣工、验收、移交,项目的评价和总结,项目团队的解散,以及项目的试运转等。在这一期间项目管理的工作亦非常重要,因为凡事都讲求善始善终,项目更是如此。随着项目接近尾声,这一期间的资源投入迅速下降,这与上一阶段的执行期对比很明显。

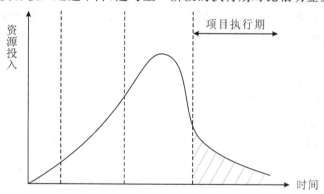

图 2-6　项目生命周期的第四阶段

在传统的项目管理中,这一阶段所经历的时间可能较短,随着目标的实现,标的物的验收、移交,项目合同即告终止。但随着承约商或项目承接单位之间竞争的加剧,以及某些技术型项目的客观需要,这一阶段的时间跨度也有明显延长的趋势,且在人力等方面的投入也开始增多。这是因为在客户验收新项目之后,在技术、管理人才等方面还比较匮乏,这有赖于承约商的协助,帮助其在实际运作中培养人才、进行工艺流程改进和项目的试运营,所有这些都是现代项目管理以客户为中心的新理念的具体体现。

当然并非所有项目都是以这种顺利成功的方式结束的。在现实中,还有一些项目可能以非完全成功的、失败的或需要拖延很长一段时间的方式才告终止。

不同的结束方式必然决定着项目在此阶段中表现出不同的特点,有的继续需要一定资源的投入,如某些需要返工的项目;有的则需要延长相当长的时间期限。

项目结束期的管理工作无疑是应当受到高度重视的。从成功的项目中可以总结一些有用的经验,即使失败了,从中吸取更多的教训也算是失败的项目能够带给我们的价值,规范化、标准化、文档化的经验总结可以为今后从事新项目的管理工作带来一定的启示。

项目生命周期的长度从几个小时到几年不等,这要依项目内容、复杂性和规模而定。当然,并不是所有项目都必然完整经历项目生命周期的四个阶段。例如,一批社会志愿者决定,他们每个月要利用一个周末为孤儿院的孩子们做些什么。这种项目可能更多地涉及两个阶段——计划和执行,从短期来看,项目生命周期的其他阶段可能就与这个项目关系不大了。同样,如果一家工厂的厂长决定改变一下工厂设备的布局以提高效率,他可能在外出参观同行的工厂之后单独并很快就作出决定,让生产部部长主持这一项目,并用本部门的员工去执行这个项目。在这种情况下,就没有来自外部项目委托方的书面需求建议书。

一般来说,当项目在商业环境中执行时,项目生命周期会以更正式、更具有内在结构性的方式展开。当项目由私人或志愿者执行时,项目生命周期则趋向于较随便、不太正式的执行方式。

所以,项目生命周期的阶段划分既不是唯一的,也不是非要完整和明显经历的。对类似于大型建设投资和医药审批这样的项目,生命周期划分得很详细,步骤很多,且需要严格执行。所以建设类项目生命周期与非建设类项目生命周期阶段的划分就相差很大。由图 2-7 中我们可以进一步理解生命周期划分的多样性。[①]

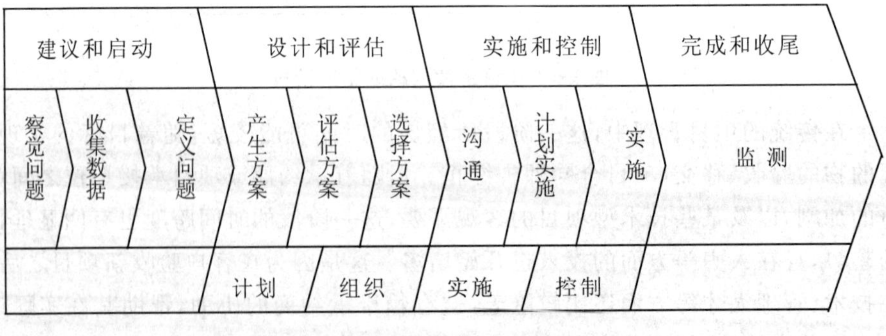

建议和启动			设计和评估			实施和控制			完成和收尾
察觉问题	收集数据	定义问题	产生方案	评估方案	选择方案	沟通	计划实施	实施	监测
			计划	组织	实施	控制			

图 2-7　三种不同生命周期划分的比较

---

① 白思俊著:《现代项目管理》,机械工业出版社,2002 年 4 月。

四、项目生命周期的特征

在项目实现过程中,项目生命周期各个阶段的资源投入、风险程度、项目干系人对项目的可控性等均有所不同。然而,典型的项目生命周期会具有如下特征:

(一)项目资源的投入具有波动性

在项目启动和规划阶段,主要投入的资源是智力劳动,而物力和财力投入比较低,花费的时间从比例上看也相对较小。进入项目的执行阶段后,项目的各种活动数量迅速增加,无论是人力、财力和物力的投入,还是时间的消耗都急剧增加,达到最高峰。此后便是项目的收尾阶段,投入水平亦随之下降,直到项目终止。

(二)项目风险程度逐渐变小

项目开始时,由于仅仅是"纸上谈兵",实际执行时会遇到的问题此时都还没有出现,因而此时对于能否成功完成项目的把握性是最低的,而风险和不确定性是最高的。随着项目的进展,"纸上谈兵"转变成"真枪实弹",不确定因素逐渐明朗化或者不断减少,对能否成功完成项目的预见性通常会逐步增加。

(三)项目干系人对项目的控制力逐渐变弱

项目干系人对项目的时间进度、成本费用等项目约束的影响力在项目开始时是最强的,随着合同的签订、项目的进展,项目团队深陷其中,项目干系人对项目的了解基本上要依靠项目团队提供信息,大部分资源也已经投入到位,因而各方干系人对项目的影响力就会逐渐减弱。

这里需要注意的是,项目生命周期和产品生命周期的含义是不同的。例如,将一种新产品准时推向市场的工作就是一个项目,这个项目有它自己的生命周期(启动、执行、控制、收尾),而在将此新产品推向市场的工作完成以后,该项目生命周期就结束了,但这种新产品则刚刚经历了其生命周期(导入、成长、成熟、衰退)中的第一个阶段。

五、项目生命周期描述方法

对于项目生命周期的描述既可以使用一般性的、泛泛的文字说明,也可以使用比较详细的具体图表来描述。一般一个项目生命周期的描述可以包括文字、图、表等方式。这些项目生命周期的描述方式通常都属于项目管理的特定工具与方法。下面给出几种用图表和文字描述的不同种类与不同详细程度的项目生命周期实例。

(一) 典型的工程建设项目的生命周期描述[①]

　　一般工程建设项目的生命周期可以划分为四个阶段,图 2-8 给出了一般工程建设项目四阶段生命周期的图示描述。

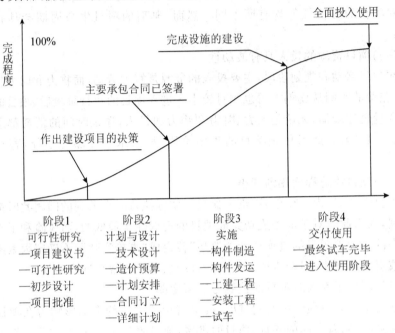

图 2-8　一般工程建设项目生命周期示意图

　　这些阶段包括:

　　1. 项目立项与可行性研究阶段

　　这一阶段的工作包括:编制项目建议书、开展可行性研究、进行初步设计,以及项目的立项批准等。这一阶段最终要作出是继续开展还是放弃项目的正式决策。

　　2. 项目设计、计划与承发包阶段

　　这一阶段的工作包括:项目的技术设计、项目造价的预算与项目合同的确定、项目的计划安排、承发包合同的订立、各专项计划的编制等。这一阶段最终要完成项目的设计、计划和承包工作。

　　3. 项目实施与项目控制

　　这一阶段的工作包括:项目施工现场的准备、项目构件的制造、项目土建工程和安装工程的施工,以及项目的试车等。这一阶段的任务是要完成整个工程

----

　　① 戚安邦著:《项目管理学》,南开大学出版社,2003 年 6 月。

的全部建设工作。

4. 项目完工与交付使用阶段

这是项目最终试车完毕、开展验收和交付使用的阶段,有时还需要开展各种项目维护工作。这一阶段的最终结果是将建设的项目交付给业主/用户,使项目全面投入使用。

这一典型工程建设项目的生命周期描述较为详尽,不但给出了项目的阶段划分,而且给出了项目阶段的特定任务、项目各阶段的成果和各阶段的终结标志。

但是有的项目生命周期可以包含更多的阶段。另外,在同一个专业领域中,两个类似项目的生命周期阶段的划分有时也会有很大的不同。例如,一家公司的软件开发项目将系统设计作为项目的一个阶段,而另一家公司可以将系统设计进一步划分为功能设计和详细设计两个独立的项目阶段。再有,一个项目的子项目也会有自己的生命周期。例如,一个建筑设计公司承担设计一栋办公大楼的任务,这一任务只是整个项目生命周期中的设计阶段或叫工程设计阶段的子项目。但是对于该设计公司来说,这个子项目的工作可以进一步分为总体设计、技术设计、施工图设计等一系列的项目阶段。因此,这个建筑设计公司可以将这一子项目看作一个完整的项目,并给出其相应的项目生命周期描述。

(二)美国国防部项目的生命周期描述

美国国防部 1993 年修订的项目管理规程中,给出了如图 2-9 所示的项目生命周期的项目阶段划分和对阶段性里程碑的说明与描述。

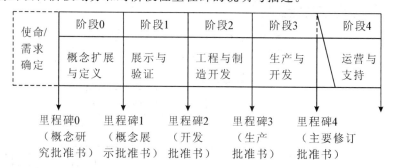

图 2-9　美国国防部的项目生命周期示意图

资料来源:根据 PMI,A Guide to The Project Management Body of Knowledge 翻译整理。

这种项目生命周期的描述不但给出了项目的阶段和时限,而且给出了项目各个阶段的任务和里程碑式的成果要求:

1. 使命与需求确定阶段

这一阶段需要完成项目的概念研究批准书(Concept Studies Approval),一旦该文件获得批准,这一阶段即宣告结束。

2. 概念扩展和定义阶段

这一阶段要完成项目的概念展示批准书(Concept Demonstration Approval),一旦该文件获得批准,这一阶段即宣告结束。

3. 展示与验证阶段

这一阶段要完成项目的开发批准书(Development Approval)。

4. 工程与制造开发阶段

这一阶段需要完成项目的生产批准书(Production Approval)。

5. 生产与开发阶段

这一阶段需要完成项目的生产条件建设和生产技术的开发工作,以便能够使整个项目投入日常运营,并获得相应的技术支持。

(三)信息系统开发项目的生命周期描述

信息系统开发项目是另一种典型的研究与开发性项目,这类项目的生命周期描述也是非常典型的,图 2-10 给出了这种项目的生命周期的图示描述。这种生命周期的描述具体地给出了信息系统开发项目的如下阶段:

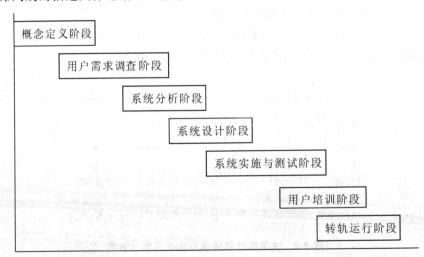

图 2-10 信息系统开发项目生命周期示意图

1. 概念定义阶段

这一阶段的主要工作包括:找出项目业主/用户的基本需求,定义系统概念,验证项目目标,提出系统设计和建设的基本概念,作出可接收的系统测试计划,完成项目风险分析,并出台项目风险管理方案。

2. 用户需求调查阶段

这一阶段的主要工作包括:全面调查系统需求、系统最终用户的需求等各方面对于一个信息系统的要求、对于信息系统所能够提供的信息资源的要求,以及信息系统加工处理信息资源的业务流程等方面的需求。

3. 系统分析阶段

这一阶段的主要工作包括:分析和确定信息系统的最终需求,定义系统的根本目标,作出系统业务流程科学化的设计和改进,完成系统的逻辑设计,作出系统开发、编程和测试等方面的计划,建立系统评价方法和绩效度量标准并提出改进建议。

4. 系统设计阶段

这一阶段的主要工作包括:分析和确定系统的物理实现模式,定义中间系统目标,作出系统物理设计,设计和构造出信息系统数据加工处理、存储和传递的模式,设计出系统的整体结构和各个子系统以及各个模块的结构,以及实现系统功能的各种网络等。

5. 系统实施与测试阶段

这一阶段的主要工作包括:系统程序的编制和系统功能的测试等。其中系统编程是将系统设计中提出的各个子系统和模块方案编制成具体的计算机程序,系统测试则是将这些程序进行全面的测试(包括程序单元、程序模块、子系统和整个系统的测试)。通过系统编程和测试将系统设计的方案变成现实的系统。

6. 用户培训阶段

这一阶段的主要工作包括:编写系统的各种说明书和系统文件,编写系统用户手册,培训系统的最终用户,使其能够学会使用和操作开发出的信息系统。系统用户培训关系到信息系统开发项目的成败,因为再好的信息系统如果用户不会使用也无法发挥作用。

7. 转轨运行阶段

这一阶段的主要工作包括:进一步将新开发信息系统放在实际运行环境中进行测试,并修订系统中存在的问题;然后将系统投入试运行使用,但是此时仍然并行使用原有的信息系统(甚至是原有的手工信息系统);最后全面转轨到使用新开发的信息系统。

综上所述,项目管理属于典型的过程管理,生命周期理论和模型的建立,强调了理解项目管理具有阶段性过程特点的重要性。人们在实际工作过程中往往急于求成,跳过项目生命周期的某些阶段,或是对某个阶段敷衍了事,直接进入下一个阶段。例如,还没有弄清楚项目所要解决的问题是什么,就直接选择项目的解决方案。更有甚者,直接进入项目的执行阶段,然后凭经验处理大量的非计划事件。我国项目管理实践中的这类例子屡见不鲜,为此已付出了沉重的代价。要进行项目管理,就要严格遵循项目活动的内在规律,项目的生命周期理论在实际的项目管理中为我们顺利展开各项活动提供了多方面的理论依据和支持,也收到了良好的效果。

第二节   项目生命周期与项目时间管理的关系

美国项目管理协会(PMI)对项目是这样定义的:项目是指为完成某一独特的产品、服务或任务所作的一次性努力。因此项目具有以下基本特征:①一次性;②独特性;③组织的临时性和开放性;④效果的不可挽回性。项目都起源于人们大脑中的想法,采取概念化的形式,在有足够物质要素的条件下,使组织中的关键决策制定者选择其作为一个项目,把它作为执行战略要素的一种方法。因而,项目从开始到结束必然经历若干阶段,这些阶段就构成了项目的生命周期。

尽管许多项目生命周期由于包含类似的工作任务而具有类似的阶段名称,但很少含有完全相同的情况,大多数项目被划分为四个至五个阶段,但也有一些被划分为九个甚至更多的阶段。但无论怎么划分,这种由不同阶段、不同的工作和任务特点构成的项目生命周期都是以时间为横坐标轴的,因而它与项目的时间管理必定有着非常密切的关系。其重要性表现在以下几个方面。

一、项目生命周期与项目时间管理有着相互制约和支持的紧密联系

项目生命周期是项目时间管理的阶段性体现,而项目时间管理则贯穿于项目生命周期的各个阶段。项目生命周期使项目时间管理更加有据可依,项目时间管理是项目生命周期得以顺利完成的重要保证。

二、项目生命周期的重要内容之一是对各个阶段给出了一个具体的里程碑限制

这些项目阶段如果再有明确的起点和终点,就既给出了有关的时点数据(开始和结束的时点),也给出了有关的时期数据(持续的时期长度)。例如,一个软件开发项目或一个工程建设项目通常不但需要给定整个项目的起点和终点,而且要给出项目各个阶段的起点和终点,从而界定出项目的一整套具体时限。而要准确地实现这些时间点,就要进行严格的时间管理,运用科学的时间管理方法保证项目生命周期的进程。另外,不论是项目的阶段、项目的任务和项目的成果都可以看作项目在时间轴上的不同表现,因为项目生命周期是一个依次进行的

过程,前面的阶段、成果和任务的完成是下一阶段、成果和任务开始的基础,在时间上是紧密衔接的,因此更加离不开科学的时间管理。

三、明确了项目时间管理的阶段性绩效指标要求,有助于提高管理效率

从本质上讲,一个项目就是一系列的相关活动。而项目时间管理,也可以被看作是在一定的时间框架限制下,对这些活动所耗时间的有效管理,最终目的是使项目在规定期限内达到满足或者超过项目干系人的要求与期望。项目管理因为资源的有限性、时间的限定性,以及项目任务种类和数量繁多的因素,必定很复杂,管理一个大的项目尤其如此。因此,必须对这些活动予以分类和排序,合理划分到项目生命周期的各个阶段,以阶段性时间要求构成项目时间管理的阶段性绩效指标,从而加强时间管理的阶段性管理。只有项目每个阶段、每一环节的过程管理都满足了时间要求,才能最终保证整个项目在规定时间内得以完成。这也是项目划分生命周期的根本目的所在。

四、通用的生命周期划分使项目干系人对项目在特定的时间段内该完成哪些工作有了清晰的共识

整个项目干系人对于项目每个阶段所要完成的任务,所应进行的活动,以及完成的标志和时间限制都心中有数,具有通用语言,很容易达成共识。这将有利于保证项目干系人更深、更细地认识项目,并努力按照整个项目进度计划有条不紊地协调开展各项工作,从而避免相互之间在认识上和行动上产生太大的偏差。可以说项目生命周期模型的建立,为项目干系人之间顺畅的思想和意识沟通建立了一个总体上的框架和平台,使得上述各种工作要求能够得到更多的理解和更好的协调。

五、项目生命周期的时间管理与费用均衡

在实际项目执行过程中,很多项目经理往往抱怨项目周期计划得太短。但对项目而言,项目周期总是有限的,而且由于竞争日益激烈,项目执行的周期往往还会被进一步压缩。

(一)项目生命周期被压缩的原因

1. 招标人制定的项目周期被压缩

招标人受各种因素的影响,在项目招标过程中,不得不压缩工期。例如某公司经过市场调研后,急于抢先于竞争对手推出某项新产品,原本规划在三年内完成,结果工期被缩减到两年。

2. 开标时间延迟导致项目周期缩短

在很多项目招标过程中,投标人往往采取各种手段投诉、喊冤,导致开标时间一再延迟;而有些项目又是有截止日期的,例如奥运会。因此,留给项目执行的周期自然就被大大缩短了。

3. 投标人主动缩短工期

当投标人有多个项目需要执行的时候,可能存在人力资源、资金等冲突,为了缓解压力,不得不主动缩短项目执行周期。

4. 受意外事件影响,项目周期被压缩

在项目执行过程中,由于受海啸、地震、金融风暴等影响而被迫中断,但项目截止时间却不能发生变化,或者能延迟的时间远比中断的时间少。

(二)时间－费用均衡

时间－费用均衡也叫最小成本计划,其基本假设为:完成时间与费用存在一定的关系(假设为线性关系)。这里涉及三种费用:

(1)直接费用——这类费用工期越短,费用越高(主要与劳动强度有关)。

(2)间接费用——这类费用工期越长,费用越高(一般仅仅与时间有关)。

(3)总费用——直接费用和间接费用之和。一般随着工期压缩,直接费用上升,间接费用下降,但在中间某个时间点必有一处总费用最低。

时间－费用均衡的实质是寻找具有最小总费用的最短工期。

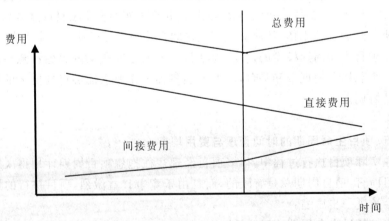

下面这道例题取自《成功的项目管理》,问题虽小,但能比较好地显示解决方法和过程。

它说的是,某项目由四项活动构成,圆圈中字母代表活动编号或名称,数字代表正常活动时间。每个活动上方的 NT、CT 分别代表该项活动正常完工时间和最快完工的时间。以活动 A 为例,正常 2 天干完,最快 1 天干完,因此可赶工时间就是 1 天。每个活动下方的 NC、CC 分别代表该项活动正常完工时所对应的费用和赶工完工后所对应的费用。仍以活动 A 为例，正常 2 天干完，费用 $6；如果赶工，最快 1 天就可以干完，但需要支出 $10。也就是说，活动 A 为了最快能完成，可以赶工 1 天，但为此要多支付 $10 − $6 = $4。

从现状来看，这个小项目关键路径是 ABD，总计需要 10 天干完，总费用 $26。这里需要注意，项目完工时间等于关键路径时间，但完工费用是所有活动费用之和，而不单单是关键路径活动的费用之和。

我们要解决的问题就是：这个项目可以压缩多少天？如果考虑到压缩费用，到底压缩多少天合适呢？

这类问题的解题步骤是：

(1)找出关键路径。

(2)将该路线上可赶工的、费率最低的活动减少一个时间单位，注意每次只能减少一个时间单位。读者可以思考一下为什么。

(3)重复上述两个步骤，直到最终关键路径上所有的活动都用足赶工时间为止。

(4)算出最终的关键路径时间以及所有活动的直接费用。

(5)算出因为压缩时间而节省的间接费用，或者在最终最快完成时间情况下，间接费用还需要多少。

(6)计算总费用，它等于直接费用＋间接费用。

(7)比较每个完成时间下的总费用，决定是将项目时间压缩到最短完成时间呢，还是选择中间一个总费用最小的压缩点，追求压缩时间－压缩费用的均衡点。

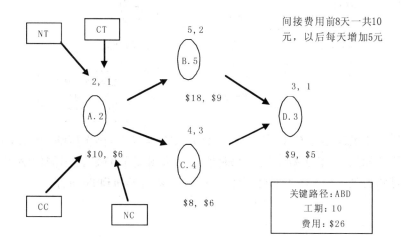

解题步骤示例：

1. 绘制网络图

2. 标注 4 个数字/或列表

● NT：正常时间

● NC：正常费用

● CT：赶工时间（赶工后的最快时间）

● CC：与赶工后最快时间对应的费用

3. 计算确定每个活动的赶工费率

	CC－NC	NT－CT	可缩短天数	R
A	10－6	2－1	1	4
B	18－9	5－2	3	3
C	8－6	4－3	1	2
D	9－5	3－1	2	2

4. 开始压缩时间

第一步先找到 C、D 费率最低，D 在关键路径上，所以压缩 D1 天，多支出费用 2 元，工期压缩 1 天。

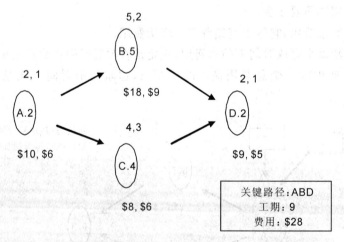

第二步发现还是 C、D 费率最低，D 在关键路径上，再次压缩 D1 天，又多支出费用 2 元，工期又压缩 1 天。此时项目网络图显示 D 已经不能压缩了，现在的关键路径是 ABD，但工期已压缩到 8 天，总费用增加到 30 元了。

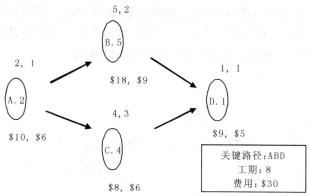

第三步发现 A、B 在关键路径上，B 费率最低，压缩 B1 天，又多支出费用 3元，工期又压缩 1 天。此时项目的关键路径是 ABD 和 ACD 了，工期已压缩到 7天，总费用增加到 33 元。

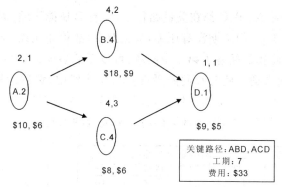

第四步可见 A、B、C 都在关键路径上，此时要么同时压缩 B、C，要么压缩A。但只压缩 A 费率最低，所以压缩 A1 天，又多支出费用 4 元，工期又压缩 1天。此时项目的关键路径还是 ABD 和 ACD 了，工期已压缩到 6 天，总费用增加到 37 元。

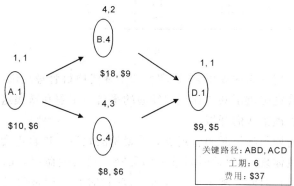

第五步应注意到 A、B、C 都在关键路径上,此时只能/必须同时压缩 B、C,因此压缩 B、C 1 天,又多支出费用 5 元,工期又压缩 1 天。此时项目的关键路径还是 ABD 和 ACD,工期已压缩到 5 天,总费用增加到 42 元。

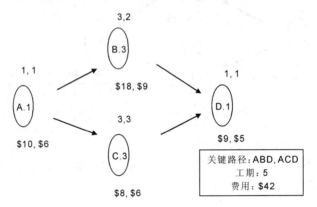

第六步,此时 A、B、C 都在关键路径上,只有 B 还能压缩,因此可以压缩 B 1 天,多支出费用 3 元,但工期没有压缩,失去意义,故停止压缩,不再赶工。

第七步,到此我们回答了第一个问题:可以压缩多少天?答案是 5 天。那么到底压缩多少天合适?此时我们需要再算出间接费用,然后计算每压缩一天的总费用,中间必有一处总费用最低。我们需要做一个总费用表。从中可见,如果考虑到总费用,压缩 2 天,即用 8 天的时间来完成项目是最经济的。

当前关键路径	赶工费率最低	完工时间	网络直接费用	当前间接费用	总费用
ABD		10	26	20	46
ABD	D	9	28	15	43
ABD	D	8	30	10	40
ABD	B	7	33	10	43
ABCD	A	6	37	10	47
ABCD	B&C	5	42	10	52
ABCD	B	5	45	10	55

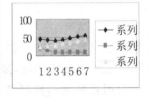

小结

项目生命周期理论的提出,丰富和发展了现代项目管理理论,为人们从事各种各样的项目管理提供了共享知识和经验的平台。了解和掌握这一理论将会有效地推动项目管理工作的开展。

项目生命周期与项目时间管理更有着紧密的联系。项目生命周期是项目时间管理的阶段性体现,而项目时间管理则贯穿于项目生命周期的各个阶段。项目生命周期使项目时间管理更加有据可依,项目时间管理是项目生命周期得以顺利完成的重要保证。

关键术语

项目生命周期　　需求建议书　　项目建议书　　里程碑

思考练习题

1. 何谓项目生命周期？它与项目全生命周期和产品生命周期有何区别？

2. 项目生命周期一般是怎样划分的？

3. 根据项目生命周期在每一阶段呈现出来的特点,结合实际项目管理,谈谈每一阶段中的工作重点和应注意的问题是什么？

4. 项目生命周期与项目时间管理的关系是什么？

进一步阅读

1. 刘荔娟著:《现代项目管理》,上海财经大学出版社,2003 年 6 月。

2. 白思俊著:《现代项目管理》,机械工业出版社,2002 年 4 月。

3. 戚安邦著:《项目管理学》,南开大学出版社,2003 年 6 月。

4. 袁义才、陈军著:《项目管理手册》,中信出版社,2001 年 1 月。

5. [美]杰克·基多等著,张金成等译:《成功的项目管理》,机械工业出版社,1999 年。

6. Royal Institute of Chartered Surveyor, Life Cycle Costing：A Work Example, London：Surveyors Publication, 1987.

7. Project Management Institute Standard Committee, A Guide to The Project Management Body of Knowledge, PMI, 2000.

8. Kerzner, H, In Search of Excellence in Project Management, Van Nostrand Reinhold, 1998.

案例

美国 UCC 公司项目实施八段法

美国联合碳化物公司(UCC)是一个以从事技术开发项目为主的大型公司,拥有自己的产品开发基地,它每年将其盈利额的 10％或更多投入技术开发和研究。该公司的项目工作法具有代表性,它提供了一套综合各项目业务功能并确定投资项目规划、程序表及其执行的工作方法,具体项目的确定和实施程序共分八个阶段:

(1)业务战略与基础规划。

(2)项目方案(设备和范围)设计。

(3)项目方案确定。

(4)工艺及基础设计。

(5)详细工程设计。

(6)施工和预试车。

(7)试车、开车和验收。

(8)项目竣工、评审和审计。

第一阶段——业务战略与基础规划

本阶段的初期包括高水平的业务战略开发以及"公司资源分配法(CRAP—Corporate Resource Allocation Process)"的利用。该法决定公司的侧重点以及能提供财源、人力的业务。本阶段的工作就是利用"工程及技术支持系统(ETSS—Engineering and Technology Support System)"对所需要的业务进行研究。这一阶段需要相当长期的业务战略观点,包括在竞争中具有优势所需的技术和设备。

在对业务资源分配法(RAP)进行评估中就能确定出各项业务机会。这些活动往往会引发对项目研究的要求,以确定捕捉一个业务机会的最佳途径。如果这个机会是指销售量,则可能有增加生产某种产品的各种方法,可能包括:

(1)购买,然后再转卖某种产品。

(2)寻求一种来料加工的行动路线。

(3)解决现有设备装置中的"瓶颈"问题。

(4)使用旧的和/或新技术建造新装置。

(5)购买现成的设施。

在工程研究及有关研究与开发(R&D)完成后,就可能决定:达到目标的最佳方法是建设或改造原有的生产装置。实际上,这就是确定要上新项目。此时,利用概念成本和时间表等资料编制项目建议书,然后输入"基建支出费用报告和预测系统"数据库,这标志着第一阶段工作的完成。

第一阶段应交付的关键工程文件有:

(1)项目开发或基础设施建议书。

(2)修订后的总项目开发进度计划。

(3)修订后的公司投资项目总计划。

第二阶段——项目方案设计

本阶段的目标是设计开发一个概念性的装置范围,包括装置规模、产品配比、装置地点、采用的技术、时间进度等。

工程部经理通过发布"业主项目目标(OPOS)"草案以及一个方案设计总则开展第二阶段工作。OPOS 描述了业务目标并提供方案设计的工作量投入以及其他应考虑的因素。方案设计总则描述了"方案设计工作组"的任务。这个多功能小组的工作是本阶段的主要活动。本阶段设计开发工作包括平行协调的三种工作过程:PWP(项目工作过程)、ETSS(工程及技术支持系统)和 R&D(研究与开发)。

研究与开发应交付的工程文件包括:

(1)方案设计报告,包括建议项目范围、选址、大范围成本及进度报告等。

(2)技术基础文件,包括为本工艺过程选择的"可采用最佳技术"所作的工作及为本阶段"研究与开发"提供输入的文件资料。

(3)项目方案报告,是上两个文件的执行概要。

这三个文件的头两件提供第二阶段已做工作的档案库并作"技术及范围"的输入资料,服务于项目第三阶段及其他方面的工作组。第三个文件提供工作组所需信息,藉以决定该项目是否仍需进行。本阶段工作以"偏向撤销该项目"的精神进行(据美国资料称90%以上的项目建议在本阶段被否决)。

如果工作组决定继续其工作,则工程部经理应修订被称为基本"业主项目目标"的 OPOS。此修订过的 OPOS、方案设计报告以及技术基础文件必须经过本阶段的质量关。一旦通过,就可成立项目执行委员会,并指定项目经理,则第二阶段工作即为完成。

第二阶段应交付的关键工程文件有:

(1)业主项目目标草案。

(2)项目开发总则。

(3)安全分析。

(4)技术基础/选择。

(5)明确的业主项目目标。

(6)项目建议。

1. 业主项目目标(OPOS)

业主项目目标的制定是为了便于把"项目目标"和"项目要求条件"简单明了地传达给准备开发项目范围和准备接受操作设备与装置的工作人员。

典型的项目目标将确定以下内容:

(1)项目所有权。

(2)管理责任/具体责任。

(3)项目关键参数。

(4)项目时间安排(时机选择)的要求。

(5)项目的成本和财务评估。

(6)对参与人员明确项目的工艺技术要求。

(7)生产规模的要求和其他操作因素。

(8)要求的产品质量。

(9)原料的应考虑因素。

(10)设备(装置)的性能的可扩展性。

(11)评价准则/风险管理和价值工程的考虑因素。

(12)寿命期分析/设备(装置)寿命。

(13)应考虑的各种选择/必需的研究。

(14)特殊考虑因素。

2. 项目职责

除了对"项目工作过程"中所采纳的各个特定的项目步骤的规定之外,应指派专门人员及组成功能性小组来负责任务的执行,这对于更好地执行"项目经理负责制"具有重要意义。因此,"职责"广义地被定义为:一个人通过物质的和精神的努力以满足一个职位或一个工作的要求时所应承担的责任。

在上述定义范围内以及如在项目职责管理中运用的那样,工作任务的执行是从工作人员所起的作用及相互关系进行考察的。共有四个特点,一般称为RACIs,这四个考察点定义如下:

(1)具体责任者(Responsible)——实际完成一项指定任务者(可以不止一人)。

(2)管理责任者(Accountable)——确保一项任务或文件的完成,且必须满足质量要求的最终责任者(只可任命一人)。

(3)被咨询者(Consulted)——最终决策或行动完成之前必须涉及的人员(可不止一人)。

(4)被通知者(Informed)——一项决策或行动完成之后必须通知的人员(可不止一人)。

第三阶段——项目方案的确定

本阶段将最终确定能获得财务批准的装置范围和规划它在达到上述两个阶段质量关的基础上,将确定项目目标和项目实施最终基本决策的途径。它们将支配随后的工艺和详细的工程设计。

本阶段工作的完成对项目的商业成功具有最大的潜在影响。

项目方案的确定阶段包括下列主要决策和活动：

(1)是否需要更进一步的技术改进。

(2)组成一个核心项目组并开始工作。

(3)颁布"变更控制程序"。

(4)准备采用"最佳实施决策"。

(5)必须的 HS&E(健康、安全和环保)审查。

(6)完成风险/替换方案审查。

(7)决定是否要上一个项目。

(8)发布"技术定义"报告。

(9)业主项目目标的最后确定。

(10)拟定采购计划。

(11)完成主体"装置范围定义包"。

(12)发布全面而协调的"项目执行计划"。

(13)进行一次"项目认可会议"。

(14)准备"项目批准申请书"。

这一阶段以公司的行政管理机构正式批准项目而结束。

第三阶段应交付的关键工程文件有：

(1)项目战略计划。

(2)最终的业主项目目标。

(3)技术定义。

(4)主体"装置范围定义包"(FSP)。

(5)大规模融资的审批。

欧美国家的大公司非常重视这三个阶段，其中"项目方案报告"为工作组提供所需的包括项目范围、选址、时间、费用估算和最佳技术等信息，根据这些信息公司决定是否要上该项目，且通常是以"偏向撤销该项目"为指导思想的。这体现欧美公司对上项目的慎重和严谨态度；而这与我国现行的项目可行性报告往往按上级主管部门的要求"偏向于项目可行"的考虑是大相径庭的。

第四阶段——工艺和基础设计

本阶段将完成包括详细工程设计及履行工程设计、采购及施工(EPC)合同所需的全部标准和资料。

因此，应完成下列几项检查工作及资料：

(1)颁布战略性项目执行计划(指具体的执行方法，不同于战略性"计划")。

(2)按计划调整项目各部门成员。

(3)完成总布局及设备布置。

(4)制定操作安全规范(OSS)。

(5)确定 EPC 需要的,包括可能采用的集、散装物料供应商。

(6)进行强制性的、独立的 HS&E(健康、安全和环保)审查。

(7)公布详细的主体"装置范围定义包"。

(8)制定"EPC 主计划表"和"修订的成本估算"。

本阶段结束时将通过一个质量关,即检查详细工程设计的关键文件及应交付工程文件是否符合要求并且完整。

第四阶段应交付的关键工程文件有:

(1)项目执行计划(包括承包商选择以及项目执行计划)。

(2)项目范围准则。

(3)主要工程设计/采购/施工(EPC)进度。

(4)最低限度应交付的工程文件。

(5)详细装置定义包。

典型的项目执行计划的内容包括:

(1)引言。

(2)项目描述。

(3)业主的项目目标。

(4)项目组织。

(5)工程计划。

(6)技术。

(7)工艺工程计划。

(8)卫生、安全及环保审查。

(9)环保许可计划。

(10)物资管理计划。

(11)项目控制计划。

(12)项目准则。

(13)项目审批计划。

(14)经营计划。

(15)详细工程设计计划。

(16)施工计划。

(17)制造计划。

(18)特殊考虑。

第五阶段——详细工程设计

本阶段包括为发布施工图所需的详细工程设计和购买所有设备材料的各方面，其早期工作包括项目经理对第三和第四阶段进行评议：哪些工作完成得好，可作为以后项目考虑的依据；哪些工作完成得不够好，应及时进行改进。本阶段应完成下列基础性工作：

（1）采购所有关键的工程设备以及从订货到交货需要长时间间隔的散装物资。

（2）进行单独科目的安全审查。

（3）获得环保许可证。

（4）完成施工计划和动员工作。

（5）施工开始，采购非关键性物资及设备。

本阶段完成时，项目经理进行"质量关"审查，以保证发放至"施工"的资料既完整又适合于施工。

第五阶段应交付的关键工程文件有：

（1）设计报告。

（2）施工图和详细说明。

（3）施工材料表。

（4）批准书。

第六阶段——施工和试运转

本阶段包括施工的各个方面并且以把设备"管理、保养和控制"正式移交给负责生产部门作为结束标志。本阶段应完成下列主要工作及文件资料：

（1）项目组成员召开施工开工会议（项目成功的关键）。

（2）生产部门编制、发布标准操作规程（SOP）文件。

（3）完成各专业施工图（IFC）的发布/交底。

（4）施工部门完成直接人工汇总表及有关的执行计划。

（5）生产部门组成开车组并准备试车、开车程序。

（6）操作和维修人员的培训和自制确认。

（7）施工部门达到机械完工。

（8）生产部门进行预开车安全检查（PSSR）。

（9）生产部门接受已完工设备的"管理、保养和控制"。

（10）施工部门完成（为了记录）项目的修改标记图。

本阶段完成时，项目经理要进行"质量关"检查，以确保主要工作步骤及其基础文件资料已圆满完成。

第六阶段应交付的关键工程文件有：

(1)应交付的"操作和维修"工程文件。

(2)"管理、保养和控制"文件。

(3)操作工的培训。

(4)开车前的安全检查和开车进度表。

(5)技术员/分析员及 SOP 手册。

第七阶段——试开车和业主接受的运行

本阶段的主要目的是通过一切技术和人力的支持，以获得"项目的实际完成"，并达到"业主可接受的运行"。如果该工程包含新技术，则一定要准备有关技术验证计划。此外，还需完成下列活动：

(1)项目组成员召开本阶段的开工会(成功的关键)。

(2)证实所有必要的设施是否已安装正确，如开车滤网、过滤器、零部件(已装好或未妥善装好的)等。

(3)保证移开干燥剂/油品/润滑油/储藏保护剂等，或证实这些物品不妨碍试车物料及试车活动。

(4)安装上"活动盲板"，把试车装置及仍在施工中的装置部分分隔开。

(5)经车间管理组织认可，装置及人员准备好安全试运转。

(6)工艺易燃物不进入试运行，采用(氮、空气、水等)代替工艺物料，在此前提下，尽可能近似地模拟操作。

(7)保证工艺易燃物安全进入装置所必需的安全设备及设施能正确试车和运转。

(8)进行双重检查，校正和测试仪表必须符合操作安全标准和关键操作规程。

(9)车间管理组织批准设备和人员准备工艺物料安全进入装置。

(10)在可能范围内采用实际工艺流体进行动力操作和测试，但不得有任何化学反应。

(11)在开始操作前要完成所有的"开车前安全检查项目"。

(12)保证"业主操作性能测试标准"放在合适的地方。

(13)车间管理组织批准设备和人员准备好安全操作。

(14)原料和催化剂投入设备，以尝试生产可出售的产品(初步运行)。

(15)完成操作性能测试，并鉴别出缺陷。

(16)业主决定接受运行或纠正缺陷。

(17)达到正常运行，解散开车班子。

（18）完成现场施工活动。

（19）所有"竣工图"按大家同意的完工日期写入记录并发布。

（20）开始按操作图维持运作。

本阶段结束时，项目经理进行"质量关"审查并编制成文件，以证实完成的工作，包括：

（1）与"业主目标"比较的结果。

（2）证明全部具体负责人已停止活动。

（3）已进行设备与操作变更复查。

第七阶段应交付的关键文件有：

（1）项目机械完工报告。

（2）证实项目达到业主项目目标（OPOS）。

（3）竣工图归档。

第八阶段——项目竣工、评审和审计

本阶段包括下列所需要素：

（1）竣工决算。

（2）根据在项目进行过程中的有益经验和教训的记录，编制工程总结报告，并由项目经理发布。

（3）证明该项目达到竣工验收标准，各项指标达到合同要求，并可交付使用。

本阶段工作结束后，在项目投产运行的前18个月内，还要完成一份"工作组战略复查"，对照原来的期望值与项目的实际商业结果。

第八阶段应交付的关键文件有：

（1）最终评审文件。

（2）修订后的技术规范及操作手册。

（3）项目执行过程中的经验与教训。

（4）归档记录。

（5）竣工验收报告。

（6）商业审计及工程费用结算。

实际上，UCC公司后五个阶段的工作与国内工程公司参与的项目总承包，在方法和内容上基本相似。但它对质量的要求非常高，如第七阶段试车运行中多次提到"保证"、"认可"、"批准"，有的甚至要求"双重检查"。我们只有在工作程序中把好质量关，各项工作一丝不苟，工程项目才能顺利完成。

结论

美国 UCC 公司的项目实施八段法在发达国家有一定的代表性，它为实现优秀项目所采取的战略，是在项目开发的每个阶段均达到"全优质量"，即在每个阶段要求做到：

(1)明确什么是重要的。

(2)明确谁是具体负责人、谁是管理负责人、向谁咨询和通知谁，即"RACI"。

(3)在工作开始前明确工作程序、实施要求（标准规范）和应交付文件的定义。

(4)有确切的决策传达、决策控制和目标管理。

(5)在每个重要步骤中应有明确的"质量保证和质量要求"。

"他山之石，可以攻玉"，UCC 公司的项目实施工作法对我国的项目实施和管理工作具有很好的借鉴作用。如今，我们已经跨入知识经济时代，如何把"知识型"管理经验运用于项目实施和管理中，是值得我们深思的问题。

第三章　项目活动的分解和定义

本章导读

> "起初，我的目标锁定在 40 公里以外的那面旗帜上，结果我跑了十几公里就疲惫不堪了，我被前面那段遥远的路程给吓倒了。"
>
> ——1984 年，日本选手山田本一夺得东京国际马拉松冠军，两年后获得意大利米兰国际马拉松冠军

通过对前面章节的学习，我们已经对项目时间管理有了一个总体的了解，但具体到一个项目，很可能对该做的事情仍没有头绪。这是因为完成项目本身是一个复杂的过程，最适宜采取分解的手段把主要的可交付成果分成更容易操作和管理的单元才能化繁为简，理清头绪。这就需要我们对项目活动进行清晰的分解和定义。

所谓项目活动定义是指识别为实现项目目标所必须开展的项目活动，确定那些为生成项目产出物及其各个组成部分而必须完成的任务或必须开展的活动的一项项目时间管理的特定工作。项目时间管理中界定活动的主要依据是项目的目标、项目范围的界定和项目的工作分解结构。同时，在项目活动界定过程中，还要参考各种历史信息和数据，考虑项目的各种约束条件和假设前提条件。这项工作的结果是给出项目的活动清单和有关项目活动清单的支持细节以及更新后的工作分解结构。

我们平时生活中的很多小事都可以当作一个项目来处理。例如喝茶这项每天都会做的事情，我们可以将它简单分解为洗茶壶、洗茶碗、烧水、泡茶这四项活动，假定它们分别需要 2 分钟、1 分钟、10 分钟、1 分钟。整个计划如果按以上顺序进行需要 14 分钟，但如果我们分析一下这些活动的关系就会发现：有的有严格顺序，如先烧水后泡茶；有的没有先后顺序问题，如洗茶壶和洗茶碗。再有各活动需要的时间长短也不同。如果顺序不同的话，总的时间就会有很大不同。在烧开水的同时可以洗茶壶、茶碗，这样 11 分钟即可完成所有工作，节约 20% 以上的时间。

从这个小小的例子我们不难看出，将项目活动进行分解和适当排序对一个项目的高效率开展是多么重要，它是提高项目管理绩效的重要基础。

第一节　项目工作分解和活动分解

在项目时间管理中，我们首先需要知道详细具体的活动，然后再对其进行排列、安排时间进度等。如何得到这些最基本的活动？这就需要我们在高层次工作分解结构（WBS）的基础上对其作进一步的分解，所以活动分解这项工作首先依托于工作分解结构，并在此基础上进行延伸。在活动分解中，需要秉承科学、客观、严谨、认真的态度，使分解的结果具有可操作性。

一、工作分解结构（WBS）及其不断细化

随着项目管理实践的不断丰富和完善，以及项目管理工作的逐步标准化和规范化，当今的项目工作分解结构，已经在广度和深度上均有所发展和延伸。无论是从分类层次的具体程度上，还是从对工作包的进一步认识和分解上，都有了新的进展，并逐步走向具体、明细、实用。我们通常称这种发展趋势为 WBS 的不断细化。

（一）WBS 的定义和理解

我们首先来认识一下 WBS 以及它的相关基本概念。

1. 工作分解结构（WBS）

项目的工作分解结构（WBS，Work Breakdown Structure）是在项目范围管理领域提出的核心概念，它是由构成并界定项目总体范围的项目要素和项目工作包，按照一定的原则和分类编组所构成的一种层次型结构。WBS 将项目的"交付物"自上而下逐层分解成易于识别和管理的若干元素（这些元素依赖相互

关系组成一个树型图),由此以结构化的组织体系和形式图像定义了项目的工作范围。

这一分解过程并非是随意进行的,它需要利用工作分解技术,也就是通过把项目目标分解到项目产出物、再到项目工作包的逐层分解,或者说是把项目整体分解成较小的、易于管理和控制的若干子项目和工作单元,直至最后分解成具体工作(工作包)的系统方法。它比较详细和具体地确定了项目的全部范围,也标示了项目管理活动的努力方向,是项目管理众多技术中最有价值的工具之一,给予人们解决复杂问题的清晰思路和广阔蓝图。它不仅构成了项目范围综述的重要内容,而且也是项目活动分解的基础。

在某一个管理层级上,WBS 一般只分成 3~4 层。随着管理层级的递进,WBS 也在不断地细化。每细分一层都是对项目元素更细致、更深入的描述,细分的元素称为工作细目,其中最低层的工作细目(树型图的枝节点)叫工作包。为了方便分层统计和识别,WBS 中的每个元素都可以被指定一个唯一的标识符,并分层表示。

2. 工作包(Work Package)

工作包就是一项分立的任务、活动、工作或具体的事物,是完成一项具体工作所要求的一个工作单元。大多数情况下,工作包由在计划编制中使用的普通任务或活动来代表。一个典型的工作包有一个开始时间、一个结束时间和某些形式的最终产品,有一个短的时间周期,并由一个组织实体来具体负责。

一般来说,项目的产出物是根据项目的目标来分解确定的,而项目的工作包则是根据项目产出物的分解得到的。通常情况下,项目产出物的识别和分解将通过回答"项目即将生产出什么"之类的问题而进行不断分解;而项目工作包的识别和定义则是通过回答"项目实际上将如何进行开发和管理"之类的问题而得到。项目工作包应该是项目工作分解结构中最低一级的要素,在工作分解结构中不需要再作进一步的分解了。

对建立工作包的基本要求是使工作包能为工程项目控制提供充分而合适的管理信息。一个有效的工作包应当满足如下要求,即代表特定的工作单元,并能够确定与上级单元的直接关系;能够与其他的工作包进行直接区分;能够把工作单元分配到一个特定的组织机构,并确定实际的预算和资源要求;确定工作单元具体完成成果(输出),例如报告、硬件交付和试验结果等。

3. 工作分解结构词典(WBSD,WBS Dictionary)

为加强协调和沟通,通常需要 WBS 最底层的工作包具有全面、详细和明确的文字说明,避免引起误解和歧义。由于项目特别是较大的项目有很多工作包,因此,通常把所有工作包文字说明汇集在一起,编成一个项目工作分解结构词典

(WBSD),以便需要时可以查阅核实。这里所说的项目工作分解结构词典就是对于项目工作分解结构的详细说明,而且是将项目工作分解结构中的各项目要素与各工作包按照逐条分列的方式所进行的说明。通常包括单元编号,按顺序列出的单元标识、定义和目标,摘要叙述所要完成的工作以及该单元与其他单元的关系。一个项目工作分解结构中的所有工作包都应该被收集在工作分解结构词典里。典型的项目工作分解结构词典内容包括对项目工作包的描述和其他一些计划安排信息,如项目的工期、成本预算、人员安排等。一份详尽的项目工作分解结构词典配合 WBS 结构图以及一些相关的细节文件是对一个项目范围的全面而详细的说明和描述,是一份项目范围综述中至关重要的内容之一,它们共同为工作包的进一步分解奠定了基础。

(二)WBS 的细化

我们已经明确了什么是 WBS、它的结构以及支持信息是怎样的。那么,在制定和完善 WBS 的过程中,它究竟是如何细化的呢?

1.如何制定 WBS 及分类层次的具体化

WBS 第一步是自上而下地进行任务分解。为实现项目建议书中提出的交付结果,工作分解结构要将项目分解为逐级深入的工作任务,并为这些任务命名(如图 3-1 所示)。分解开始时,可以通过列出主要的交付结果或从项目的范围说明中找出主要活动作为工作分解结构的第一层次。

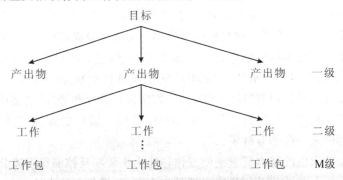

图 3-1 分类层次的具体化

资料来源:[美]威索基(Wysocki, R. K.)等著,李盛萍、常春译.《有效的项目管理》,第 2 版,第 121 页。

图 3-2 中的例子就是以列出主要的交付结果或产品,作为构建 WBS 的第一步。3 项主要的成果是设计方案、草地和树木。注意,尽管设计方案并不是最终成果,但却与草地、树木一样,都是主要的交付成果。在项目建议书中通常还在列出最终产品的同时也列出一些中间成果,WBS 中基本上将列出所有的成果。

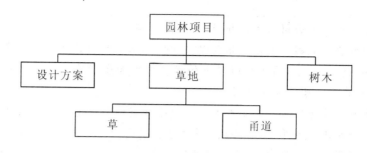

图 3-2 绿化项目的初步工作分解

　　另一种开始分解的方法是,使用项目范围说明中的主要任务作为 WBS 的第一层次的任务。由于 WBS 体现了项目的所有工作,所以它表现出的工作程序和逻辑关系就显得很重要。因此,WBS 的第一层次的任务就要体现这种流程和项目生命周期的主要阶段。使用这种分解方法时,也要揭示出每一阶段的成果。

　　WBS 的第二步是要为所有提供成果的任务命名。一个任务的名称描述了一项要提供产品的活动。例如,在绿化项目的工作分解结构中,在"草地"或"树木"之前必须加上动词才能构成项目任务的名称,即"铺设草地"和"种植树木"才是任务名称。下一步还可以将每一项任务分解为更低层次的为得到产出物所必需的更详细的工作。

　　这听起来似乎很简单,但分解 WBS 是计划阶段最困难的和蕴含极大风险的步骤。如果项目涉及新领域,创建 WBS 的工作就显得尤为困难,因为 WBS 是保证提供所有产品的各项任务的总和。例如,一个高层次任务看起来很容易理解,但在分解过程中,项目经理就会发现,要将所有的细分任务都列出来并不是件简单的事情,而做不到这一步就意味着将在未来实际执行项目时要处理遗漏事项,这种风险和成本都是很大的。这样的话,为得到完整、准确的 WBS 就需要让更多的、具有不同背景和技能的团队成员一起介入任务分解的工作。

　　事实上,在对一个大型的或者全新的项目进行规划工作时,适当的做法是首先创建一个专家组会同项目主要干系人来总体负责 WBS 中最上面1~2层的分解任务,然后再将每一个概要任务分配给一位或几位专家,让专家们把它分解为更多的细节和工序。这种参与式计划方法不仅能创建出更准确的详细工作分解结构,还能保证项目主要干系人对项目范围和工作都能取得高度的共识。

张强是一家大公司的生产部经理,他受命领导一个项目,为企业创建一个新的供应和生产流程。当他开始做 WBS 时,他认识到自己还不能确定都要干些什么和从哪里着手,因为公司现有的供货方式和生产流程已经运转了数十年,以前从未有人想过要改进它。

但计划是要呈交给领导审批的。于是张强先组织几个骨干成员夜以断日地拉出了一项工作清单,然后又按照大类归纳了一下,发现这些活动不是很有规律的。张强受此启发,又分别组织两队人马,一组从前向后,一组从后向前,分析要完成此项目都有哪些工作要做,并列出了一个大家都觉得满意的计划。后来,管理层批准了工作内容计划,以及附带的进度、预算和项目最终目标。

计划完成后,张强深有感触:"幸亏我们多花了点时间来为项目做计划,特别是将项目工作进行了详细分解。否则,我简直不敢想像在真的干这个项目时,我们将遗漏多少项工作!初期我们只是想到要跟供货商密切合作,要上计算机信息系统,但没有想到还有培训工作。此外,还有车间改造问题。我们有这么多供货商,新的系统将让供货商直接把产品送到生产线上的各个工作站去,但我们原来的车间却只有一道门。"

WBS 的第三步是如何组织工作分解结构。所有的工作任务都被识别出来以后,就可以用不同方式将它们组织起来。例如,对于产品开发项目,可以将工作任务放置于设计、试验这样的概要任务之下,也可以按照产品的组成部件来分类,因为所有部件开发到位了,产品开发工作也就基本完成了。

2. 对工作包的进一步分解

对工作包的分解也可视为对 WBS 的一项细化,只是层次不同。如前所述,工作包在项目工作分解结构中是不必再细分的最低层的要素,但在项目时间管理中,为了使项目的时间管理和绩效度量更为有效,要求对于已识别出的项目工作包再作进一步的分解,使这些工作能够分解成更为细化和详尽的项目具体活动。换句话说,活动分解是建立在工作分解基础上的纵向、深度上的进一步细分工作。直到将具体并具有可行性和操作性的项目活动清单拉出来,才将有益于加深工作认识并方便今后对各个活动进行排序。

活动分解的具体方法与项目工作包的识别和定义中的方法基本是一样的,它也需要回答"实际上项目的工作将如何完成"这样的问题,进而逐步由项目工作包分解得到项目的具体活动。这些具体活动是不能够被分解的项目工作的最小单元,它们是研究和规划项目时间管理的基本单位。

3. WBS 的作用[①]

随着 WBS 的不断细化,它的含义从广度和深度上都有了拓展。人们开发 WBS 主要有以下用途:

(1)思路工具。首先,WBS 遵从一种由后向前、由结果到具体工作的思路,是一种很适合项目管理的计划和设计工具。这有助于从理论上先帮助项目经理和项目团队成员形象化、全局性地准确界定项目的工作,描绘一幅项目的远景和蓝图。同时,从不同的角度考虑,还可以得到不同的分解方案,既有助于项目经理找到一个满意的分解方案,也有助于从各个角度加强对项目的管理。

(2)结构设计工具。当 WBS 完成时,我们既可以得到列表式的 WBS,也可以得到工作层次和结构图式的 WBS,它们均能清晰地表示出各工作之间的相互联系,以及项目的整体工作结构。在这种情况下 WBS 堪称为一种设计工具。

(3)计划工具。在计划阶段,WBS 就为项目团队展现出了一个项目的全貌,显示说明了为完成项目所必须完成的各项活动。从 WBS 的最低一级活动着手,我们可以进行项目活动的分解与界定,估计出活动历时,制定出项目工作的进度表并得出项目的工期。

(4)项目状况报告工具。WBS 可作为项目状态报告的基本框架。随着低级活动的不断完成,项目工作也在向上逐步收拢。当相关活动和工作都完成时,项目也就完成了。低级别工作的不断完成意味着高级别工作的部分完成。高级别工作的完成意味着项目在不断取得进展,这些都是具有里程碑意义的事件。因此,WBS 实际上也定义了大量的里程碑事件,项目团队可以通过向高级管理层和客户报告这些里程碑事件来展示项目的进展状况。

由上可见,创建一个有效的 WBS 结构,既可以很好地用于计划工作,又便于进行状态报告。但这并非一件轻而易举的事情,而是牵一发而动全身的事情。再次提醒,最好的方法是在选定一种设计方案之前使有关各方都静下心来积极参与开发 WBS,更要多听取专家和一线有经验的人的意见。

此外,WBS 也没有唯一正确的结果,只有更好的结果,或者从不同角度得到的结果,或者项目团队更喜欢的结果,大家使用起来得心应手而且没有纰漏才是关键。一般情况下,是由项目经理最终决定 WBS 的结构和细节。这是非常重要的,因为项目经理要对项目的成功负责。WBS 应满足项目经理管理项目的需要。这就是说,创建 WBS 不能仅按照其他人的方法,除了满足管理层对状态报告的要求、或是组织对文档或过程的要求之外,项目经理还要根据自己的管理需

[①]　根据［美］威索基(Wysocki,R.K.)等著,李盛萍、常春译:《有效的项目管理》第 2 版第七章整理而成。

要来自主开发 WBS。从这个角度讲，WBS 也不是独一无二的。

二、活动分解注意事项

为了提高活动分解的质量和实用性，在分解活动时我们应当注意以下事项：

(一) 活动分解的细目和层次

(1)应在各层次上保持项目内容的完整性，不能遗漏任何必要的组成部分。比如对于大型复合项目，设立一个项目管理细目，以及相应的办公室和人员配备，也是必要的。

(2)一个项目单元只能从属于某一个上层单元，不能同时交叉从属于两个以上的上层单元。对一些各个阶段中都存在的共性工作可以提取出来，例如人员培训，列为一个独立的细目。

(3)相同层次的项目单元应有相同的性质。例如，某一层次是按照实施过程进行分解的，则该层次的单元均应表示实施过程，而在并列的单元不能有的表示过程，有的表示专业功能、有的表示中间产品，这样容易造成混乱。

(4)分解的层次应确保工作包的工期、成本易于估算，同时结果易于验证和度量。

(5)对于项目最底层的活动要非常具体，而且要完整无缺地分配给项目内外的不同个人或者是组织，以便于明确各个活动之间的界面，并保证各项工作的负责人都能够明确自己的具体任务、努力目标和所承担的责任，有利于减少项目进展过程中的协调工作量。同时，工作如果划分得具体，也便于项目的管理人员对项目的执行情况进行监督和业绩考核。

(6)并非活动分解结构中所有的分支都必须分解到同一水平，各分支中的组织原则可能会不同。任何分支最底层的活动是完成一项具体工作所要求的一个特定的、可确定的、可交付以及独立的工作单元，可以为项目控制提供充分而适的管理信息。任何项目也并不是只有唯一正确的活动分解结构，例如同一项目按照产品的组成部分或者根据生产过程分解就能作出两种不同的活动分解结构。因此只要符合细节和有利于开展工作即可。

(二)人员参与

现在比较流行的做法，是在开始制定计划时就让执行计划的人员加入，这样易于获得他们对计划的承诺。如果人们是在计划被制定之后才加入的，那么在其开始工作之前，让他们自己检查并评判一下该活动的分解结构则是必要的。

事实上，逐层分解项目或其主要的可交付成果的过程也是给项目团队成员分派各自角色和任务的过程。分解时应考虑尽量使一个工作细目容易让具有相同技能的一类人承担，即项目单元应能区分不同的责任者和不同的工作内容，项目单元应有较高的整体性和独立性,单元之间的工作责任、界面应尽可能小而明确,这样就会有利于项目目标和责任的分解与落实,有利于进行成果评价和责任的分析。

(三)借鉴经验

不论是想得到工作分解结构还是活动分解结构,都有一些行业通用模板可以借鉴,也可以咨询有过实践经验的个人或组织,然后再将获得的信息融合到分解工作中来,这会带来诸多的方便,少走弯路和节省时间。尤其是在一些模式化或和其他项目相比变化不大的结构中,参考以前成功的分解结构将大大减少这项工作的复杂程度。但值得注意的是,应当考虑到每个项目的独特性和与以前同类项目的区别,不宜对其他项目的分解结构进行简单照搬。

(四)活动分解结构的可操作性

要时刻关注已分解的活动是否具有实际可操作性。由于活动分解为项目的具体实施提供了行动方向,所以当项目实施工作时,如果活动过于琐碎,造成不必要的衔接和等待;或者过于笼统,一个人干不了而需要继续分解时,一定要在工作分解结构和细化的项目活动中及时反映出来,并加以调整形成新的分解方案。

(五)活动分解的结果

活动分解最重要的是要确定一项工作活动的各个子要素,此时会涉及所要完成工作的顺序。在一个复杂项目的活动分解结果中,穷尽罗列所有的活动要素是关键,而不必急于描述各项活动之间的相互关系。活动分解的目的就是使我们清楚所有的工作,明确具体都需要"做什么",而不是"怎么做"和"谁先做"的问题。至于如何确定所要完成的工作的顺序以制定活动日程,我们将在后面继续加以讨论。

(六)处理好几个相关术语之间的关系

在项目管理中,根据需要,通常会用到一些结构化分析方法从不同角度来分解项目,把握好它们之间的关系对活动分解过程也非常重要。一个比较常见的概念是组织分解结构(OBS),它是项目组织结构图的一种特殊形式,用以显示各个工作元素被分别分配到哪个组织单元;账目分解结构(ABS)是组织单元为承担分项工作而对其费用进行管理的一种工具,可以作为项目费用测定、衡量和控制的基准;费用分解结构(CBS)用于费用的细化和估算。几个特定结构结合在一起,还可以形成一个矩阵:WBS 与 OBS 形成责任矩阵,OBS 与 ABS 形成账户代码,WBS 与 CBS 形成费用估算表。

第二节   项目活动定义

活动定义(Activity Definition)是确定为完成各种项目可交付成果所必须进行的诸项具体活动的过程。具体说来,它要求对 WBS 中规定的可交付成果或半成品的具体活动进行定义,并形成文档。

定义活动也是一个过程,它涉及确认和描述一些特定的活动,而完成了这些活动就意味着完成了 WBS 结构中的项目细目和子细目。为了使项目目标得以实现,在这一过程中对活动作出准确定义并避免引起误解或歧义无疑是绝对必要的。我们这里所指的活动是由项目工作包的进一步分解细化得到的,它直接反映了工作是如何具体完成的,即把一项大的工作分解为若干富有可操作性的活动单位。

活动定义的过程我们可大致参照图 3-3。下面我们将对活动定义的过程进行具体讨论。

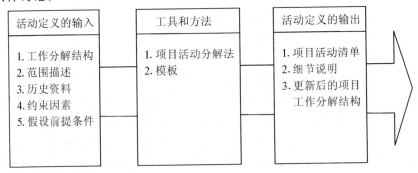

图 3-3   项目活动的定义过程

资料来源:根据 PMBOK 2000 §6.1整理而成。

一、活动定义的输入

项目活动定义过程的第一步是得到活动定义的输入,即界定一个项目的全部活动所必需的信息和资料。通常可依据如下几项:

(一)工作分解结构

上一节已经详细阐述了工作分解结构的含义和获得方法。在活动定义的几个依据(项目范围、项目工作分解结构以及历史资料)中,WBS 是最基本的,也是最基础性的输入要素。对于一些小型项目,我们可以把所需的工作列在一张纸上,做成一张工作活动一览表;但对于一些大型的、复杂的项目,要直接制作出一份全面活动一览表而又不遗漏某些活动是不可能的。对于这些项目,最好的办法就是建立一个细致的工作分解结构。图 3-4 给出了一个项目的工作分解结构示意图,我们主要就是依据这一项目工作分解结构来进一步细化、分解、界定出这个项目的全部活动。

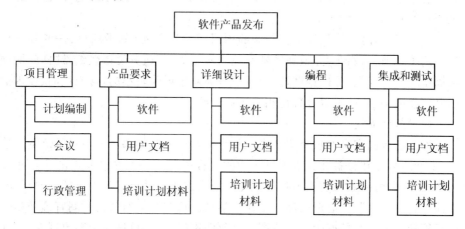

图 3-4 软件产品发布工作分解结构示意图

在项目活动的界定中,需要充分考虑项目工作分解结构的详细程度和不同详细程度的方案对于项目活动界定的影响。在对一个项目进行工作分解时,究竟要达到什么样的详细程度才比较合适? 如果分解过粗,可能难以体现项目的整个内容;分解过细,会增加制定计划的工作量。这主要取决于计划工作的投入程度与所要达到的目的所作的权衡。因此,项目活动界定所依据的项目工作分解结构的详细程度和层次多少主要取决于下面这些因素:

(1)项目组织中各项目小组或个人的工作责任划分和他们的能力水平,以及项目管理与项目预算控制的要求高低和具体项目团队的管理能力水平。一般地,项目组织的责任分工越细,管理和预算控制水平越高,项目的工作分解结构就越需要详细一些并且层次多一些。反之,项目的工作分解结构就可以粗略一些、层次少一些。因此,任何项目在不同的项目组织结构、管理水平和预算限制的前提下,都可以找到许多种不同的项目工作和活动分解结构。

(2)项目承担者的角色。不同的项目参加者对结构分解有不同的要求,如业主要求按项目任务书进行总体的全面分解,即以整个项目为对象,将项目的全过程纳入分解范围,但常常比较粗略即可,一般只抓住最上面的几个层级;而承包商必须对合同规定的或自己所承包的工作(工程)进行具体分解,因为承包商的任务是完成合同所规定的工作(工程)。由于承包商要具体进行实施,所以分解得较细,有时某承包商所完成的项目任务(合同),在业主的总项目分解中,仅作为一个子项、一个任务,甚至一个工作包。

(3)项目的规模和复杂程度。大型而又复杂的项目分解层次和单元自然应较多一些;反之,小型、简单的项目则分解层次和单元就可以较少一些。当然,这并没有一个严格的界限,并且不同领域或行业对项目大小有不同的理解,因此要视项目的具体情况和要求而定。

(4)风险程度。对风险程度较大的项目或项目单元(如子项目、任务等),比如使用了新技术、新工艺,或在特殊环境内实施等,则应分解得较细,这样就能详细周密地进行计划,可以透彻地分析风险;而对于风险较小的、常规性的、技术上已经成熟的项目,就可以分解得相对粗略一些。

(二)范围描述

恰当的范围定义对项目成功来说是十分关键的。如果一个项目的范围不确定,那么就可能在分解和界定项目活动的过程中漏掉一些必须开展的项目作业与活动,或者将一些与实现项目目标无关的工作或活动界定为项目的必要活动,从而分解出了一些不必要的项目工作与活动。这些都会给项目时间管理和整个项目管理带来很大的麻烦。当范围定义不明确时,就不可避免地会出现变更,并破坏项目的节奏,引起返工,延长项目工期,降低工作人员的生产效率和士气,从而给项目的时间和成本管理带来麻烦。所以,必须是已经获得确认的项目范围计划才能作为项目活动定义输入的主要依据之一。随着项目的发展,这个范围可能需要修改或再精确些,从而更好地反映项目范围的变化。

(三)历史资料

在定义项目活动过程中,应当参考以前项目的历史信息,包括以前的项目决策和选择中所生成或使用过的各种信息,以及关于以前相关项目实施的实际情况的描述文件和资料,特别是在从前类似的项目中实际实施了的那些必需活动尤其值得借鉴。例如,在过去开发实施的类似项目中究竟开展过哪些具体的项目活动,这些项目活动的内容和顺序如何,这些项目活动的成功与失败及其原因是什么,这些项目活动带来了什么经验和教训等。这些都属于历史资料,在项目活动的定义中发挥着重要的作用。

在哪里能够找到这些资料?可能的来源包括:

(1)项目档案。组织中应当保留先前项目的所有文档,分门别类、非常详细地记录着项目生命周期中的所有文件和所发生的一切事情。找出与活动分解和定义有关的那些文件,可帮助进行新的活动的分解和定义。在许多情况下,先前项目的个别小组成员(特别是负责人员)也许会保留有这些记录。

(2)行业渠道。有关信息通常可通过行业渠道来获取。在项目活动不能由现有团队进行准确推测,或者时间不允许时,借助行业主管部门或行业协会对外公开的信息渠道或者商业组织可以很快得到同类项目的通用分解模板。

（3）团队成员。项目团队的成员也许会记得先前活动的情况,曾经参加过类似项目的成员尤其是组织者,很可能还记得当时活动的具体内容。这种记忆的信息可能非常有用,但比起档案文件记录其可靠性要低得多,因为个人经验往往会掺杂主观人为的意志,并且个人记忆常会出现含混或偏差。

当然,相关历史资料还可能通过一些别的途径来获得,但无论从什么渠道,在使用时都应充分分析这些资料的准确性和对现有项目的针对性和适用性。特别是历史资料,它在活动定义中的作用只能是参考借鉴而不是决定性的。虽然它很重要且经过实践检验,但绝不能盲目照搬,当作教条。应当考虑到每个项目本身的独特性,对比环境及项目的差异性,有选择地利用历史资料。

（四）约束因素

项目的约束因素是指项目所面临的各种限制条件和限制因素。任何项目都会有各种各样的限制条件和限制因素,任何一个项目活动也都会有一定的限制因素和限制条件。这些因素和条件作为项目的重要信息是项目活动定义中必须要考虑的内容,它们将限制项目管理的选择余地。例如,预先规定好的预算就是影响项目团队对范围、人员和进度方案选择的极其重要的因素,而"活动所能耗费的最长时间"是安排项目时间进程的重要约束条件。又如,在一个对外投资项目中,投资地的政治与经济环境、当地的物质资源及人才情况、项目时间限制、资金的供应等都会成为限制项目活动界定的因素。当一个项目按照合同执行时,合同条款便构成约束条件。值得注意的是,这里所说的限制和约束条件都是已经确定的,都属于确定性的约束条件。在项目活动定义中,应当充分全面地考虑这些约束因素(例如,在上例中考察投资地最近颁布了什么样的相关领域的法律法规),分析这些因素带来的结果及对项目工作带来的影响,进而对具体的活动定义造成的影响。这些因素都是在定义活动时所必须考虑的,否则一个小小的约束因素都可能会给以后的项目工作的进行带来诸多不便,甚至成为项目正常运行的瓶颈。

（五）假设前提条件

以上我们讨论的项目的约束因素是一种已经确定的、在项目进程中需要考虑的限制条件。而在项目管理中,还有很多因素或前提条件是尚不确定的,但根据项目的需要必须对这些因素或条件加以考虑,我们不妨对它们先进行假设。这就是我们通常所说的项目的假设前提条件,即在开展项目活动定义的过程中,如果还存在着一些尚不确定的项目前提条件,人们想要分解和界定项目活动并进一步制定项目进度计划就必须对它们作出假定,并使用这种假设的前提条件去定义一个项目的具体活动。

在活动定义中若确实存在这种不确定的前提条件,那么作出假设是必要的,因为如果缺少这种假设,项目活动的分解和定义过程就会由于缺少一些必要条件而无法正常开展。因此,在项目活动界定工作开始时,若对于项目的某些条件还没有获得相应的确定性信息,就需要根据人们的分析、判断和经验,人为作出假定,以作为活动界定的前提条件,使项目活动界定工作得以完成。

这里需要注意的是,在对前提条件进行假设的过程中,要认真考虑这些假设因素的真实性、相关性的程度。就计划编制的目的而言,"假设"影响项目计划的各个方面,活动的分解与定义以及后续的步骤都是以该假设为基础的。作为项目团队计划编制的一部分,项目团队要经常确定、记录和验证所用的假设。例如,如果一个项目不能确定关键人物的到场日期,那么,项目团队可以假设一个具体的开始时间,而且假设他可以到场。

假设通常包含一定的不确定性,因而也会给项目带来一定的风险。这里列举了我们通常可采取的应对方式:

(1)通过调查收集资料,提高假设前提的准确程度,尽可能从一开始就试图减小不确定性和风险。例如在实施一个与天气密切相关的项目时,不应盲目假定天气环境的好与坏,而应大量收集本地区同期历年来的天气数据,并据此来调整项目的假设前提条件和项目活动内容,以降低风险发生的概率。这也是最主要的方法。

(2)努力分散风险。例如,通过投保或让他人来承担一小部分风险,就可不必单独承担假设失误所带来的后果。

(3)制定应急计划。制定一个应急计划是一切计划的必要附属物。这样的话,在假设前提出现问题或实际发生变化的情况下可以迅速进行调整,从而尽可能降低对整个项目的影响程度。

二、活动定义的工具和方法

到此我们已经详细阐述了活动定义所依据的资料,那么根据这些资料应当具体采用什么样的方法来定义活动呢?其实,活动定义的主要内容就是要搞清楚一个项目究竟需要完成哪些工作,而这些工作又包含哪些具体的项目活动。活动定义的输出结果即是列出包含所有具体活动的清单(我们将在本节的后半部分对其进行详细说明)。

对于较小的项目活动,我们可以采取"头脑风暴法",让项目团队的成员集思广益,提出所有他们能想到的项目活动及与项目相关的想法或见解,然后整理出一份活动清单。具体说来,可以依照这样的步骤来进行:

●在记录纸上记下大家认为必须针对该项目而开展的任何或所有工作及活

动,不要担心重叠,不要讨论工作的措施或其他细节,不要对活动是否应当开展作任何判断,不要讥讽他人,任何想法都可以提出来,但切记要把每件事都记录下来。

●研究这份清单,把工作分为具有共同特征的几个重要的类别,这就是未来的工作任务;如果合适的话,把一个特定工作任务中的工作分为一些小任务,仔细考虑已经创建的每一个种类,确定有无可能遗漏的、任何需要追加的工作,并以此来决定项目该做的具体活动和制定新的活动清单。

对于包含从未试过的方法和手段的新项目或遇到项目团队从未做过的有关项目时,这种方法的简单有效性能够充分显示出来。但对于相对较大或较复杂的项目,这种方法由于缺乏一定的系统性,人为因素太多,很难涵盖所有的项目活动,因此需要利用更加规范化和结构化的方法去定义项目活动。

> 小提示:在实际工作当中,可以考虑使用可粘贴的记事本或在项目办公室的墙上贴一张大白纸来协助你的工作。在你把它们分门别类以后,把结果写在可粘贴的记事本上并把它们贴在墙上,或干脆写在白纸上。随着你和团队成员不断周密思考你们的工作,不断往上添加内容,或者删除一些内容,或者进行重组。这有助于鼓励共享开放的思想并帮助所有的人详细知道所要做的工作,以及增强大家的责任心。

(一) 项目活动分解法

为什么要分解?

分解是指将主要的项目可交付物细分为更小的、更易于管理的单元,直到可交付物细分到足以用来支持未来的项目活动,如计划编制、执行、控制及收尾等,以便更好地进行管理和控制。项目活动分解法即是为了使项目便于管理而根据项目工作分解结构,通过进一步分解和细化项目工作中的各项任务,从而得到全部项目具体活动的一种结构化、层次化的项目活动分解与界定的方法。也就是说,将项目工作分解中确认的项目工作包逐个按照一定的层次结构分解成详细、具体和容易管理控制的一系列具体项目活动。

项目活动分解和界定的方法:"头脑风暴法",适用于一些较小项目的活动分解和界定;项目活动分解技术或项目活动平台法,适用于较大较复杂的项目。分解后的每项活动所耗时间大约最低处于项目时间长度的 $0.5\%\sim2\%$。

分解涉及的主要步骤包括:确定项目的主要元素、确定在每个详细元素的层次上能否编制出恰当的费用和历时估算、确定可交付物的组成元素、核实分解的正确性。

1. 确定项目的主要元素

通常项目的主要元素就是项目的可交付物和项目管理的主要内容。然而，也可以依据项目的实际管理方式进行定义。例如，在某项目具体活动分解中，项目生命周期的各个阶段可能作为分解的第一层次，而各阶段的可交付物可以作为分解的第二层次。

2. 确定在每个详细元素的层次上能否编制出恰当的费用和历时估算

"恰当"的含义意味着：一是每项活动耗用多长时间和费用与其他活动是独立的，可以独立进行估算；二是它可能随项目的进程而变化——不要幻想一劳永逸地完成分解工作，这对在遥远的将来才产生可交付物的项目是不可能实现的。对每个元素，如果已经足够详细，则进入步骤 4，否则进入步骤 3——这意味着不同的元素可能有不同的分解层次。

3. 确定可交付物的组成元素

组成元素的描述应该是切实的、可进行验证的，以便在执行情况时进行测量。与主要元素不同，组成元素应该依据项目工作实际上是如何完成的来精确定义，而不是概念定义。切实、可验证的结果既可以包括产品，也可以包括服务（例如，状态报告能够被描述成状态周报；对生产制造的项目，组成元素可能包括几个单独的成分加上最后的装配）。如果需要的话，在每个组成元素上重复步骤 2。

4. 核实分解的正确性

（1）最低层次的活动对分解来说是否是必需而且充分的呢？如果不是的话，对组成元素应当进行修改，即添加、减少或重新定义。

（2）每项活动的定义是否清晰完整？如果不是的话，则需要修改或扩展描述。

（3）每项活动是否都能恰当地编制进度和预算？是否能够分配到接受职责并能够圆满完成这项工作的具体组织单元（例如部、项目组或项目成员）？如果不能，需要作必要的修改，以利于今后的管理控制。

按照这样的步骤和方法进行分解，最终将能得到项目各个工作包中所包含的所有具体活动。

（二）模板

以前项目的活动清单或部分清单经常可以作为执行一个新项目的活动清单模板，而且根据当前项目的工作分解结构编制的活动清单又可以作为其他相似项目的工作分解结构编制的活动清单模板。在进行活动定义时，它常常是一种高效的工具或者方法。

具体来说，使用模板就是在一个已完成项目的活动清单（或一个已完成项目活动清单的一部分）的基础上，根据新项目的各种具体要求、限制条件和假设前提条件,通过在模板上增减项目具体活动和方法,分解和定义出新项目的全部具体活动,从而得到新项目的活动清单的这样一个过程。

一个模板就是一个预先设计的项目活动清单,它包含了类似于此项目的一些典型活动。在建筑工程业,就有这样的标准项目模板。

1.利用以前的经验

一个模板反映出在从事许多特定类型的项目中获取的经验累积。当我们做更多的项目时,就可以把一些在早期项目中忽略的项目活动加入到模板中,同时可以删去已经证明不需要的活动。显然,使用模板最大的好处就是能够节省时间,提高项目施工的准确性。但是当使用一个模板进行活动分解时,如果发现需要作较大的变动,就不要阻止有关人员的积极参与。缺少足够的参与将可能忽略或遗漏一些活动,难以保证项目还像以前那样取得成功。

2.完善模板

当尝试使用模板时,还需要注意以下几点:

(1)既为经常执行的任务制定模板,也为整个项目制定模板。

例如每年都组织单位人员外出结伴旅行,或者向食品与药品监管部门申请新产品批号,这样的模板都是很有参考价值的。我们可以先创建个别任务的模板,然后将各项任务融入到一个更大的活动清单中。

(2)主要根据以前做过的项目,而不是根据现有的一个看起来很完善的计划来制定和修改模板。

> 假设每季度你都要为所在部门准备预算,在做过一些预算之后,你就知道这项工作需要哪些必要的输入信息,如何起草预算、获得批准,以及如何打印最终的格式。每一次完成这项工作后,你就会审视一下你的活动分解结构,添加你从最近完成的项目中收集来的新信息。
>
> 下一次在你开始制定一项季度预算准备的项目计划时,你就可以在你以前的项目中制定的活动分解模板的基础上制定你的活动清单,甚至全部照抄下来。然后你以适当的形式给这项特殊的预算准备做一些添加和删除工作就可以了。即使换一个部门,或者要做一个年度预算,它也具有很高的参考价值。

项目团队常常在项目规划阶段就制定出一个详细的工作分解结构,并对项目活动进行了分解和界定,但在实行的时候常会发生一些变更,例如增加了一些在计划中都容易忽略的工作。这种情况很可能以前在做项目时也出现过,并在项目总结中或在模板中有所体现。所以如果仅仅根据现有人员的智慧来准备活动清单的话,它就不能反映出项目实际实施过程中可能会出现的并且人们以前也遇到过的情况。

（3）模板只是活动分解的雏形，而不是最终版本。

每个项目和以前相似的项目相比，都有某种程度的不同。如果模板没有经过严格的验证，那么就会遗漏以前的项目没做过、但这个项目却含有的一些活动。所以，使用模板可以帮助人们简单快捷地定义项目活动，但在其选择和使用中应当多加注意，不应过分依赖模板而漏掉一些活动或增加一些不必要的项目活动，应当充分考虑每个项目的独特性，从实际情况出发。

（4）为反映从以往项目中获得的经验，需不断更新模板。

对做过的项目进行认真回顾和总结是检验和丰富模板的绝好机会。在项目结束时，项目团队应该花一些时间来回顾和修改模板，以反映出新总结的经验和教训。

需要指出的是，现在使用模板往往并不仅仅局限于得出项目的活动清单，也可包含相应的技术资源及所需的工作量、风险识别、预期可交付成果以及其他描述信息的清单等。

三、活动定义的输出结果

到此我们已经分析和阐释了项目活动定义所需要的输入要素以及定义时可以使用的工具和方法，那么活动定义该以什么样的方式表现出来呢？这就是活动定义的输出结果，即一系列的信息和文件，包括项目活动清单、相关细节说明以及更新后的项目工作分解结构。这些资料作为整个活动定义过程的结果，为接下来的项目计划和实施的工作提供了前提和依据。

(一)项目活动清单(BOA)

项目活动清单(BOA，Bill of Activities)是在对项目活动的进一步细化分解的基础上所生成的，是项目所要开展的各项具体活动的说明文件。它是项目活动界定所给出的最主要的输出信息和文件。项目活动清单必须无一遗漏地包含项目中所要执行的所有活动。活动清单应作为工作分解结构的扩充，以利于确保活动清单的完整，并且不包含任何不在项目范围里的活动。活动清单应包括活动的具体描述，以确保项目团队成员能理解工作含义和知道如何去做。清单中列出的活动远远比项目工作分解结构所给出的项目工作要详细、具体并具有可操作性。活动清单可采取规范化的文档形式，以便于项目其他过程的使用和管理。

(二)细节说明

项目活动清单的细节说明是指用于支持和说明项目活动清单的各种具体文件与信息。包括已经给定的项目假设前提条件和对项目限制因素的说明与描述,以及项目活动清单的各种解释说明的信息或文件等。清单的细节说明应表达清楚,并通常整理成文件或文档材料,作为项目活动清单的附件形式存在,以方便今后其他项目管理过程的利用。随着应用领域的不同,细节的内容也随之变化。

项目活动清单的相关细节说明一般与项目活动清单同时生成、保管和使用,并在项目活动定义发生具体变更时随项目活动清单一同调整。

(三)WBS 结构的修改

项目活动的定义主要是建立在工作分解结构基础之上的,但在具体定义项目活动的过程中,通过对工作包或项目细目的不断分解和细化,以及对项目活动内容的界定和分析,项目团队通常会发现一些漏掉的项目细目,或者可以确定哪些细目的说明需要澄清或更正。所有此类更新(例如成本估算更新)必须反映在工作分解结构和项目范围管理的有关文档中,否则就会造成项目活动的定义与项目范围管理以及其他管理文件相脱节和相矛盾的问题,严重的还会使整个项目管理出现混乱。当项目包含新的或未经验证的技术,或者采用新的组织结构和管理方法时,最有可能出现这种更新的现象。当今的项目时间管理,作为整个项目管理的一部分,已经越来越要求与项目管理的其他部分和谐统一,很小的不一致或矛盾都有可能造成项目实施的障碍。根据项目活动的定义对于工作分解结构进行调整的过程就是项目时间管理与范围管理进行整合的过程,它作为项目活动定义的一项重要的输出结果应当反映在整个项目计划的编制中。

四、活动清单和细节说明

经过一系列的过程,项目活动分解和定义最终会得到一份详尽的活动清单和相关细节说明,它们作为项目活动分解和界定的结果为项目时间管理的进一步开展奠定了基础。项目活动清单是一份项目所需开展活动的表列文件,其中详细列出了分解得到的具体项目活动,并在支持细节中加以阐释。

在编制项目活动清单时需要注意,活动清单的元素是"动作",一般是一个动宾结构或主谓结构,如"制作定单"、"安装设备";而通常不直接使用名词,如"硬件设备",否则不能体现具体的活动需要。

WBS 是活动定义的基础,也是活动清单的基础,一般活动清单依据 WBS 顺序进行。但在 IT 领域中,"活动"和"交付物"关系比较直接,所以活动清单与WBS 同步进行反而比较方便。这里向大家介绍一个实用的活动清单模板(表 3-1),从中我们可以看出活动清单的具体构造、每个栏目的具体内容,并看到支持细节中该清单模板的简要解释。该清单是结合责任矩阵所得,是我们前面所说的项目活动清单的小小的扩充,它体现了角色与工作的对应关系,所有角色确定后可以方便地确定组织结构。

表 3-1 活 动 清 单

活动名称 ①	项目经理	商务部	系统分析员 ②	程序员	…	资源合计	工期 ③	前置活动 ④	预算费用 ⑤	交付记录 ⑥
A 可行性研究	P									《可行性研究报告》
B 硬件系统										
01 制定定单	P	R								《配置清单》
02 厂商定货		P								《定货单》
03 准备机房	P									《机房图纸》 《验货单》
04 安装设备		P								《验收单》
C 应用软件										
01 需求分析	R		P							《需求分析报告》
02 系统分析	R		P							《系统设计报告》
03 编码			S	P						《源代码》 《执行程序》
…										
合计										

注:P(Principal)表示负责人,S(Support)表示支持者或参与者,R(Review)表示审核者。
资料来源:根据 CNET 科技咨询网有关资料整理而成。

在该活动清单中,横向来看:

(1)第一部分是活动列表,根据各阶段和主要交付物分层次列出项目需要进行的所有活动的编号和名称。

(2)第二部分是责任矩阵,顶端列出完成工作所需要的各类角色,角色和活动的交叉部分定义了每项活动由哪个角色负责,还可以记录某角色在该活动中投入的工作量。

(3)第三部分是估算栏,记录完成每个活动需要的总工作量以及总工期。

(4)第四部分是前置活动,记录活动之间的关系,即填写清楚哪些活动完成之后该活动才可以启动。

(5)第五部分是费用预算,记录除人力成本和采购成本之外所投入的专项费用。

(6)第六部分是交付记录,列出每项任务完成后应该提交的过程记录或证明文件。

　　如果使用表 3-1 的活动清单模板,则项目范围和活动定义工作可以看成是填写表的 1 区和 6 区的过程,从而确定了所有的"事"和完成后的"证明"。接下来所要考虑的则是由谁来做这些事,这可以通过填写 2 区的责任矩阵完成。

　　责任矩阵表头部分填写项目需要的各种人员角色,而与活动交叉的部分则填写每个角色对每个活动的责任关系,从而建立起"人"和"事"的关联。不同的责任可以用不同的符号表示。例如 P(Principal)表示负责人、S(Support)表示支持者或参与者、R(Review)表示审核者。用责任矩阵可以非常方便地进行责任检查:横向检查可以确保每个活动有人负责,纵向检查可以确保每个人至少负责一件"事"。在完成后续讨论的估算工作后,还可以横向统计每个活动的总工作量,纵向统计每个角色所投入的总工作量。

　　确定了所有的角色之后,依据与活动清单的责任关系可以非常自然地建立项目组的组织结构,这种明确的有层次的责任关系也便于自上而下分层管理。注意这里定义的"角色"并非实际的人员,具体由"谁"负责需要根据所担负的责任在项目的过程中落实。在这里,项目时间管理与项目人力资源管理中的项目组织分解结构(OBS)与责任矩阵有机地结合在了一起。

　　小张为希赛信息技术有限公司(CSAI)IT 主管,最近接到公司总裁的命令,负责开发一个电子商务平台。小张粗略地估算该项目在正常速度下需花费的时间和成本。由于公司业务发展需要,公司总裁急于启动电子商务平台项目,因此要求小张准备一份关于尽快启动电子商务平台项目的时间和成本的估算报告。

　　在第一次项目团队会议上,项目团队确定出了与项目相关的任务如下:

　　第一项任务是比较现有电子商务平台,按照正常速度估算完成这项任务需要花 10 天,成本为 15000 元。如果使用允许的最多加班工作量,则可在 7 天、18750 元的条件下完成。

　　一旦完成比较任务,就需要向最高管理层提交项目计划和项目定义文件,以便获得批准。项目团队估算完成这项任务按正常速度为 5 天,成本 3750 元;如果赶工为 3 天,成本为 4500 元。

　　当项目团队获得高层批准后,各项工作就可以开始了。项目团队估计需求分析为 15 天,成本 45000 元;如加班则为 10 天,成本 58500 元。

　　设计完成后,有 3 项任务必须同时进行:①开发电子商务平台数据库;②开发和编写实际网页代码;③开发和编写电子商务平台表格码。估计数据库的开发在不加班时为 10 天和 9000 元,加班时可以在 7 天和 11250 元的情况下完成。同样,项目团队估算在不加班的情况下,开发和编写网页代码需要 10 天和

17500 元,加班则可以减少两天,成本为 19500 元。开发表格工作分包给别的公司,需要 7 天、成本 8400 元。开发表格的公司并没有提供赶工多收费的方案。

最后,一旦数据库开发出来,网页和表格编码完毕,整个电子商务平台就需要进行测试、修改,项目团队估算需要 3 天,成本 4500 元;如果加班的话,则可以减少一天,成本为 6750 元。

【问题1】
如果不加班,完成此项目的成本是多少? 完成这一项目要花多长时间?

【问题2】
项目可以完成的最短时间是多少? 在最短时间内完成项目的成本是多少?

小结

项目时间管理的重要一步即是对项目活动进行分解和定义,它是接下来的诸如活动排序、工期计划等工作的基础。本章讲述了项目活动分解和定义的相关理论和方法,用以指导我们在实际工作中对项目活动的分解与界定工作,从而为整个项目的实施提供前提和依据。

在项目时间管理中,对于项目活动的分解和界定是一项重要的基础性工作,它包括分解与定义两方面内容。在项目活动分解中,主要是在项目工作分解结构的基础上对于工作包的进一步分解,得到详细且有可操作性的具体活动。在项目活动定义中,首先收集相关资料,即项目工作分解结构、相关范围说明、历史资料、约束因素以及假设前提条件等,作为活动定义的输入;然后利用分解或模板等工具方法,最终得到活动定义的结果,包括活动清单、支持细节以及更新后的 WBS 等。

项目团队以 WBS 为依托,根据相关范围说明、历史资料和约束因素以及一定的假设前提条件,通过项目活动分解法并结合模板方法,对项目活动进行分解和界定,最终得到项目活动清单等输出结果,整个过程就称为对活动的定义过程。在这个过程中,不仅需要项目团队进行严谨认真的调查与分析,而且应当使这项工作与项目范围管理和项目成本管理等领域相互贯通,以使对活动的分解满足整个项目工作的需要。

关键术语

项目活动　　WBS　　历史资料　　约束因素　　假设前提　　模板　　活动清单　　细节说明

思考练习题

一、相关概念

1. 你是如何理解项目活动定义的？为什么要对项目活动进行定义？简述活动定义的过程。

2. 项目活动分解与项目工作分解是什么关系，它们有什么相通之处？

3. 谈一谈你对当今 WBS 不断细化的理解和看法。

4. 谈一谈你对项目活动分解时使用模板的看法以及应该注意什么问题。

5. 在项目活动定义时假设前提是否是必要的？如何降低假设的不确定性给项目管理工作所带来的风险？

二、案例分析

假设经过几年的接触之后，你准备结婚了。你的伴侣希望有一个非常隆重的婚礼。但你意识到这会有许多计划和工作要做。你开始变得紧张起来，朋友和家人纷纷安慰你说，一切都会令人满意的，他们甚至承诺帮助你安排婚礼。但你还是想自己动手准备，并力争一切尽可能顺利进行。

1. 列出你的假设；

2. 做一个典礼的工作分解结构；

3. 根据 WBS 图示，列出完成典礼这个环节所必需的活动，并制定一个简要的活动清单，配以相关细节说明。

进一步阅读

1. ［英］F. L. 哈里森著，杨磊、李佳川、邓士忠译：《高级项目管理——一种结构化方法》，机械工业出版社，2003 年 1 月。

2. 云倩主编：《潮流——如何全面认识现代项目管理》，南开大学出版社，2004 年 5 月。

3. ［美］防务系统管理学院著，国防科工委军用标准化中心译：《工程项目管理手册》，1992 年 2 月第 1 版。

4. 戚安邦著：《现代项目管理》，对外经济贸易出版社，2001 年 1 月第 1 版。

5. 王立文、潘文彦、杨建平：《现代项目管理基础》，1997 年 9 月第 1 版。

6. 白思俊主编：《现代项目管理（中册）》，机械工业出版社，2002 年 7 月第 1 版。

7. 周桂荣、惠恩才编著：《成功项目管理模式》，2002 年 6 月第 1 版。

8. ［英］菲尔德（Field，M.）等著，严勇等译：《项目管理》，2000 年 11 月第 1 版。

案例
一个世界级的硫、石油、天然气开采项目

位于路易斯安那州南部海岸，墨西哥湾水下 200 英尺深的门·帕斯矿 (Main Pass Mihe)，是一项价值 8.5 亿美元的近海生产熔硫、原油和天然气的复杂工程，它于 1992 年全面开工。为了建设这一巨大而复杂的工程，组建了一个项目组，并全面采用了项目管理原理，这些原理的应用保证了项目按进度和在预算内完成。

由于工程的复杂性，进度安排要求做得非常详细，因为每项活动都关系着项目是否能够按期顺利完成。各项活动间的关系必须清楚详细地说明。他们通过工作结构分析，把整个项目分为大约 1600 项活动，为了设计和建筑这项近海复杂工程动用了大约 21000 个劳动力，在近两年半的建矿期间，每月开支超过 3000 万美元。

门·帕斯矿是美国发现硫资源 25 年以来的第一次商业开采，其年产量可望达到美国今后 30 年总需求量的 1/5。除此之外，它还是近年来在墨西哥湾发现的储量最大的石油和天然气矿之一。

资料来源：W. Parr, "Main Pass Mine：A World—Class Sulphur, Oil, and Gas Mining Project"，PM Network, June 1994.

特格特·欧塞尔

土耳其前总统特格特·欧塞尔(Turgut Ozal)是一个真正的民主主义者和对世界怀有美好向往的乐天派。在 1990～1991 年的海湾战争期间，他是第一个响应联合国对伊拉克实施制裁的国家领导人，引起了全世界的瞩目。他经常在 CNN 发表关于中东局势和国际间需要协作与友谊的演讲。

当特格特·欧塞尔在 1993 年不幸逝世的时候，雅皮·莫克西(Yapi Merke-zi)被任命组建一个项目组，在几天之内建造一个墓地，这个墓地能够容纳成千上万前来这里谒陵的人。一旦设计方案确定，这个项目的目标就明确了，即建筑一个符合宗教信仰、高质量的总统安息地，以满足国内外游客的参观需求。

这个工程是严格按已制定的进度进行的。当雅皮·莫克西组建好自己的项目组并敲定计划时，离项目完成时间只剩下了 78.5 个小时。他们制定了一个由 27 项活动组成的进度计划，其中主要活动包括原材料准备、地点勘定、地基挖掘、排水系统、混凝土浇铸、大理石装饰安装、照明设备安装、花坛安置和最后的卫生清扫工作。每项活动都要严格地在规定时间内完成。15000 平方米的基地包括一个底层的平台、阶梯和一个上层平台，是由 20 个工程师和 40 个建筑工人

日夜不停地施工建成的。整个项目花费了约 150 万美元。这个基地已成为对这位备受尊敬的土耳其前总统的永久纪念。

这个项目工作进度的严格执行和质量的保障首先来自于对项目活动的准确的定义和细致的分解。

资料来源：A Taspinar，"Building the Tomb of the Late Turkisk President Turgut Ozal"，PM Network ，April 1994.

第四章　项目活动排序

本章导读

　　在项目时间管理的主要工作中,项目活动排序是关键的一项前期准备工作。在完成了项目活动的分解之后,就要按照项目的要求对它们进行排列组合,给出工作开展的时间顺序。如果只图节省时间,而把这些前期工作省略,就有可能(几乎必然是)在准备做某一项工作时发现,前边需要完成的工作基础还没有做,于是又反过头来补上这一课,人为造成工作的拥挤、等待。既然后面的工作必然要等待,于是造成整个项目工期拖延甚至无法完成。

　　本章将通过对各项活动之间关系的分析来讲述如何对项目活动进行排序。

　　小王刚被提升为质量部经理,就碰到一件令人头痛的事情。由于产品线的增加,质量部需要购置一台新的测试设备。该设备制造复杂,从下订单到发货需要三个月的时间,运输最快也得两周。而新的产品线已经建成,需要该测试设备尽快投入使用。另外,质量部还需要为该设备专门招聘一名工程师,这个工作虽然可以随时进行,但需要人事部的参与,需要到人事部办理许多手续,还要对工程师进行上岗培训。该培训必须在设备安装完成后,在设备上实地进行,而设备安装又必须等设备到达以后才可以开始。设备安装完毕还必须对其试用,只有设备试用和工程师培训完成以后,才能将设备投入使用,对新产品进行测试。

　　这些工作对于小王来说本来不算什么,但是问题在于,他没有足够的时间。新生产线上的首批样件必须在四个月之内生产出来,他必须在此之前将上面的所有工作都做完。面对时间紧、任务杂的不利局面,小王首先要解决的是从纷繁复杂的活动中理出工作头绪，看看应该先做什么、后做什么，哪些工作必须分清先后顺序、哪些工作可以同时进行等。小王一想，最先要做的还是静下心来，先把所有要做的事情列一个大纲，然后把这些活动排一排顺序。完成这项基础工作之后，小王决定：一是要调动起手下人的积极性，大家都先想一想；二是为保险起见，一定要去咨询一下有经验的专家，让他们指导一下。

第一节　项目活动排序的概念

一、回顾项目时间管理的主要过程

就项目管理的九大知识领域而言，时间管理所要解决的问题是如何全面统筹安排工作，在规定的时间要求内完成项目。现代项目管理知识崛起的一个主要原因，就是人们希望能够对项目的工期进行有效的控制，而这一点直到今天对于大多数项目来讲也是相当难做到的。根据有关数据，能够在预定时间内圆满完成的项目还不到 10%，很多项目甚至超出预算时间好几倍，很多项目经理为此头痛不已。在规定时间内完成项目，就是最难得的胜利！

按照 PMBOK2004 年版，项目时间管理过程包括了六个步骤：

(1)活动定义——确定为完成各种项目可交付成果所必须进行的诸项具体活动。

(2)活动排序——确定各活动之间的依赖关系，并形成文档。

(3)资源需求估计——确定各项活动正常开展所需的资源数量以及到位情况。

(4)活动历时估计——估算完成单项活动所需要的工作时间。

(5)制定进度计划——计算整个项目工期，编制项目进度计划。

(6)进度计划控制——控制项目进度计划的执行和变更。

本章我们主要讨论其中的第二个步骤：项目活动的排序问题。活动排序是将所有纳入项目中的活动进行分类、整合的过程，可以说是整个项目时间管理的一个承上启下的关键步骤。俗话说"磨刀不误砍柴工"，活动定义和排序的过程就好比是磨刀，只有在这两个步骤中将各种活动都罗列出来、理清头绪并按照客观规律和轻重缓急来安排好所有工作，才有助于从一开始就把握好项目的发展进程，有利于后面工作的顺利展开。

二、项目活动排序的概念

活动排序(Activity Sequencing)是指识别项目活动清单中各项活动的相互

关联与依赖关系,并据此对项目各项活动的先后顺序予以安排和确定,然后形成文档用以指导以后项目的具体实施工作。

我们知道,项目的一个重要特点就是其所包含的各项活动的复杂性和网络性。大量的活动纵横交叉、互相关联,一项工作的执行必须依赖于某些特定工作的完成,也就是说它的执行必须在某些工作完成之后才可以进行,这就是工作的先后依赖关系。项目活动排序就涉及各项工作之间相互关系的识别和说明。

项目活动的先后依赖关系有多种分析维度。例如,从与人的关系角度讲,可以分成两种依赖关系:一种是工作之间本身存在的、无法改变的、自然的逻辑关系,不以人的意志为转移,如设计和生产的关系,一般只有设计出来才能生产;另一种是可以人为确定的,如两项工作可先可后,先生产 A 产品还是先生产 B 产品可由管理人员根据实际情况加以确定。一般来说,项目活动排序的确定首先应分析确定工作之间本身存在的逻辑关系,在逻辑关系确定的基础上再加以主观分析和判断,以确定各活动之间的最终关系。

项目活动的排序必须正确,这点对于项目计划相当重要,否则将影响随后编制的项目进度计划的准确性和可实现性。一般比较小的项目可以手工完成活动排序,但是对于复杂项目,活动排序最好借助计算机来完成。

三、项目活动排序的过程概述

项目活动排序的过程如图 4-1 所示。

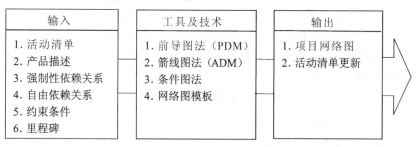

图 4-1 项目活动排序流程

下面我们就依次解释一下图 4-1 中的各项内容。

(一) 输入

1.活动清单

在排序前,首先要根据项目活动分解和定义所形成的项目活动清单再次清点纳入该项目的所有活动,这是项目活动排序的基础。活动清单必须包括项目中所要执行的所有活动,既不能遗漏,也不能包含任何不在项目范围里的活动。每一项活动都应该有准确的定义和文字说明,以便项目团队成员准确而又完整地理解，知道应该做哪些工作以及如何进行工作，避免引起误解或歧义。

2.产品描述

项目的特性通常会影响工作排序的确定，在工作排序的确定过程中更应明确项目的特性。同时，对项目最终产品的描述要加以核对、审查，以确保活动排序的正确性。

3.依赖关系

确定工作排序会涉及各工作之间相互关系的识别和说明。某些工作的执行必须依赖于其他特定工作的完成，也就是说它的执行必须在某些工作完成之后才可以开始，这就是工作的先后依赖关系。

依赖（Dependencies）关系用来表示两个活动（前导活动和后续活动）之间的逻辑关系。因此，在安排活动顺序时，必须要明确各活动之间的逻辑关系，对此本章后面还会再作详细介绍。

4.假设前提和约束条件

对于同一项目的活动集合，各项活动的先后次序安排的不同，最终花费的时间、耗费的资源就会不同。反过来说，活动安排的先后次序还会受到项目的工期、资源和成本等方面的假设前提、约束条件的限制。当工期非常紧张时，大量工作必须尽可能同时开展，这时往往需要技术上的创新或者更多资源的同时大批量投入。为了制定良好的项目计划，必须考虑到项目实施过程中可能受到的各种限制，同时还应该考虑项目计划制定所依赖的假设条件。

在第一章中就提到的 3 种依赖关系（硬依赖关系、软依赖关系和外部依存关系）其实是由活动间的不同约束条件造成的，理解这些约束条件对正确使用 3 种依赖关系有很大的帮助。这些约束条件包括以下几类：

（1）自由决定的约束条件

有些活动之间的关系可由项目经理根据实际情况自己决定，例如一个市场调查分析的项目，它包含两个活动：数据采集（A），数据录入（B）。如果项目经理认为项目在时间上有足够的宽松度，并且希望项目在较低的风险下完成，这时项目经理最好采用结束—开始（FS）关系，在数据采集完成之后再开始数据录入。当时间紧迫、急于得到调查分析的结果时，就可采用开始—开始（SS）关系，即随着数据的不断收集，数据分析工作也同步开展起来，这样当最终数据收集完毕后只需要很短的时间就可以完成全部数据的分析工作了。

（2）实践约束条件

在安排项目活动时，可以参考以前组织内或同行业的一些同类项目，看看它们是怎么干的，都有哪些经验教训，主要的风险点在哪里，比较有把握的、可以控制的部分有哪些等。在涉及高风险的活动时，尽量安排关系最简单、风险最低的结束—开始(FS)关系。对于有把握的那些活动,则可以安排一些开始—开始(SS)关系来缩短项目完成时间。

(3)特定的强制性约束条件

在项目过程中,某些活动的安排要受到特定条件的限制。比如,在一个新产品开发项目中,必须使用一件仅有的设备或是某个关键的技术人员。在这种条件下,必须使用该设备或者技术人员的那些活动,只能按照结束—开始(FS)关系来安排,即不能同时开展,因为资源不到位。又如,某项活动的全部工作结果是另一项活动的完整输入,在这种情况下,这两个活动也只能是结束—开始(FS)关系。

(4)日期约束条件

有时,受限于某些特定条件,一些活动必须在指定的日期开始或结束。例如,完成一个项目必须租用一个贵重设备,所有需要借助于该设备才能完成的活动必须在租借到设备后才能开始,并在归还设备前结束。

5.里程碑

设立项目里程碑是排序工作中很重要的一部分,也是项目管理中计划和控制工作的关键点。里程碑是项目中关键的事件及关键的目标时间,是项目成功的重要阶段性基础和保证。里程碑事件是确保完成项目目标的活动序列中最不可或缺的那一部分。比如在产品开发项目中可以将客户需求的最终确认、产品设计审批、样品生产、批量生产等关键环节和任务作为项目的里程碑。

(二)排序工具和技术

1.前导图法

前导图法(PDM),也叫先后关系图法,是一种使用节点表示工作、箭线表示依赖关系,并将节点用箭线联系起来的项目网络图。这种网络图通常称为单代号网络图(AON,Activity On Node)。这种方法是大多数项目管理软件包所使用的方法。它包括四种类型的紧前紧后关系(请读者一定要注意这个"紧"字,它非常简洁、形象、有效地表现了每两个活动之间的顺序关系):结束到开始的关系(FS)、结束到结束的关系(FF)、开始到开始的关系(SS)、开始到结束的关系(SF)。本章后面还会详细介绍。在 PDM 中,结束到开始的关系(FS)最为常用,它是一种最为典型的逻辑关系。

2.箭线图法

箭线图法(ADM)是一种用箭线表示活动、而在节点处将活动连接起来表示依赖关系的编制项目网络图的方法。这种技术也称为双代号网络图(AOA,Activity On Arrow),在我国这种方法以前应用较多,但现在大多数教科书都倾向使用 AON 法。ADM 一般仅使用结束到开始的关系表示方法,国内在这方面的软件较多。在双代号网络图中,因为箭线是用来表示活动的,所以为了正确地确定所有逻辑关系,可能使用虚拟活动(活动时间为 0,用虚线表示)这个概念。

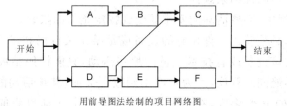

用前导图法绘制的项目网络图

3.条件图法

条件图法的典型例子是图形评审技术(GERT,Graphical Evaluation and Review Technique)。需要注意的是,GERT 可以有回路(Loops)和条件分支(Conditional Branches),比如测试时发现错误,需要回过头来修改设计。

4.网络图模板

这是一种样板网络。一些标准的网络图可以应用到同类项目网络图的准备与绘制过程之中。标准的网络图可能包括整个工程的网络或工程的一部分子网络。子网络对于整个项目网络图的编制是十分有用的,一个项目可能包括若干个相同或者是相近的部分,它们就可能用类似的子网络图来加以描述。

(三)活动排序过程的结果

1.项目网络图/甘特图

一个项目网络图是项目所有活动以及它们之间逻辑关系(相关性)的一个图解表示。网络图可手工编制,也可用计算机实现。网络图一般应伴随一个简洁说明,以描述和介绍基本的排序方法。但对不同寻常的排序方法应充分加以叙述。

2.更新后的项目活动清单

前面说过,在完成活动分解和定义的过程中可对 WBS 作修改。以几乎同样的原理,编制网络图也可以达到这样的目的。例如,绘图过程中可能发现一个活动必须进一步划分或重新定义才可以画出正确的逻辑关系。

第二节　确定活动之间的关系

如前所说,工作排序的确定首先应分析确定工作之间存在的逻辑关系,在确定逻辑关系的基础上再加以充分分析,以确定各工作之间的组织关系。下面我们就详细介绍一下如何理解和确定项目活动之间的相互关系。

一、活动依赖关系

(一)强制性依赖关系(Mandatory Dependencies)

强制性依赖关系是指客观存在的、不变的逻辑关系。这种顺序取决于活动之间的必然联系,所以把项目活动间的这种关系称为强制依存关系或硬逻辑关系(Hard Logic)。例如,工程建设项目一般要经历设计、建造、验收等必要环节,顺序不能乱来;印刷稿件必须先校对、后印刷,等等。由此可见,这种固有的客观需要和不可缺少的依赖关系常常是某些客观限制条件,一般来说是物力上或者技术上的。例如,建设项目不可能在设计文件未获批准时就进行施工;影视节目制作,必须先有剧本或脚本,先制定拍摄计划,经过批准,然后才能实地拍摄。

强制性逻辑关系是确定工作排序的首要基础。这种工作顺序的确定一般来说相对比较容易,原因就在于这是一种工作之间所存在的内在关系,通常是不可调整的,主要依赖于技术方面的限制的活动更是如此,因此确定起来较为明确,通常由技术人员会同管理人员共同商定后即可完成。

(二)自由依赖关系(Discretionary Dependencies)

自由依赖关系也称可灵活处理的关系、自由依存关系、软逻辑关系等。除了上述各种客观影响因素之外,项目活动的排序还会受到活动排序人员主观看法的影响。这类逻辑关系随着人为约束条件的变化而变化,随着实施方案、人员调配、资源供应条件的变化而变化。例如,如果我们把正式宴会看作一个项目,那主人/主持人的喜好厌恶将极大程度上决定着宴会的议程和内容,即使是嘉宾致词这样一个每个宴会都有的内容,先后顺序安排也可能不一样。但其仅仅适用于硬逻辑关系不是很强的情况,而且不能强行违背硬逻辑关系。

正是由于这种依赖关系不像强制性依赖关系那么明显和确定,所以可由项目团队根据具体情况作出活动间的顺序安排,一般代表了项目团队的偏好或倾向性,所以在使用时要特别当心。

这种关系还可细分为如下两类:一是按已知的"最好做法"来安排的关系。只要不影响项目的总进度,活动之间的先后顺序就可以按习惯或项目团队喜欢的方式安排。一般还给这类关系起另外一个名称:软逻辑关系(Soft Logic)。二是为了照顾活动的某些特殊性而对活动顺序作出安排。其顺序即使不存在实际制约关系也要强制安排,这类关系通常被称作优先逻辑关系(Preferential Logic)。

对于无明显逻辑关系的那些工作该怎么安排呢? 其工作排序具有随意性,但一旦作出安排也可能会限制以后进度安排的选择,从而直接影响到项目计划的总体合理水平。可以说,工作组织关系的确定一般比较难,它通常取决于项目管理人员的知识和经验,因此组织关系的确定对于项目的成功实施也是至关重要的。

(三)外部依赖关系(External Dependencies)

在项目工作和非项目工作之间通常会存在一定的相互影响,因此在项目工作计划的安排过程中也需要考虑外部工作对项目工作的一些制约及影响,这样才能充分把握项目的发展。这就是所谓的外部依赖关系,或叫外部依存关系。

大多数依赖关系限于项目内部两个活动之间。然而,有些依赖关系则涉及本项目之外其他项目的联系或者涉及同一个或多个干系人非本项目活动的联系。例如,信息系统的试运行不但需要项目组开发的软件,也需要外部供应商提供的硬件设备,这些外部设备的到货时间就构成了试运行的外部依赖关系。

(四)工作依赖关系的确定方式

工作依赖关系一般由项目干系人(如顾客、项目组成员、高级管理层和专家等)一起讨论并定义。有的组织会根据类似项目的活动依赖关系,制定一些指导原则;有的组织则依靠项目中的专门技术人才以及他们与该领域其他员工和同事的联系,这样的做法通常更容易一些。

许多组织不理解定义活动依赖关系的重要性,并且在项目时间管理中根本就不定义活动的依赖关系,仅凭感觉和以往经验来安排工作,或者每天、每周都是看哪项工作最紧急就先干哪项工作,或者现有条件下哪项工作可以干就干哪项工作。如果不精确定义活动顺序的活,不仅对项目活动的轻重缓急心中无数,也无法使用当前流行的一些强大的项目进度计划工具,如计划评审技术和关键路径法等,因为在实际应用中,工作排序一般是与网络技术紧密结合使用的。

二、时间相关关系

对于两个相互关联的活动 A("从"活动)和活动 B("到"活动),存在着在时间安排上的相互关联性关系,这种关系是进行"活动排序"的基础。活动之间的相关性关系分为以下四种:

(一)完成—开始(FS,Finish-to-Start)

"从"活动必须在"到"活动开始之前完成。在图 4-2 中,A 活动结束,B 活动才能开始。例如,只有在软件或新系统安装之后,才能用该软件或新系统进行用户培训工作。完成—开始(FS)是最常用且风险最低的一种依赖关系。

(二)完成—完成(FF,Finish-to-Finish)

"从"活动必须在"到"活动完成之前完成。在图 4-2 中,B 活动结束时,A 活动也必须结束。出现这种时间关系有两种可能:第一,只有 A 完成以后 B 才能完成。例如,在一个市场调查分析的项目中包含两个活动:数据采集(A),数据录入(B)。只有数据采集完成后,数据录入才可能完成。但不一定数据采集完成后数据录入才可以开始,为节省时间、加快进度,有些情况下也可以边收集数据、边录入数据。第二,从提高效率、压缩时间以及方便后续工作尽快开展的角度考虑,要求两个活动同时完成。

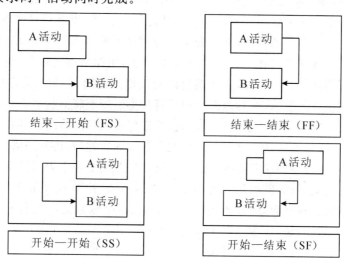

图 4-2　四种时间相关关系

(三)开始—完成(SF,Start-to-Finish)

"从"活动必须在"到"活动完成之前开始。在图 4-2 中,B 活动结束时,A 活动必须开始。这是使用时最容易出错的一种关系,很容易与 B 结束然后 A 开始混淆。这种关系一般很少采用。例如,中英香港政权交接仪式上,在零点前要先奏英国国歌,零点后要奏响中国国歌,为了显示中国的主权,不能出现音乐的间隙,因而在英国国歌结束之前必须开始演奏中国的国歌。当然,技术上如何处理得天衣无缝那是音乐家和指挥家的事,与政治家无关,与项目管理专家也无关。

(四)开始—开始(SS,Start-to-Start)

"从"活动必须在"到"活动开始的时候、或者在"到"活动开始之前开始。A和 B 不存在必然的紧随关系,可以同时开始,也可以依次开始。但 B 活动开始时,A 活动必须开始。一个典型的例子是装修一个房子,在安装灯具时电线线路的安装必须完成,或至少是也已经开始施工了,这样就可以缩短项目用时。

第三节　排序的图形显示工具

一、网络图的基本原理

在项目时间管理中,人们经常会遇到这样一些问题:如何预先确定需要重点加以管理,否则就很容易造成项目延期的工作？或者为减少项目延期所带来的损失,在项目即将拖延或已经拖延时,加快哪些工作的进度最为有效？要回答这些问题,就必须对项目的所有活动、活动在项目时间管理中的重要性都了如指掌。这就需要一些可以明确表示项目活动之间的关系,以及项目进度与资源等之间联系和相互作用的工具,来帮助项目经理进行管理和控制。大到复杂的建设工程或者科技开发工程,小到办公室搬家,或者组织一场庆功会、联欢会,只要这些工作有明确的起止时间,在此期间内的工作是连续、相关和有序的,都可以运用项目网络计划技术,将看似杂乱的项目变得清晰而简洁起来。

在活动之间的逻辑关系确定之后,就可以借助项目网络图,采用一定的符号系统,来描绘项目各项活动之间的顺序关系。如前所述,常用的网络图有两种表现形式,分别是前导图法和箭线图法。前导图法是用节点来表示活动,用箭线表示活动之间的关系;而箭线图法是用箭线表示活动,用节点表示活动之间的关系。从节点的数目来看,前导图法用一个节点、一个编号就可以表示一项活动,所以也称作单代号法;而箭线图法需用两个节点、两个编号再加上一条箭线来表示一项活动,所以也称作双代号法。

项目网络图是活动排序工作的主要输出成果,其作用非常巨大,比如:

(1)根据需要,它能够形象展示出项目某些层级的活动甚至所有的活动,并表明所有这些活动之间的逻辑关系。

(2)它能够表明所有项目活动将以何种顺序向前进行。

(3)在得到项目活动的历时估计和经过简单运算后,它能够表明项目所有活动的开始和结束时间,以及整个项目将需要多长时间(即所谓的项目工期)。此外,还可以回答上文提到的几个关键问题:哪些活动对时间管理甚为关键？哪些活动加快进度就可以加快整个项目的时间进度,而哪些活动即使加快进度丝毫无助于整个项目的时间进度？

(4)当某个或某些活动历时出现变动时,它能够表明整个项目的工期将如何变化。

这里所要强调的是,网络图反映了完成项目所必须进行的活动。我们并非是要从第一个起始活动(第一个节点)到最后一个终止活动(最后一个节点)的路线中选择一种最短路径或者最长路径的方法,为了完成整个项目,项目组必须完成项目网络图中的所有活动。

同样重要的是,并非所有工作分解结构中单独的事项都需要出现在网络图中,尤其是对那些大型项目。在有些情况下,在项目网络图中只须加入一些总结性、概括性的任务,然后项目分解为几个更小的网络图也就可以了。

二、绘制网络图

项目网络图就是利用图示技术来表示项目活动及其逻辑关系（依赖关系），它是活动排序过程的输出结果。该图可以包括整个项目的全部细节（但那样可能使网络图非常复杂和难以看清楚），也可以包含一个或多个总体性活动（概要性活动）。网络图应附有简要的绘制说明，介绍活动排序的基本方法以及其他需要网络图使用者知道的基本信息。

网络图模板（Network Templates）是制作项目网络图经常使用的工具，它利用以前项目的网络图作为绘制新项目网络图的模板，通过修订这些模板来获得新项目网络图。利用这种标准化的网络图（网络图模板）不仅可以加快项目网络图的制作，还提供了以往类似项目的经验教训。这些标准网络图可以覆盖整个项目，或者只利用其中的一部分。网络图的一部分通常被称作子网络或网络片段（Subnet or Fragments）。当项目包括几个一样的或者几乎一样的组成成分时，子网络特别有用。例如，对一个高层的房地产项目进行网络图制作时，每一楼层其实就是子项目，描述这个子项目的网络图就可以被视为子网络。

需要说明的是，网络图反映了项目必须进行的活动。因此要完成项目，所有的活动都必须完成，而不是其中的某些路径，那样是无法到达终点的。有了网络图，就可以进行活动进度估算，网络图与进度计划中的关键路径法（CPM）和网络评审技术（PERT）有很大关系。

下面就依次介绍一下这几种主要的网络图。

（一）四种网络图

1. 前导图法（PDM）

前导图法（PDM，Precedence Diagramming Method）是编制项目网络图的一种方法，它利用节点代表活动，用节点间箭头表示活动的相关性，图 4-3 表示

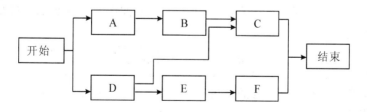

图 4-3　利用 PDM/AON 法绘制的项目网络图

了一个用 PDM 法编制的简单的网络图。这种方法也叫节点表示活动法（AON，Activity On Node）或者单代号网络图。在使用前导图法的过程中，当有多个活动不存在前导活动的时候，通常就虚构一个活动，例如在图上增加一个"开始"节

点,把这些活动表示成从这个虚构的"开始"节点引出来。类似地,当多个活动没有后续活动时,通常也虚构一个"终止"节点,把这些活动表示成会聚于一个叫做"终止"的节点上。这纯粹是为了图形的美观、简洁和易于看懂。当然在估计这些虚构活动的时间时,取值都是"0"。

前导图法的画法是:用节点代表一个活动,用箭线表明活动之间的相互关系,箭头指向表明了活动流程的方向,如图 4-4 所示。因此,前导图法的显著特点就是用节点表示活动,而且在节点里还可以列出有关活动的丰富信息,比如用一个代号来表示活动,用一个数字来表示此项活动的用时等。这个节点既可以用圆圈表示,也可以用三角、方框等各种几何图形来表示。

图 4-4　利用 PDM/AON 法表现两个活动及其相互关系

用前导图法来绘制项目网络图,既可用手工进行,也可用计算机来实现。通过用节点代表活动、箭线代表活动的顺序并连接起各个节点,它可以表现出 FS、SS、FF、SF 四种类型的逻辑关系。我们再次介绍一下这四种相关的前驱关系:

●结束—开始:某项活动必须结束,然后另一项活动才能开始。

●结束—结束:某项活动结束前,另一项活动必须结束。

●开始—开始:某项活动必须在另一项活动开始前开始。

●开始—结束:某项活动结束前,另一活动必须开始。

就 PDM 法来讲,结束—开始是最常见的逻辑关系,开始—结束关系极少使用(也许只有职业进度计划工程师使用)。对于某些项目管理软件,如果用开始—开始、结束—结束或开始—结束关系也会产生混乱的结果,因为这些项目管理软件编制时并没有对这三种类型的相关性加以考虑。

对于上文所述四种逻辑关系,如果标上时间间隔将能够更加精确地描述活动之间的关系。具体如下面 4 个图所示。

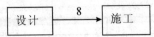

表示两个活动之间正常的结束—开始型关系,但在设计结束和施工开始之间有 8 周的时间间隔。

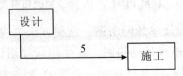

表示的是开始—开始型关系,其含义是从设计开始之时有5周的时间间隔,然后施工才能开始,如果去掉时间间隔5周就意味着设计可以与施工同时开始。

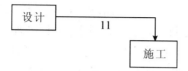

表示的是结束—结束型关系,其含义是施工要等设计完成后11周才能结束。

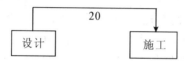

表示的是开始—结束型关系,具体含义是施工至少要在设计开始后20周才能完成。

如果网络图设计者想同时表示施工须在设计开始后一段时间之后才能开始,以及施工要等设计结束一段时间之后才能结束,则用单代号网络图描述如下:

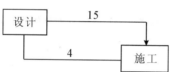

另外,在上面诸图中,方框中只提供了一种信息,即对活动的描述。前已述及,为了能够描述更多的有关活动的信息,方框可画成下面的形式,明确活动的负责人、显示活动序号和持续时间估计等更多的信息。不过在手工绘图时,如果都包含这么多的信息,那绘图就很麻烦,占用的纸面非常大,而且美观性也大受影响。

设计		
序号:1	负责人:张三	持续时间:20

上面这种方框的表现形式并不是唯一的表现形式,根据描述信息的需要,方框的表现形式也可以做很多变化。

2.箭线图法(ADM)

箭线图法(ADM,Arrow Diagramming Method)是项目网络图的另一种图示方法,它用箭线表示活动,用节点连接箭线以示相关性。这种网络图又叫双代号网络图(AOA,Activity On Arrow)。虽然它比 PDM 法较少使用,但在某些应用领域仍是一种可供选择的工具。

ADM 一般仅利用结束—开始(FS)这种逻辑关系,并且必要时用虚工作线(虚活动,Dummy Activities)表示活动间逻辑关系。虚活动表示的是活动间的依赖关系,它实际上不是项目的一项活动,并不消耗资源,也没有历时。ADM法也是既可以用手工绘制,也可以在计算机上实现。图 4-5 提供了一个用ADM/AOA 网络图法绘制的项目网络图。从图中可见,"开始"和"结束"是我们虚构的两个活动,意在表明项目有一个明确的开始和结束时点。中间的虚线(从D 到 C)表示什么呢?

从图中可见,活动 A 实际是在节点 2 和节点 3 之间的活动,活动 E 在节点 4和节点 6 之间的活动,因此在这种网络图中我们可以有两种表示活动的方法。但是我们怎么在图上表示出活动 C 必须在活动 D 和活动 B 同时完成后才可以开始呢? 这时我们可以在节点 4 和节点 5 之间增加一个虚活动。

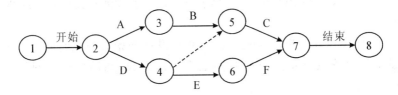

图 4-5　利用 ADM/AOA 法绘制的项目网络图

为帮助读者更好地理解 ANM/AOA 这种网络图绘制方法,下面我们再举一个例子来加以说明。

举例:某项目的网络图如图 4-6 所示。该图使用的就是箭线图法(ADM)或双代号网络图法(AOA)。

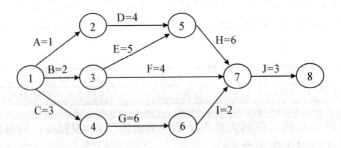

图 4-6　举例:利用 ADM/AOA 法绘制项目网络图

该项目网络图采用的就是箭线图法或双代号网络图法——用箭线/两个节点表示活动,节点作为连接点与箭线方向共同反映活动的顺序和相互关系。

注意这张网络图的主要组成要素。字母 A、B、C、D、E、F、G、H、I、J 代表了项目中需要进行的活动,实际上也是用两个节点之间的箭线来表示活动,这些活动来自工作分解结构和以前介绍过的活动分解与定义过程。节点序号和箭线结合在一起也能够显示出活动排序或任务之间的关系。例如,活动 A 必须在活动 D 之前完成,活动 D 必须在活动 H 之前完成,等等。另外,阿拉伯数字表示了这些活动需要消耗的时间。

箭线图的画法是:用圆圈(节点,当然也可以用方块儿等其他几何图形来表示)代表一个事件(Event),用连接两个节点的箭线代表一个活动。这里,事件仅仅是满足一定条件的时间点,例如一个或多个活动的开始或完成,其特点是不需要花费任何时间和消耗任何资源,瞬时发生。事件的典型例子如"提供起草的报告"、"设计的开始"。我们以前谈到的里程碑(Milestone)实际上就是一种事件,是项目中的重大事件或关键事件,是可交付的成果,因此里程碑不需要消耗资源。活动(Activity)则占用时间和资源,如"制定报告格式"、"确定新产品的原料"等。根据箭线图法的符号可知,箭线图法的显著特点是活动在箭线上。

如图 4-7 所示,该图包括 2 个活动(活动 A、B)和 3 个事件(事件 1、2、3)。可见,在双代号网络图中,每个节点仅代表一个事件,表示指向它的活动的结束,离开它的活动的开始。一条箭线代表一个活动,每条箭线始于一个节点,表示活动的开始;终于另一个节点,表示活动的结束。表示活动的箭线通过表示事件的圆圈连接起来。另外,需要说明的是,箭线的长度并不与活动的持续时间成正比。

图 4-7　利用 ADM/AOA 法表现两个活动及其相互关系

另外,由于活动是通过节点联系起来的,因此双代号网络图所表示的活动之间的逻辑关系只能是结束－开始型。为了正确地描述活动之间的各种逻辑关系,双代号网络图必要时需要引入虚活动(Dummy Activity),它没有历时,不需要资源,用虚箭线表示。通过引入虚活动,可以间接地将其他三种活动间的逻辑关系表示出来,感兴趣的读者可以进一步阅读参考资料。

另外,与单代号网络图相似的是,双代号网络图的箭线也可以画成多种形式,这样可以表述更多的关于活动的信息。但这种箭线的表现形式在手工绘制时一样会使图形复杂化,当然也不是唯一的表现形式。如图 4-8 所示。

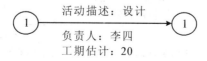

图 4-8　包含更多信息的双代号网络图表示法

在实际工作当中,项目管理者使用双代号网络图(AOA)还是使用单代号网络图(AON),在很大程度上取决于个人的偏好。这两种网络表示方法都可以用于商业性的计算机软件包中。但是一般说来,双代号网络图较难绘制,但是可以清楚地识别各项事件(里程碑)。

使用这两种形式得出的结果应该是一致的,所以使用哪种方法都没有问题。不过,不同的人可能会有自己的偏好。在早期,人们热衷于使用箭线式网络图,到后来,人们发现节点式网络图更直观、更容易,因而得到了更加广泛的应用。节点式网络图的优点表现在以下几方面:

●用节点表示工作更加简单、直观。

●画网络图时更加灵活和方便,可以很方便地将所有的活动画在节点上,然后用箭头连接逻辑关系。

●用节点式网络图编写软件比较容易,因此许多项目管理软件采用这种表达方式。虽然有的软件也支持箭线式网络图,但往往是根据节点式网络图转换而来的。

●节点式网络图很容易与甘特图进行转换。在甘特图中,横道表示节点,竖道表示逻辑关系。

3.其他网络图方法(如图形审评技术 GERT 等)

网络计划技术是用网络计划对任务的工作进度进行安排和控制,以保证实现预定目标的科学的计划管理技术。网络计划是在网络图上加注工作的时间参数等而编制的进度计划。所以,网络计划主要由两大部分组成,即网络图和网络参数。网络图是由箭线和节点组成的用来表示工作流程的有向的、有序的网络图形。网络参数是根据项目中各项工作的延续时间和网络图所计算的工作、节点、线路等要素的各种时间参数。

网络计划技术的种类与模式很多,但以每项工作的延续时间和逻辑关系来划分,可归纳为四种类型,如表 4-1 所示。

表 4-1　网络计划技术的类型

类型		延续时间	
		肯定	不肯定
逻辑关系	肯定型	关键路径法(CPM) 搭接网络	计划评审技术(PERT)
	非肯定型	决策关键线路法(DCPM)	图形评审技术(GERT) 随机网络技术(QGERT) 风险评审技术(VERT)

资料来源:白思俊主编:《现代项目管理》,机械工业出版社,第82页。

图形评审技术 GERT(Graphical Evaluation and Review Technique)引入了工作执行完工概率的概念,是一种可以对逻辑关系进行条件性和概率性处理的网络分析技术。所以在应用此项工具时,一项工作的完成结果可能有多种情况。

条件图方法等模型允许非前后排序活动的存在,诸如一个环(例如某试验须重复多次)或条件分支(如一旦检查中发现错误,设计就要返工修改),而 PDM法和 ADM 法均不允许闭环和条件分支的出现。

4.网络图模板/参考样板

网络图模板和网络参考样板是用各种标准网络来加速项目网络图的编制。网络的一部分叫子网络,当一个项目包含几个相同或几乎相同内容时,子网络特别有用(例如一个高层写字楼各楼层和房间的铺地板项目,一个新药品研究项目的临床试验,或一个软件工程的程序模块设计等)。

(二)绘制网络图

1.网络图的绘制规则

在介绍了网络图的基本类型以后,下面我们该看看怎样绘制网络图了。要编制一个合乎要求的网络图,大家都遵守必要的规则是不可或缺的。这包括:活动流向、约束性质、编号法则、首尾原则、循环和假设等。

(1)活动流向:在绘制网络图时应该按照时间的顺序从左向右依次展开,箭线从左至右指向(即使大家都明确时间顺序是从左向右,一般也不允许用直线来代替箭线),箭线可以交叉。

(2)约束性质:在相互制约的网络图中,只有当某项活动的全部紧前活动完成以后,后续活动才能开始,而不使用后续工作可以随着紧前活动的开始而分步开始的方式,例如数据的收集和录入。

(3)首尾原则:不论开始和结束,都只能有一个节点。当项目有多个起始点时,可引入虚活动节点,即引入额外的节点把所有这些节点连接起来,形象地表示从一个时间点开始。当项目有多个终结点时,应当采用共同的节点把它们连接起来,形象地表示大家同时有一个结束时间点。

(4)循环和假设:在本书所讲授的绘制网络图的方法中,均不出现项目的循环和假设情况。也就是说,不允许活动的连接出现循环,其原因是当项目网络图出现循环时,用我们介绍的方法将无法确定项目的整个工期。另外也不允许出现假设性条件。比如出现这样的描述:如果某活动成功的话,开始做下一个;如果没有成功,就不做了,等等。

2.网络图的编制步骤

网络图的编制过程其实就是网络模型的建立过程,它是利用网络图来进行网络计划,以实现对项目或者工程的时间以及资源的合理利用,并掌握项目全局情况的重要环节。网络图的编制可以分为以下三个步骤：

(1)确认活动列表

在这个步骤中,我们要借助工作分解结构和项目活动分解和定义所输出的活动清单,检查这些活动是否适合绘制到某个层次的网络图中。划分活动的详细程度应根据项目管理者的需要而定。如果仅供高层管理者使用,活动就可以综合一些;如果是供基层施工者使用,活动就应该划分得十分详细。同时还要注意,所有活动必须是可以独立进行的活动单元。如果几项活动都有相同的活动单元,不妨将此活动单元独立描述成一个活动,这样会使活动间的依赖关系更加清晰一些。

此阶段还有一项工作就是确定活动的准确名称以及赋予不同的编号。仅仅有活动名称是不够的。例如,"质量检查"这个活动可能在一个项目网络图中反复出现,单单用这个术语不能反映出总共有多少个这样的活动,以及在网络图中或在项目施工顺序中处于何种位置或在哪个阶段。因此必须给每个活动赋予一个独立的编号,既可以用阿拉伯数字,也可以用 A、B、C、D 等其他符号。

(2)确定活动之间的逻辑关系

在我们将项目逐步分解为具体活动的同时,还应该确定各个活动之间的逻辑关系。如前所述,我们采用的方法是要确定各个活动的紧前活动或者紧后活动。所谓紧前活动(有的说法也叫前序活动、前导活动),就是某个项目活动要开始的话,先期必须完成哪些活动。所谓紧后活动(有的说法也叫后序活动、后续活动),就是某项活动完成后紧接着就可以开始的活动。一般在绘制同一个网络图时,要介绍活动间的相互关系,最好自始至终只使用一种关系描述,要么用紧前关系,要么用紧后关系,得到的结果是一样的。当然,也可以先后使用这两种关系描述来验证网络图是否正确。

所以,在确定活动之间的先后顺序和相互关系时,对于每项活动我们首先必须明确以下问题：

●哪些活动必须安排在此项活动之前？换句话说,在进行此项活动之前,其他哪些活动必须先完成？

●哪些活动需要安排在此项活动之后？换句话说,在此项活动结束之前,哪些活动不能开始？

●哪些活动可以和此项活动同时进行？换句话说,哪些活动可以和此项活动在同一段时间内进行？

明确了以上问题后,我们就可以界定各项活动之间的关系。但是仅仅在活动列表上说明这么多活动之间的关系可能不会很清晰,只有真正动手绘制网络图才能够表示出来,这也是使用网络图的好处之一。

需要引起注意的是,一项活动可以有多个紧前活动,也可以有多个紧后活动,这需要根据各个活动之间的具体逻辑关系来确定。另外,对于紧密相连的两项活动来说,紧前紧后关系是相对的。一项活动是另外一项活动的紧前活动,而另一项工作必然是该项活动的紧后活动。

(3)编制网络图并检查项目网络图的逻辑结构

明确了所有活动的紧前紧后关系以后,就可以着手绘制网络图了。绘制完毕后,为了得到最佳的项目网络图,还需要对所绘制的项目网络图的逻辑结构进行检查和验证。此时,通常需要对每一项活动及活动之间的关系进行审查,以保证所有活动都是必要的,所有活动之间的关系都是准确的。另外,在这一步骤中,应注意把项目网络图和工作分解结构对照起来,看看是不是存在一些不必要的项目活动,或者需要增加新的活动内容。

除此以外,在编制网络图的时候,我们还需要特别注意以下一些问题:

●网络图的起点和终点。因为一个项目只有一个开始时间和一个结束时间,所以一个网络图最好也只有一个开始活动节点和一个结束节点。如果几项活动同时开始或者同时结束,在网络图中可以将这几项活动的开始节点合并为一个节点,如图 4-9 所示。

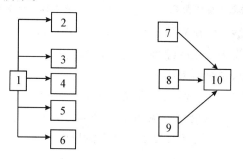

图 4-9 通过增加虚活动来调整网络图的起点和终点

●网络图是有方向的。在本书所讲的范围内,不应该出现循环回路。什么是循环回路?从网络图中某一节点出发,沿着某个路径出发,最后结果又回到该出发节点,所经过的路径就形成了循环回路。这时候,网络图所表示的逻辑关系就会出现混乱,各个工作之间的先后次序将无法判断。比如说,到底谁是谁的紧前活动呢?

●节点之间不能同时出现两次以上的关系箭头。如果有这种情况,必须引入虚活动。虚活动是为了表明相互依存的逻辑关系,消除活动与活动之间含混不清的现象而设置的,它既不消耗资源,也不占用时间。如图 4-10 所示。

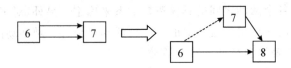

图 4-10　通过增加虚活动来表明活动之间的关系

●网络图中不能出现无箭头箭线和双箭头箭线。网络图中箭头所指的方向是表示活动进行的先后次序,如果出现无头箭线和双头箭线,活动先后顺序就会无法判断,会造成各个活动之间的逻辑关系混乱。

●网络图中不能出现无节点的箭线。无节点的箭线不符合网络图中关于活动的定义,如图 4-11 和图 4-12 所示。箭尾无节点的箭线和箭头无节点的箭线都是不允许出现的。

图 4-11　箭尾无节点的箭线　　　　**图 4-12　箭头无节点的箭线**

●在同一个网络图的所有节点中,不能出现相同的编号。如果用数字编号,一般要求每根箭线箭头节点的编号要大于其箭尾节点的编号;用英语字母一般则要求按字母顺序从左至右来编号。

●不画无意义的箭线。箭线的含义在于表示两个活动之间的顺序关系,而且就是紧前紧后关系。只要这种关系表示清楚了,多余的箭线就没有意义了。如图 4-13 所示,中间的一道横线要表示什么意思呢?

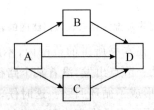

图 4-13　用多余的箭线来表明活动之间的关系

●适当的美学处理。当初步完成网络图的绘制时,还应当注意从美观的角度对网络图进行一下处理,如图 4-14 所作的调整,首先对齐基本对应的活动,然后再增加一个虚活动来表示项目的终止。

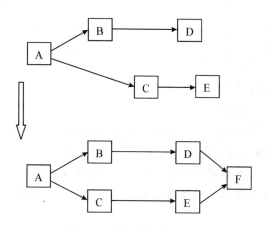

图 4-14　网络图的美学处理

　　到此我们将有关项目网络图的基本概念、类型、绘制方法和注意事项都作了较为详尽的介绍,相信读者在做些练习之后对此会有更深刻的理解。能够绘制出项目网络图不仅是对项目时间管理前期计划准备工作的一次最好的检阅和总结,也为我们掌握项目全局状况和编制项目进度计划提供了很好的可视化管理工具。

小结

　　在项目时间管理中,项目活动排序是相当关键的一项前期准备工作。在完成了项目活动的分解和定义之后,就要按照项目的要求对它们进行排列组合,而网络图方法为我们提供了很好的有形展示这种相互关系的工具。绘制网络图应该遵循大家公认的原则和惯例,要简明、清楚和美观。网络图不仅是用来管理项目的,也是内外沟通的一种有效工具。同时,也能显示项目管理人员的专业水平和严谨、认真的工作态度。在项目管理中,要时刻牢记:一图、一表值千字。

关键术语

　　活动排序　　依赖关系　　PDM/AON　　ADM/AOA　　强制性依赖关系/硬逻辑关系　　自由依赖关系/软逻辑关系　　外部依赖关系　　紧前/紧后关系　虚活动

练习题

一、选择题

1. 包括识别和文档化活动之间依赖关系的时间管理过程称为(　　　)。

A. 活动排序

B. 活动定义

C. 进度开发

D. 活动工期估计

2. 下面描述正确的是(　　　)。

A. 所有网络图都可以显示四种类型的依赖(FS,FF,SS,SF)

B. 只有 AOA 法需要增加虚活动

C. 本书介绍的网络图是不允许出现活动循环的

D. 绘制网络图需要同时运用活动之间的紧前和紧后关系

二、思考题

如果你参与一个新产品发布会项目,作为该项目的项目经理,如何完成如下工作:

(1)列出主要的活动清单。

(2)说明它们之间的关系,分清强制依赖关系、自由依赖关系和外部依赖关系。

(3)给出活动之间的紧前关系。

(4)用前导图法绘制网络图。

(5)给出必要说明。

进一步阅读

1. 中国项目管理研究委员会:《中国项目管理知识体系与国际项目管理专业资质认证标准》,机械工业出版社,2002 年。

2. 卢有杰编著:《现代项目管理学》,首都经济贸易大学出版社,2004 年。

3. 左美云、周彬编著:《实用项目管理与图解》,清华大学出版社,2002 年。

4. 许成绩主编:《现代项目管理教程》,中国宇航出版社,2003 年。

5. 刘明编著:《最新 PMP 认证考试指南与练习》,电子工业出版社,2003 年。

6. 张立友、于晓璐、金林编著:《项目管理核心教程与 PMP 实战》,清华大学出版社,2003 年。

7. 付强、沈川、蒋峰编著:《有效的项目管理》,中国纺织出版社,2003 年。

8. 白思俊主编:《现代项目管理》(中),机械工业出版社,2003 年。

案例
湖边野餐准备的活动排序

在一个紧张工作后的周五晚上,你和你的朋友正在考虑周末怎么去放松,这时电视里的天气预报说周六将是一个风和日丽的好天气,因此你们决定明天早上去你们所在地附近的某一湖边野餐。由于希望能从这次野餐中得到最大的快乐,因此你们决定采用项目管理的方法对这次湖边野餐的准备工作进行很好的计划。

湖边野餐的准备工作并不是很复杂,因此你们只需通过电话咨询了你们的亲戚朋友的野餐经验后,共同讨论确定了湖边野餐准备应进行的具体活动,并确定了活动负责人,如表4-2所示。

表4-2 湖边野餐准备的活动清单

活动标号	活动描述	活动负责人
1	装车	你、你的朋友
2	去银行取钱	你
3	做鸡蛋三明治	你的朋友
4	开车去湖边	你、你的朋友
5	决定去哪个湖	你、你的朋友
6	买汽油	你
7	煮鸡蛋(做三明治用)	你的朋友

以上活动清单是否正确,这一方面在于你和你的朋友对湖边野餐准备工作的范围是否明确,即按你们的意愿为野餐做好一切准备工作并顺利到达野餐目的地;另一方面在于你和你的朋友是否充分借鉴了以往野餐的经验。

另外,以上活动清单的正确确定还在于你和你的朋友充分明确并遵守了下面的约束条件:

●你和你的朋友将在周六早上八点在你的家里集合并开始一切准备活动,在这之前你们什么都不做。

●在到达野餐目的地前你们必须做好一切准备工作。

●你们的所在地有两个湖,这两个湖一个在你家的南边,一个在你家的北边,因此你们必须在出发前决定要去哪一个湖。

在确定了湖边野餐准备的活动清单后,接下来要确定活动之间的依赖关系,并绘制项目网络图。

通过分析,发现在活动之间存在着以下强制性依赖关系:你的朋友在做三明治之前必须把鸡蛋煮好,在出发前必须决定去哪个湖。

除以上的强制性依赖关系之外,其他的活动之间的依赖关系都是可自由处理的依赖关系:

A. 在进行其他活动之前必须决定去哪个湖。

B. 一旦定下来去哪个湖,你马上去银行取钱。

C. 从银行取到钱后,你去买汽油。

D. 当定下来去哪个湖后,你的朋友立即开始煮鸡蛋。

E. 鸡蛋一煮好,你的朋友就开始做三明治。

F. 当你带着汽油回来,你的朋友也做好了三明治,你们开始装车。

G. 当你们装好车后,你们立即开车去湖边。

将以上活动之间的依赖关系进行整理可得到表 4-3 所示。

表 4-3　活动的关系描述

活动标号	活动描述	紧前活动
1	装车	3,6
2	去银行取钱	5
3	做鸡蛋三明治	7
4	开车去湖边	1
5	决定去,以及哪个湖	无
6	买汽油	2
7	煮鸡蛋(做三明治用)	5

根据上表中的信息,你们用前导图法绘制了湖边野餐准备的项目网络图,如图 4-15 所示。

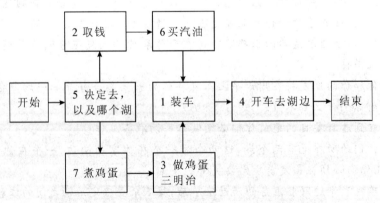

图 4-15　湖边野餐准备的网络图

绘制以上网络图的方法如下:

A. 以节点"开始"来导出整个网络图。

B. 找出所有没有紧前活动的活动,这些活动可以在项目开始时做,在这里活动 5 是唯一这样的活动,把活动 5 放到方框中,并从"开始"方框画箭线指向它。

C. 找出所有以活动 5 作为紧前活动的活动,即活动 2 和 7,把它们放进方框,从活动 5 画箭线指向它们。

D. 依此类推,在最后用"结束"方框结束项目网络图。

问题:图 4-15 显示的网络图还可以做哪些修改,使其更加清楚和美观。另外,这样的图是否还可以以及怎样细化一下,使其更具有操作性?

第五章 项目活动资源需求估计

本章导读

在上一章中,我们介绍了项目活动的排序工作。本章我们将对项目活动的资源需求进行估计和确定。对于任何活动而言,不为该活动所需的资源配置情况作出考虑就讨论其时间长短是没有任何实际意义的。[①] 对每项活动应该在什么时候使用多少资源必须有一些预见,即估计项目活动的资源需求以及能否按时、按量、按质提供,这对项目活动的历时估计具有直接的影响。本章主要内容将包括项目活动资源需求的定义和分类,项目活动资源与项目时间管理的关系,项目活动资源需求估计的输入、输出和确定方法等几个部分。

> 假定你是某工程项目的管理人员,项目经理要你负责挖一条一定长度和深度的水沟。可以选择的方案是人力加铁铲或者人力配合挖沟机。你该如何确定该项活动的资源需求呢?如果项目工期比较紧张,大家都在申请使用挖沟机,你又应当如何作出决定呢?

第一节 项目活动资源需求

除了虚活动或者人为增加的虚节点以外,项目网络中的每项活动都需要一定的时间和资源。当假定资源可以无限使用并且可以随时随地使用时,项目活动所耗费的时间与资源需求是没有关

---

① 杰克·R.梅瑞狄斯、小塞缪尔·J.曼特尔著,郑晟等译:《项目管理新视角》第4版,电子工业出版社,2002年,第377页。

系的。但在实际工作中，项目只能够得到有限的和相对固定的资源支持，例如相对固定的项目团队成员以及确定的项目预算，那样的话，项目活动所需要的时间会随着能否及时分配给它足够的资源而发生变化。所以在对项目所有活动进行历时估计之前，先对这些活动的资源使用情况进行一番估计是绝对必要的。本节我们将首先向读者具体介绍项目活动资源的概念、分类以及特点。

一、项目活动资源的概念

"资源"是我们经常遇到的一个词，它具有丰富的内涵。国内外的专家、学者对其有各种各样的解释，但至今尚没有形成一个被人们所普遍接受的定义。

《辞海》对资源的解释是："资财的来源，一般指天然的财源。"单从字面上解释，比较笼统，意思不够明确。《现代汉语词典》把资源解释为："生产资料或生活资料的天然来源。"这种解释虽然比较具体了一点，但和《辞海》的解释一样，都只局限于自然资源的范围。还有其他一些类似的解释，如"资源通常是指自然界存在的物质财富"、"资源一般指的是一种客观存在的自然物质，如矿产资源、水利资源、森林资源、草场资源"、"地球上和宇宙间一切自然物质都可称作资源，包括矿藏、地热、土壤、岩石、风雨和阳光等"。类似的解释不胜枚举。联合国环境规划署对资源的定义是："在一定的时间和技术条件下，能够产生经济价值、提高人类当前和未来福利的自然环境因素的总体。"以上都是对资源的狭义解释。

现代管理学从资源经济学的角度扩展了资源的内涵。有人提出："各种自然因素及其他成分组成的各种经济自然环境，以及人类社会形成并不断增长的人口、劳动力、知识、技术、文化、管理等，凡是能进一步有利于经济生产和使用价值提高者，都可称为资源。它包括自然资源、经济资源和智力资源三个大部分。"显然，这是对资源广义的解释。

由上可见，狭义的资源概念与广义的资源概念不同，这主要涉及资源范围的界定。自然资源是资源的基础，其他一切资源都是人类与自然之间的物质变换转化而来的。从资源经济学的角度看，资源除自然资源外，还包括其他资源，如产品资源、再生资源、劳动力资源、资金资源、智力资源以及可以成为生产力实现要素和潜在要素的其他资源。总之，凡是宇宙中客观存在、经过开发可以被人们所利用，能够构成生产要素进入社会再生产过程，或者为再生产提供环境条件和前提条件，为人们的生产、生活需要服务的因素，不论是以劳动对象形式表现，还是以劳动手段或劳动环境形式表现；不论是实物，还是货币或智力；也不管是自然界早就存在的，还是经过人们加工、凝结着人类劳动的，都可以看成是资源。[①]

---

① 汝宜红编：《资源管理学》，北京：中国铁道出版社，2001年，第1页。

我们这里所讲的项目活动资源又是指什么呢？它是指为了开展项目中的活动所需的资本或者某种人力、设备或者材料。从分类上包括自然资源和人造资源、内部资源和外部资源、有形资源和无形资源等。诸如人力（Manpower）、材料（Material）、机械（Machine）、资金（Money）、信息（Message）、科学技术方法（Method of S&T）、市场（Market）等。从广义上讲，时间也是项目活动中的资源之一。

这里还应该区分一下资源和能力这两个术语。在管理学中，简单讲，资源意味着你有什么，而能力意味着你能干什么。资源与能力之间并不能简单地画等号。这里使用资源的人的素质、士气、使用资源的方向和方法等都决定着同样的资源在不同的人手里可能发挥的作用和产生的能力是不一样的。资源是手段，我们需要的不是资源，而是通过掌握和利用资源而具有某种能力。因此，资源到手之后，我们还必须要关心到底能发挥多大效用、带给我们多大能力。所以这里还要注意有关能力的几个术语：

（1）额定能力（Nominal Capacity）。它是指在理想的条件下，所获得的资源的最大产出量。设备的额定能力通常在有关的技术说明书中注明，而劳动力的额定能力一般由工业工程师采用标准工作测量技术来估计。但在实际使用当中不一定能充分达到这种理想状态。

（2）有效能力（Effective Capacity）。它是指在综合考虑活动分配计划编制和进度安排的约束、维修状况、工作环境以及使用的其他资源的条件下，可以获得的资源最大产出量。有效能力通常小于设计能力或者额定能力，因此在估计需要多少资源从而具备多大的能力时，我们更应该关心有效能力是多大。

二、项目活动资源的分类

项目活动资源可以根据不同的标准和应用领域来进行分类。在本章中我们选取以下几个方面的分类方法作一简要介绍。

（一）按照会计学原理进行分类①

我们可以根据会计学原理对项目所需要的资源进行分类，例如，将项目实施所需要的资源分为劳动力成本（人力资源）、材料成本及诸如分包、借款等其他"生产成本"。这是一种最常见的划分项目资源的方法。其优点是通用性强，操作简便，易于为人们所接受，对于企业的项目预算和会计工作非常适用。缺点主要有以下两方面：

（1）这种划分资源的方法，没有明确地说明诸如信息、知识产权等无形资源

---

① 毕星、翟丽：《项目管理》，上海：复旦大学出版社，2000年，第176页。

的成本。

(2)这种划分方法没有体现项目资源管理的主要方面。例如,资源的可获得性。

(二)按照项目活动资源的可获得性来进行分类[①]

1.可以重复使用的资源

可重复使用的资源指的是那种只是暂时应用于某项活动,但在完成任务后还可以继续应用于另一项活动的资源。可重复使用资源在较长的时期内不会发生变化,而且鉴于其可以重复使用,所以他们的数量可能会不足,这时就需要对其制定细致的使用计划和进度。比如,团队成员一般都是精心挑选的,人数不宜太多,但人人都具有多方面技能与素质,是项目中可以而且经常是必须重复使用的资源。

2.不可再生资源

不可再生资源一旦投入使用,就永远不能再服务于另外一个活动,也不能再次进行补充。时间是最重要的不可再生资源,且是绝对不可再生资源。时间一旦流失了,就永远不能再回来,它既不能存储也不能更新,需要精心、细致地予以计划和安排。从大的范围讲,矿物燃料(例如煤炭、石油和天然气)和矿物储备(如在采矿中所用的矿砂)都属于不可再生资源。一旦某地域的储量被采光,就不能再次生成,而开采项目也就停止了。但从小的范围讲,比如我们建设一个矿物加工厂,在可以预见的将来,这类资源还是可以不断追加和补充的。

3.可补充的资源

这类资源将随着项目活动的开展和时间的推移而不断被消耗,但是我们可以通过采购、租赁等方式来进行补充,例如,各种原材料或零部件。严格来讲,资金应该是可补充资源。所以在许多项目中,项目的投资者常常被迫向处于困境中的项目投入更多的资金。“不惜一切代价,确保项目按期完工”,这是我们常常能够听到的一句话,这其中,代价往往指的就是追加资金。

(三)根据项目活动资源的特点进行分类

1.无限制性的资源

这类资源在项目的实施过程中,从成本和时间的角度讲没有严格的限制。例如,不需要经过培训的劳动力或者通用设备。

2.有限制性的资源

这类资源的价格非常昂贵,或者对技术要求较高,或者数量稀少,在整个项目的工期内不可能完全或者随时随地得到。例如,在项目实施过程中,需要使用

---

① 　Dennis Lock 主编,李金海等译:《项目管理》第 8 版,南开大学出版社,2005 年,第 195 页。

特殊的试验设备,但每天只能进行若干小时的工作,或者某些技术专家同时负责项目中多个技术性很强的工作。这些都是此类资源的典型代表。除此之外,在整个项目进行的过程中,使用数量有明确要求的那些资源也属于这一类别。例如,某类稀缺材料,交货期还比较长,在项目开始实施之前,此类材料的预定数量要能够满足项目整个工期的要求,项目的进行在某种程度上要服从这类资源的准时和充足的供应。

三、项目活动资源的特点

项目是一种特殊的一次性努力,那供项目活动使用的资源又有什么特点呢?我们大致上可以把这种特点概括为四个方面,即资源的有限性、即时消耗性、专有性和多用性。

1. 有限性

资源的有限性亦称稀缺性,是资源最重要的特征。大量的资源在数量上总是有限的,不是取之不尽、用之不竭的;而且可代替资源的品种也是有限的。而具体到项目,一般在项目建议书、项目论证与评估书、可行性研究报告或者批准书中都对可供项目调用的资源具有十分明确的说明和规定,最明显的就是有限的人力资源(主体是项目团队)以及项目预算。因此在做项目时,资源的有限性必须引起人们的重视。在项目开展以后,项目经理不宜而且不易再从外部不断要求追加资源。

2. 即时消耗性

项目是一次性努力,项目组织也是临时性机构,就项目来说,不可能设立庞大的库存系统和永久性地保留项目资源。各种资源必须只在需要的时候按照需要的数量提供给项目使用,因此在考虑项目的资源使用时,必须确保在正确的时候、正确的地点向正确的人交付正确的和正确数量的资源。项目可以为防范资源不到位的风险而采取应对措施,但不会过早储存也不会过量储存尤其是那些比较昂贵的资源。

3. 专有性

相比于日常的运作活动而言,项目是对时间进度要求非常强的一种活动,而且不可预见性也比较大,出现各种各样的变更是常有的事。为使这种变更不与资源使用计划产生过多的矛盾,项目最好是拥有一些能够自己决定的、相对固定的资源,不和其他项目或者日常运作交叉使用,以免在资源使用上过多地受到外部因素的影响。

4. 多用性

资源一般都有多种功能和用途,可满足多方面的需要,同一种资源可以作为不同活动的投入物;不同的项目活动对某一种资源也可能存在着共同的需求。所以,在考虑项目的资源使用时应尽可能使有限的资源满足不同项目活动的需要,使资源得到最有效的利用,并增加调配资源的灵活性,应付突发事件。资源的不断进出和调配本身就是一件很麻烦的事情,也会耗用时间和金钱,因此在资源使用上,项目应该避免出现频繁调进调出资源的情况,这尤其适用于人力资源的使用。新手的加入和一名老团队成员的退出,不仅要办理必要的手续,还有培训、融合以及退出安置等一大堆事情要做,千万不可小视。

第二节   项目活动资源与项目时间管理

在美国项目管理协会(PMI)的项目管理知识体系 2000 版(PMBOK 2000)以及以前的版本中,项目活动资源需求一直是属于项目成本管理的范畴,并作为成本管理的一项活动,同时又是项目活动历时估计的输入条件。而在 PM-BOK2004 版中,项目活动资源需求估计变成了项目时间管理的一项活动。这种变化是由于目前项目活动资源需求和项目时间管理之间存在着越来越密切的联系,项目活动资源需求估计不仅是成本估算的依据,也是项目活动历时估计需要考虑的重要变量。如果在项目时间管理中忽略项目活动资源的需求,那么我们所制定的项目时间管理计划很可能就会受到资源是否能够及时到位的影响。

一、项目活动资源数量对项目时间管理的影响

一项活动工期的长短显然会受到能够分配给多少资源量的影响。这里我们只说有影响,但二者之间不一定存在直接的线性关系,也不一定是正相关或者负相关关系。[①] 例如,一个每天只工作半天的人完成一项活动所需时间可能正好是全天都工作的人所需工时的两倍;而两个人共同工作时,完成一项活动所需时间可能恰好是单独一个人工作时所需时间的一半。但是,并非投入工作人力的增多一定伴随着所需时间的减少。随着过多人力的增多,项目反而会出现沟通和协调问题,影响劳动生产率。也就是说,随着资源的增加而效益增长递减。

对此现象有一个常见的、形象的例子。设想在一个房间内,有一把普通的 4 条腿的椅子,房间门是关着的。要求你做的就是将这把椅子搬到屋外的走廊里去。如果在没有外来帮助的情况下让你去做这件事情,可能你会采取如下步骤:

●抬起椅子;

---

① 罗伯特·K.威索基、拉德·麦加里著,费琳等译:《有效的项目管理》第 3 版,电子工业出版社,2004 年,第 90 页。

●搬到门口；

●放下椅子；

●打开门；

●用脚顶住门，同时抬起椅子；

●把椅子搬出门；

●把椅子放在走廊里。

现在假设你可以使用的资源加倍，有一个人来帮你开门，这样你可以直接把椅子搬到走廊，中间不需要任何转换和停留。显然，两个人一起做这项工作时，把椅子搬到走廊所需的时间一定会缩短。

既然资源加倍缩短了活动的工期，那我们何不再次加倍使用资源呢？现在我们让 4 个人来完成这项活动，活动会怎样进行呢？你必须先召开会议明确责权利，然后把活儿分下去，总不能有人干多、有人干少吧，因为可能每个人都希望少干活儿、多获利，或者干同样的活儿、得相同的利。于是每个人负责抓住椅子的一条腿，但他们到了门口却被卡住了（分配资源时忘了安排人去做这件事，因为 4 个资源分别分配给椅子的 4 条腿是很容易平均的）。

当然这 4 个人还不至于如此愚蠢。举这个例子只是想说明，一味求助于追加更多的资源可能得不到预期的回报。为了使活动工期满足要求，分配给任务的资源要适度。过多增加资源，不仅耗费了金钱，也可能达不到缩短工期的目的。这里还有一个术语叫"压缩点"（Crash Point），就是从这一点开始再增加更多的资源只会延长活动的工期。因此当下属大嚷大叫说再不增加资源就要耽误事的时候，项目经理要保持冷静，不要被这种气势所吓倒，也不要慌乱。第一，可能你已经没有多余的资源可派；第二，追加人手可能使项目延期得更厉害。

另外，项目经理还要考虑增加资源到底能缩短多少工期、缩短谁的工期。这个关系不是线性的，也不是必然的。种树的时候，让两个人挖一个洞，它会比一个人挖快一倍吗？4 个人又会比两个人快一倍吗？恐怕不是。向活动增加资源后，会出现新的工作，例如每增加一个人就增加了培训、协调、沟通的工作量。再有，在后面学习了关键路径法后我们还会知道，缩短非关键路径上的活动的工期对缩短整个项目工期毫无用处。

从上面的讨论中我们可以看出，资源数量和项目活动的工期之间主要有三种关系，如图 5-1 所示。

（1）资源投入增加，工期减少。通常这种变化不一定总是同比例变化的。

（2）资源投入增加，工期不变。当投入在活动上的资源超过一定的水平后，继续投入资源对项目的工期没有影响。

（3）资源投入增加，工期增加。当投入在活动上的资源超过一定的水平后，继续投入资源反而会使工期延长。

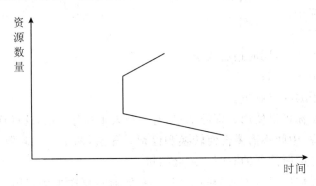

图 5-1　资源数量对项目时间的影响

二、项目活动资源的质量(能力)对项目时间管理的影响

大多数活动所需时间都受到分配的人力与物质资源能力的直接影响。例如,如果两个人都全力以赴投入工作,则通常资深人员完成指定活动所用时间要比初级人员少;一项翻译活动需要两个专业翻译工作两天,而如果使用一般大学生来完成这项活动就可能需要很长的时间了。

如图 5-2 所示,一般而言,资源质量越好,项目活动所需时间就越短。但是到达一定的极限之后,再提高资源质量也不会再减少活动时间。另外,过高的资源质量还可能意味着使用成本的增加。所以,类似于项目活动所需的资源的数量分析,我们认为,资源质量也是以适用、好用、易用为首要原则。

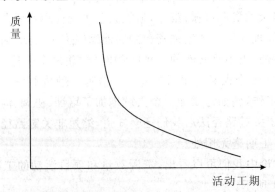

图 5-2　资源质量对活动工期的影响

另外,在探讨项目资源质量时还要注意区分物质资源和非物质资源的质量问题。对于物质资源,我们主要借用客观的检验指标,比如水泥的质量、设备的质量等。但对于非物质资源,除了客观判断以外,还要有主观的判断。最明显的就是人力资源,除了要求具有一定的知识和技能以外,对项目的投入和热情也是判断这种资源质量好坏的重要依据。

三、项目活动资源的需求节奏对项目时间管理的影响

一般来说,项目活动资源需求节奏确定了项目活动资源的投入时机和数量,它反映了在任何给定的一个时点上活动所需各种资源的水平。对于项目活动来说,整个项目生命周期对资源需求的水平是有差异的。从总体上说,在生命周期的第一个阶段和最后一个阶段,资源总体需求水平是最低的;而在第二个计划阶段,资源总体需求水平是相对较高的;在第三个执行阶段,资源总体需求水平是最高的。在估计和确定资源需求时,这是一个总体的上的估计。

至于资源需求节奏,我们用图 5-3 来加以说明。假设存在三种类型的资源需求节奏,而且资源过剩时并不会缩短工期,但资源不足时会延误工期。那么,当资源均匀投入活动时,对于类型 1 而言,活动开始时资源不够使用,而后期则资源过剩,势必导致活动延期;而对于类型 3 而言,活动开始资源过剩,而后期资源不足,也会导致活动延期;只有类型 2 的资源提供与资源需求匹配一致,活动工期可以满足预算工期。

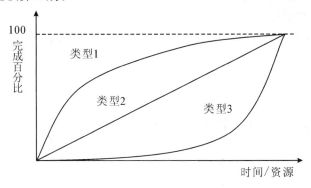

图 5-3 活动生命周期内资源需求

显然,图 5-3 中的 3 项活动的资源供应总量都满足了活动资源的需求,但是类型 1 和类型 3 仍然导致了项目活动的延期,而只有类型 2 顺利按时完成活动。由此可见,资源的需求节奏也是项目的时间管理的影响因素。识别项目活动的资源需求节奏,并按照这种节奏供应资源,才会为项目的进度按计划进行提供保证。

四、资源类型对项目时间管理的影响

完成项目活动所需的资源有多种类型,因此也就存在多种形式的资源组合。有不同能力或技能水平的人力,不同大小或类型的机器,不同的工具,以及不同的原材料等。不同形式的组合都可以完成项目活动,但是在项目进度、成本、质量、风险等方面上肯定存在差异。比如工程项目中的土方运输,可以采用汽车和手推车两种资源,虽然两种资源都可以完成项目活动,但是在时间上的差异显而易见,这是因为不同资源的额定能力和有效能力是不同的。因此,资源类型是我们在进行项目活动历时估计时所必须考虑的因素之一。改变资源类型配比与改变资源数量都可以带来项目所用时间上的变化,因此确定资源类型对于项目时间管理也具有重大的意义。

需要指出的是,通过增加资源数量、提高资源质量或者改变资源类型,都可以减少项目活动所需的时间,但这种减少都不是无限度的,也不一定都是有效的。一方面,这和资源的使用特性有关,即资源的能力是有限度的;另一方面,和项目的特性有关,项目活动都是互相关联的,影响项目活动时间的因素很多。此外,项目活动时间的减少经常是以成本的增加为代价的,比如在上面提到的土方运输的例子中,以机械设备代替人工,当人工成本很低时,活动成本的增加是显而易见的;而当增加人力资源投入时,人工成本也会上升。所以,在确定采用调整资源的方式来提高进度的时候应当综合考虑各方面因素。

第三节　项目活动资源需求估计方法

怎样才能较为准确、全面地估计和确定项目活动的资源需求? 首先我们需要充分的输入信息,充分考虑和项目活动资源需求相关的诸多因素,在此基础上选择适当的确定方法,然后给出需要的答案。

一、估计项目活动资源需求时需要考虑的因素

对于一个给定的项目活动,当估计其资源需求时必须综合考虑多方面的因素,从而作出最恰当的资源需求预测。通常这些影响因素主要包括以下几个方面:

(一)资源的适用性

在选择资源时,不要过分求好、贪多,要尽可能使其具有最大的适用性。这样,我们不但要考虑资源本身的质量和供给状况,还要考虑项目活动的需求、可以付出的成本,以及使用这种资源最想达到的目的,进行综合权衡。最典型的例子就是一个全明星阵容的球队并不一定就能夺取冠军。

(二)资源的可获得性

在确定项目活动资源的需求时,有关什么资源、在什么时候、以何种方式可供项目利用是必须要加以考虑的,否则,资源需求计划做得再好也是没有实际意义的。通常项目活动所需的资源并不总是可以随时随地获得的。十八勇士渡大渡河就是一个项目,当他们上了船以后,再想获取额外的资源是不可能的。尤其是一些稀缺资源,比如具有特殊技能的专家、昂贵的设备等,这些资源一般在组织中很少或根本没有,必要时就得从组织外部引进,而且市场上也不一定随时就能得到或很难完全得到。所以在确定活动资源需求的时候,应当在满足项目活动顺利实施的前提下,尽量选择通用的资源类型,以确保项目活动资源在需要的时候可以得到。例如,一些关键的零部件如果可以国内采购就没有必要引进,因为采用进口零部件一来成本较高,二来交货期长,不确定性很大。

(三)项目日历和资源日历

项目日历和资源日历确定了可用于工作的资源的时间。资源有资源的可供应时间,项目有项目的运作时间,这两个时间表并不必然一致。例如,一些项目仅在法定的工作时间内可以进行,而资源随时都可以供应;或者反过来说,某些资源的供给时间具有周期性,比如每周只有 5 个工作日(如单位的财务人员),而项目天天在进行。资源日历对项目日历有影响,它反映了项目有关人员在该项目中需要共同遵守的工作日和工作时间,例如项目团队成员可能在工厂停电日接受培训;一台多个项目共同占用的设备,当你需要使用的时候,设备可能正在其他项目中使用,所以为不至于窝工等待,你必须提前作出工作安排。

(四)资源质量

不同的活动对资源的质量水平要求是不同的,在确定资源需求的时候必须保证资源的质量水平满足项目活动实施的要求。比如在某些技术性要求很高的活动中,必须明确界定所需资源的质量水平。当资源质量不能满足要求时,就要考虑增大资源数量是否可以补救资源质量不足所带来的问题。前面已经提到,对于一项翻译活动,如果需要 2 个专业翻译干上两天,那么让 4 个非专业翻译干上两个工作日是否也能完成任务? 当然也有可能因为技术水平的原因,无论增加多少资源也无法按质完成该项活动。

(五)资源使用的规模经济和规模不经济

一种情况是资源投入得越多,单位时间区段的成本反而会逐渐减小,而且使得项目进度加快。这主要是因为规模经济的特点,分摊了一些成本和加快了学习曲线效应。但是,如果我们不断增加分配给某个活动的资源数量,当该资源的数量达到某一程度时,再增加该类资源,常常不会使该项活动的工期缩短。也就是说,超过这一数值时,再增加资源对于该项活动来说不仅是无效的,而且会逐渐减少收益。[①] 比如,单位工作面上的劳动力人数达到一定的数量以后,如果再增加劳动力,其结果必然是成本增加,麻烦增多,工期延长。

(六)关键活动的资源需求

在确定资源需求的时候,应当分析活动在整个项目中的重要性。如果是关键环节上的活动,那么对该活动的资源需求应当仔细规划,适当提高该活动的资源储备和质量水平,保证活动资源在需要的时候可以及时获取;同时还应当为该项活动准备资源需求替代方案、赶工资源需求方案等应急方案,减少资源不足带来的风险,确保该活动按计划顺利完成。

(七)活动的关键资源需求

在活动所需的资源中,肯定有些资源是十分关键的、稀少的和不可替代的,而有些资源是不重要的、普遍存在的和可以替代的。在确定资源需求的时候,应当着重考虑关键资源的需求问题,通过增加该项资源的储备、加大采购提前期、准备多个供方等措施来确保活动工期不因关键资源的问题而受到影响。

(八)项目活动的时间约束和资源成本约束的集成

1. 约束理论

约束理论包括五个步骤:

(1) 识别系统约束/瓶颈(找到、发现系统约束/最薄弱环节时才能对系统进行改善)。

(2) 想方设法开发利用系统约束(使约束尽可能高效运行)。

(3) 一切其他事情服从约束环节,提供支持。

(4) 打破系统约束(获得更多的资源解除约束)。

(5) 不受惯性约束,继续重复上述步骤:识别、利用、打破——识别、利用、打破……

2. 应用约束理论

确定项目活动资源需求时除了要考虑资源的使用性质以外,还应从集成管理的角度来考虑所使用资源的成本和时间。当人们以各不相同的形式来实施项目的活动时,各个活动的资源组合形式影响着项目成本和进度。比如,完成某项活动如果采用机械设备需要 2 天完成,成本是 1 万元;而采用人工完成需要 4 天,成本 2000 元。此时我们在确定资源需求的时候就应该运用集成的思想来作出决策。如图 5-4,如果项目是时间约束型的,那么优先考虑采用机械设备完成;如果项目是成本约束型的,则优先考虑采用人工完成。在决策的过程中要对

---

① 毕星、翟丽:《项目管理》,复旦大学出版社,2000 年,第 178 页。

各种活动资源组合形式进行对比分析,权衡利弊,最终选择恰当的资源组合。

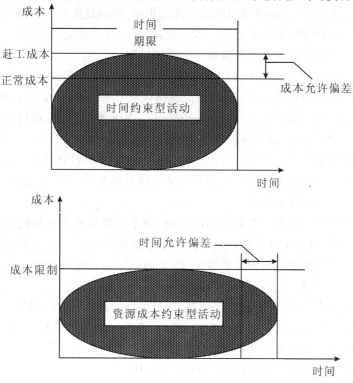

图5-4　项目活动的时间约束和资源成本约束的集成

3. 资源约束下的时间计划制定

(1)资源约束

它有三个含义:第一,资源达不到规定的要求(数量/质量);第二,资源只能在某一个时间供给使用;第三,存在瓶颈环节(资源可获得性最小的环节——只能在规定的时间提供有限的资源)。

(2)资源约束对项目工期的影响

如图所示,假定活动4和5需共用一种资源,那还能简单地应用关键路径法来计算工期吗?

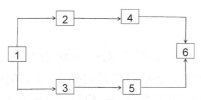

(3)瓶颈分类

一是内部瓶颈,主要受项目内部资源的影响,可以适度借助于管理水平予以克服;二是外部瓶颈,主要取决于不可抗力,以及外部公共关系等影响。

4.资源约束下的项目时间管理——关键链法

1984 年在《目标(The Goal)》中, Goldratt 提出其著名的约束理论(TOC, Theory of Constraints)。1997 年在《关键链(Critical Chain)》中, Goldratt 又提出关键链法(CCS,Critical Chain Scheduling)。其主要思想是:通过关键链进行管理,并利用缓冲器来控制项目进程。

资源的稀缺是普遍存在的,每当项目进度滞后时,项目经理总是抱怨资源的稀缺性。然而毕竟很少出现所有资源都紧缺的极端情况,通常只是 1 个或 2 个关键资源是真正的稀缺资源。

项目进度只是受到一部分资源的影响,而不是受到所有资源的影响。前者称为瓶颈资源(或者关键资源),后者称为非瓶颈资源(或者非关键资源)。

使用瓶颈资源的工序称为瓶颈工序(关键工序),非瓶颈资源上的工序称为非瓶颈工序(非关键工序)。

从逻辑上讲,瓶颈资源利用率越高,项目进度就越快;如果瓶颈工序延误,将可能导致整个项目延误。而为了提高瓶颈资源的利用率,需防止由于非瓶颈工序延误导致瓶颈资源处于等待状态,造成整个项目延误。

5.关键链法的核心与精华——缓冲区机制

在项目规划中,关键链法将整个项目中的所有工序(活动)视为一个完整系统,每个工序没有必要设置安全时间来保证它的按时完成,而只要采用全局安全时间来保证整个项目的按时完成即可。

(1)关键链法的三类缓冲区

一是项目缓冲区(PB,Project Buffer);二是支流缓冲区(FB,Feeding Buffer);三是资源缓冲区(RB,Resource Buffer)。项目缓冲区属于关键链末端的缓冲时间,用来保证整个项目按时完成;支流缓冲区属于安置在非关键链与关键链的接口处的缓冲时间,用来保证非关键按时完成,从而不影响关键链的进行;资源缓冲区属于关键链工序所需资源到位的提前时间,保证其工序进行中所需资源能及时获得。

(2)另一种缓冲设置法

另一种缓冲分类为“时间缓冲”、“数量缓冲”和“质量缓冲”。其中,“时间缓冲”是将所需的产出物比计划提前一段时间提交,以防随机波动;“数量缓冲”类似于安全库存;“质量缓冲”就是保险——确保严格的质量要求(送给瓶颈的绝不能含有次品、瓶颈送出的绝不能成为次品)。

（3）鼓、缓冲器与绳子

每个项目都需要确定一些关键控制点来控制项目的进度，瓶颈就是最好的控制点之一；控制点就称为鼓，项目的运行节奏就是鼓点，其他环节要与之同步。

瓶颈上一个小时的损失就是整个项目一个小时的损失。瓶颈必需保持100％的"可靠性"，特别是对瓶颈应采取一定的保护措施，不使其因管理不善而中断或等待。

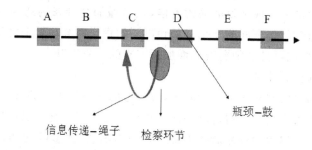

6.保证瓶颈环节资源利用率

为保证瓶颈环节利用率，可采用多种措施，例如：实行连续工作制，减少状态调整所需的时间损失；在瓶颈环节前设置质量检查站，保证投入瓶颈环节的工件100％是合格品；设置缓冲环节，使瓶颈资源不受非瓶颈资源生产率波动的影响；运输批量可以不等于（在许多时候应该不等于）加工批量，保证瓶颈环节尽可能有活儿干。

7.实施计划与控制

（1）识别项目资源的真正约束（瓶颈）所在是进行项目进度计划与控制的关键。

（2）基于瓶颈约束，建立进度计划：瓶颈控制着系统的"鼓点（Drum-beat）"，即控制着项目的运行节奏，对瓶颈进行重点监控。

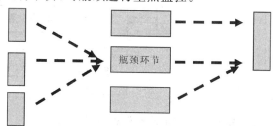

先确定瓶颈环节进度计划，以其为基准，再前推、后推、上下推临近环节的进度计划。如此反复并经过一定的优化，生成整个项目进度计划。

（3）对"缓冲器"加强管理，以防随机波动的影响，使瓶颈不等待任务。

（4）用倒排方法对非瓶颈资源安排作业计划，使之与瓶颈资源上的环节协调一致。

(九)资源蕴含的风险

在确定资源需求时,还应当分析资源蕴含的风险。项目是一次性的和独特性的努力,存在着许多风险。前面已经提到资源的质量风险、资源的可获得性风险,这些风险因素都会对项目活动的资源需求产生重大影响。其次,当项目中应用新技术、新材料以及新设备的时候,由于员工对新技术、新材料和新设备的熟悉需要一定的时间,会导致资源需求和工期估计都超过原先的预期。再次,当引入新的团队成员来完成项目活动的时候,人员增加会带来沟通和协调工作的增加,不同的工作习惯、不同的文化背景和不同的责任心会在员工之间引发冲突甚至是对抗,这些因素都会削弱资源增加所带来的绩效提升。

(十)活动资源储备

在进行活动资源需求估计的时候,应当考虑活动资源的储备,特别是对关键活动和活动的关键资源。通过增加活动资源储备可以增强项目的风险承受能力和应对能力。当然活动资源储备也要考虑成本因素,太多的活动资源储备不仅会带来资源成本的增加,还会增加不必要的管理成本。

二、估计项目活动资源需求的步骤

如何估计项目活动的资源需求?一般可以按照如图 5-5 所示的步骤来进行。首先根据输入条件,制定活动资源需求估计的计划,然后分析活动特性,根据分析结果采用恰当的活动资源需求估计的方法,最后估算出项目活动的资源需求的类型、质量和数量。

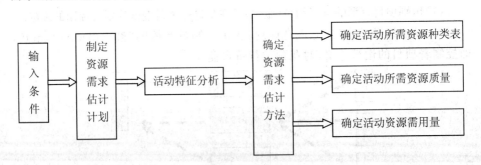

图 5-5   项目活动资源需求估计的步骤

项目活动资源需求估计的输入条件,[①]具体包括以下几个方面:

---

① Project Management Institute Standard Committee, A Guide to The Project Management Body of Knowledge,PMI,2004,p. 136.

1.企业环境因素

在项目活动资源估计过程中,我们需要使用企业环境因素中关于基础资源可得性的信息。这些信息包括但不限于以下内容:

●组织或者公司的文化和结构。

●政府和行业标准、质量标准和工艺标准。

●现有设备和资本资产。

●现有人力资源。

●人事管理(如雇用和解雇指南、员工绩效评审、培训记录)。

●公司授权系统。

●干系人风险容忍程度。

●商业数据库(如标准化的成本估算数据、行业风险研究信息和风险数据库)。

●项目管理信息系统(如自动化的成套工具、进度软件工具、配置管理系统以及信息收集和分发系统)。

2.组织的过程资产

组织过程资产包括正式的和非正式的政策、程序、计划和指南,还包括完整的进度计划、风险数据等。组织的过程资产可以根据行业类型、组织和应用领域的不同而用不同的方法来组织。例如,组织的过程资产可以分为两类:

(1)组织的过程和程序:

●组织的标准程序,比如标准、政策(如安全健康政策、项目管理政策)、标准产品和项目生命周期,以及质量政策和程序(如过程监督、目标改进、核检清单、标准化的过程定义)。

●标准化的指南、工作说明、建议评估标准、绩效评估标准。

●模板(如风险模板、工作分解结构模板、项目进度网络图模板)。

●调整组织的标准流程设置来满足特定项目需求的指南和标准。

●组织沟通需求(如沟通技术、沟通媒介、记录保持、保密要求)。

●项目终结指南或需求(如财务审计、项目评估、产品确认和接受标准)。

●财务的控制程序(如时间报告、必须的花费和支出评审、会计法规、标准的合同条款)。

●问题和缺陷管理程序,该程序确定了问题和缺陷控制、问题和缺陷识别与解决以及缺陷管理的追踪。

●变更控制程序,包括正式的公司标准、政策、计划和程序,任何项目文档确定的步骤,每项变更如何批准和确认。

●风险控制程序,包括风险分类、可能性定义和影响、可能性和影响矩阵。

（2）获取和保存信息以及共享知识库：

●项目文档（如范围、成本、进度和质量基准、绩效测度基准、项目日历、项目进度网络图、风险等级、计划的反应行动和定义的风险影响）。

●历史的信息和经验教训知识库（如项目记录和文档、所有项目完工信息和文档、关于以前项目选择决策和以前项目绩效信息的信息以及来自风险管理活动的信息）。

●问题和缺陷管理数据库（包括问题和缺陷状态、控制信息、问题和缺陷解决方法与行动结果）。

●配置管理知识数据库（包括所有正式的公司标准、政策、程序以及任何项目文档的版本和基准）。

●财务数据库（包括诸如工时、成本、预算以及任何与项目成本超支相关的信息）。

组织的过程资产提供执行组织的方针政策。一个组织的方针政策主要包括：组织在人力资源方面的方针政策、组织在设备材料选用方面的方针政策、组织在获得资源方式和手段方面的方针策略以及组织在项目资源管理方面的方针政策等。例如，一个组织对于项目设计与施工中所使用的设备是采用购买还是采用租赁的政策、一个组织是采用零库存的管理政策还是采用经济批量订货的管理政策等。这些也是确定项目活动资源需求所必需的依据之一。

3.历史项目信息[①]

这是指已完成的同类项目在项目所需资源、项目资源计划和项目实际消耗资源记录等方面的历史信息。此类信息可以作为新项目编制资源计划的参考资料，它可以使人们为新项目所建立的资源需求和计划更加科学。通常一个项目结束后就应该作出项目有关文件的备份和档案，以便将来作为历史信息使用。例如，2004 年雅典奥运会各种资料就应该是 2008 年北京奥运会项目的历史信息，就可以用于指导 2008 年北京奥运会项目的资源需求计划的编制。

4.各类资源的定额、标准和计算规则

这是指项目资源计划编制中需要参考的国家、地方、民间组织和企业有关各种资源消耗的定额、标准和计算规则等方面的规定。在项目资源计划编制中，有许多资源数量和质量要素的确定需要按照国家、行业、地区、民间组织或企业的统一定额或统一工程量计算规则确定。例如，英国（包括一些英联邦国家与地区）在工程建设项目方面就有统一的工程量计算规则和工料测量标准，而我国有自己的建设项目资源消耗定额和标准，美国也有许多民间组织发布的工程造价

指数和行业定额等。这些都是项目管理人员在估计项目活动资源需求时需要参照的依据。

5.项目活动清单

项目活动清单是在项目工作分解结构的基础上进一步分解得到的。项目活动清单应当内容完整,又不包括任何不必成为项目范围一部分的活动。与工作分解结构一样,活动清单应当包括每项活动的描述,而且远比项目工作分解结构所给出的项目工作要详细具体和具有可操作性,以保证项目成员能理解该项活动应如何完成。项目活动清单直接规定和描述了项目所要开展的活动,是项目活动资源需求最为直接的依据。

6.活动特性

活动特性包括职责(由谁执行这项工作)、地理位置或地点(在何处进行这项工作)和活动类型(总结或详述)。活动特性是活动定义过程的交付物,它会随着项目计划过程的开展而不断得到更新和完善,如图 5-6 所示。完整的活动特性除了包括上述的内容外,还包括活动检验人、活动代号、活动描述、紧前活动、紧后活动、逻辑关系、提前和拖后、资源需求、强制的数据、约束和假设等信息。例如,在活动排序工作的交付物中列出的活动特性,为估计活动清单中每项进度活动所需的资源提供了基础数据;而活动资源需求估计所交付的活动特性又为活动历时估计提供了依据。

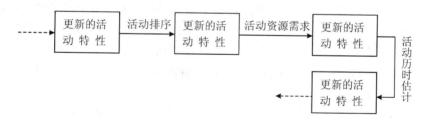

图 5-6　计划阶段各过程的活动特性

7.资源的可获得性

一般来说,可以使用潜在的资源可获得性的信息来估计资源需求。这种知识包括资源从哪些地方可以得到、什么时候可以获得等。例如,在项目的早期设计阶段,资源库可能只是限于初级和高级工程师。但是到了项目的收尾期,资源库可能缩小为那些参加过早期的工作并对项目非常了解的人。所谓资源库是针对一个项目的资源需求而作出的各种资源供给情况的信息储备,也是项目活动资源需求编制的重要依据之一。例如,在人力资源供给方面,项目实施组织和社会是否能够满足项目对于人力资源的需求;在设备的供给方面,是否能够满足项目实施的需求;在各种原材料方面能否满足项目的需要等。这既包括项目实施组织自身所拥有的资源,也包括整个社会能够为项目提供的各种资源。人们多掌握一些这方面的信息,就更有可能作出切实可行的项目活动资源需求估计;否则,制定的项目活动资源需求估计无异于纸上谈兵。

8.项目工期及工期管理计划

工期管理计划是项目管理计划组成部分,虽然最初的项目工期及其管理计划还没有完全制定出来,但是初步的一些工期要求信息完全可以用在活动资源需求估计中,而且日渐成熟的工期计划和日渐成熟的资源需求估计还是相互影响和制约的。

9.项目活动资源需求估计的假设前提条件

项目活动资源需求估计的假设前提条件是对项目活动所涉及的一些不确定性条件的人为假设认定,这是为了开展需求估计工作所必须要作出的假设认定。项目活动的假设前提条件同样会直接影响项目活动资源需求的估计,而且不同的假设前提条件会要求有不同的项目活动需求估计。例如,假设项目活动实施过程中材料资源的消耗率为某一数值,假设某些人力资源在整个项目工期中都可以使用等。

三、项目活动资源需求估计方法

对项目活动资源需求进行精确估计是不容易的。对于比较熟悉的、常规的项目活动可以获得相对比较准确的估计。而在缺乏经验的时候,估计结果的精度会大大下降,例如对一些创新项目中的活动资源需求估计。根据项目特点的不同,可以选择以下方法来进行项目的活动资源需求估计。

(一)专家调查法[①]

所谓专家调查法是指运用一定的方法,将专家们个人分散的经验和知识集成群体的经验和知识,进而对事物的未来作出主观预测的过程。这里的"专家"是指对所预测问题的相关领域或学科有一定专长或有丰富实践经验的人。它包括项目实施组织内部其他部门的人员、外部咨询人员、专业和技术协会以及行业协会等。通常专家调查法可以用来估计项目的活动资源需求。对专家做调查和索取信息所采取的具体方式有许多种,常用的有专家个人判断、专家会议和德尔菲法。

1.专家个人判断

专家个人判断是指由项目管理专家根据自己的经验进行判断,最终确定项

---

① 傅家骥、仝允桓:《工业技术经济学》第三版,清华大学出版社,1996年,第453页。

目活动资源需求的方法。在资源计划和估计中,任何拥有专业知识的人群或者个人都能提供这样的专家建议。专家分析判断的主要优点是不需要过多的历史信息资料,适合于创新性强的项目,可以最大限度地发挥专家个人的能力。

　　2.专家会议

　　召开专家会议时,可以互相启发,通过讨论或辩论,互相取长补短、求同存异;同时由于会议参加人多,占有信息多,考虑的因素会比较全面,有利于得出较为正确的结论。但专家会议也有缺点,比如,在专家们面对面讨论时,容易受到一些心理因素的影响,如屈服于权威和大多数人的意见、受劝说性意见的影响,以及不愿意公开修正已发表的意见,这些都不利于得出活动资源需求的合理的预测结论。

　　3.德尔菲法

　　德尔菲法是在专家个人判断和专家会议基础上发展起来的一种专家调查法。它最早出现于 20 世纪 50 年代末期,是美国兰德公司首次将德尔菲法应用于预测中。此后这一方法便被各国预测人员所广泛采用。德尔菲法是采用匿名函询的方法,通过一系列简明的调查征询表向专家们进行调查并通过有控制的反馈,取得尽可能一致的意见,对事物的未来作出预测。

　　德尔菲法预测过程实际上是一个由被调查的专家们集体交流信息的过程。德尔菲法预测的主要特点是匿名性、反馈性和收敛性。德尔菲法简单易行,用途广泛,费用较低,在大多数情况下可以得到比较准确的预测结果。例如对某些复杂的、无先例的、突发的活动需求进行预测的时候,其他的预测方法往往效果不好,而用德尔菲法则比较合适。

　　尽管专家调查法是项目活动资源需求估计中的一个重要方法,但是专家调查法是建立在专家主观判断的基础之上的,因此专家的知识面、知识深度和占有信息的多少、兴趣和心理状态对预测结果影响较大,易带片面性,从而导致项目活动资源需求估计出现不甚合理的情况。

　　用德尔菲法确定项目活动资源需求的方法具体如图 5-7 所示。

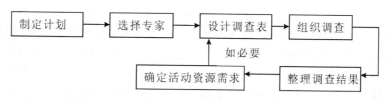

图 5-7　德尔菲法确定项目活动资源需求的方法

(二)资料统计法

资料统计法也是进行活动资源需求估计的一项重要方法,它是指使用历史项目的统计数据资料,计算和确定项目活动资源需求的方法。在这种方法中所使用的历史统计资料要求有足够的样本量,计划指标可以分为实物量指标、劳动量指标和价值量指标。其中,实物量指标多数用来表明项目所需资源的数量,劳动量指标主要用于表明项目所需人力的数量,价值量指标主要用于表示项目所需资源的货币价值(一般使用本国货币币值表示)。利用这种方法计算和确定项目资源需求,能够得出比较准确合理和切实可行的结果。但是这种方法要求有详细的历史数据,所以对于普遍使用这种方法存在一定的难度。

在某些情况下,如果所估计的活动与历史资料中其他项目中完成的活动相似,此时可以直接用已完成项目中的同类活动的资源需求来估计当前项目中的活动资源需求,而不必考虑资料中的指标体系。但如果相隔时间较长,则应当考虑通货膨胀和货币的时间价值等因素。

(三)统一定额法

这是指使用国家或民间统一的标准定额和工程量计算规则去制定项目资源计划的方法。所谓统一标准定额是指由权威部门(国家或民间的)制定的为完成一定量项目工作所需消耗和占用的资源质量和数量限额标准。这些统一标准定额是衡量项目经济效果的尺度,套用这些统一标准定额去编制项目资源需求是一种很简便的方法。但是由于统一标准定额相对固定,无法适应技术装备、工艺和劳动生产率等方面的快速变化,所以近年来许多国家正逐步放弃这种编制项目资源计划的方法。

(四)三点技术(Three Duration Technique)

这种方法经常使用在活动历时估计上,同样也可以应用在活动资源需求估计中。活动资源需求受到多种因素的影响,即使重复进行同一项活动,其实际资源消耗量也不一定总是一致。因此我们可以考虑采用三点技术来进行活动资源的需求估计。它可以给我们确定活动资源需求提供一个框架,这种方法要求对活动作三类估计:乐观的、悲观的和最可能的。乐观估计假设活动所涉及的所有事件均对完成该活动有利,此时的需求估计是完成活动的最少资源需求;而悲观估计则假设所有活动所涉及的事件均对完成活动不利,此时的资源需求是完成活动的最多资源需求;最可能的估计是通常情况下完成活动的资源需求。汇总三类估计的结果,按照下面的公式来确定项目的活动资源需求。如图 5-8 所示。

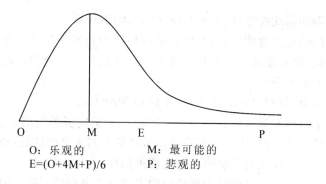

O: 乐观的　　　　　　M: 最可能的
E=(O+4M+P)/6　　　P: 悲观的

图 5-8　三点技术确定项目活动资源需求

(五)项目管理软件法

项目管理软件可以有助于计划、组织和管理资源库,并可以编制项目活动资源需求估算。现在市场上已经有了许多项目资源计划编制方面的通用软件系统。如美国微软公司开发的 PROJECT 系列软件、美国 Primavera 公司开发的 P3 软件(Primavera Project Planner)以及北京梦龙科技有限公司开发的梦龙项目管理软件等。用这类软件一般都必须首先对项目活动所需的每项资源进行编码,每一类型的资源对应一个资源代码(Resource Code)。项目管理软件系统不仅可以储存资源库信息,而且可以定义资源的使用定额,以及确定项目资源需求的日历时间等等。当然,不同软件系统有不同的复杂程度和功能强度,需要根据项目的需要进行必要的选用。

四、项目活动资源估计的交付物

通过采用各种项目活动资源估计方法,最终可以确定每项活动需要的资源目录和资源水平,同时还可以获得其他一些与资源需求相关的文档资料。

(一)活动资源需求(Activity Resource Need)

活动资源估计过程的输出应当包括各个工作包中每项活动需要的资源类型和数量的描述与说明。这些需求累计之后就能够确定各个工作包的资源需求。资源需求描述的细节的详细水平可以根据应用的不同而有所不同。每项活动的资源需求文档包括每项资源的基本估算,决定使用哪种资源类型的假设,以及它们的可获得性,还有数量。活动资源需求估计还要明确什么时候需要什么资源。比如一个工程建设项目的计划阶段的活动,究竟需要哪些种类的设计师和专家顾问,对他们的专业技术水平又有什么要求,需要多少这样的专家以及他们是否可以在需要的时候为项目所用等。必要时,可以画出资源的需求曲线或者使用示意图,将来可供活动历时估计使用并且配合项目的时间进度计划。

(二)更新的活动特性(Updated Activity Attributes)

与输入的活动特性相比较,输出的活动特性中包括了每个活动所需要的资源类型和数量,而且还反映了来自活动资源估计过程中的变更。同时它也是活动历时估计的输入条件之一。

(三)资源分解结构(Resource Breakdown Structure)

资源分解结构是通过资源分类和资源类型来识别资源的层次结构,它是项目分解结构的一种,通过它可以在资源需求细节上制定进度计划,并可以通过汇总的方式向更高一层汇总资源需求和资源可用性。

当一个项目的组织分解结构将项目的工作分别分配给了项目团队或项目组织的某个群体/个人以后,项目管理还需要使用这种项目资源分解结构去说明在实施这些工作中有权得到资源的情况,以及项目资源的整体分配情况。项目活动的资源分解结构可以用下面的资源矩阵来描述。如表 5-1 所示。

表 5-1　资源矩阵

工作	资源需求量				相关说明
	资源 1	资源 2	资源 3	资源 4	
活动 1					
活动 2					
活动 3					
活动 4					

(四)资源日历

资源日历确定了项目中所有资源在该项目中所要共同遵守的工作日和工作时间。例如,特定的资源在工作日和非工作日是可以使用的还是应当闲置的。项目资源日历确定了每个可能的工作时期中每项资源可获得的数量。

(五)必要的变更

活动资源估计过程可能导致必须作一些变更,增加或者减少活动清单中计划的活动内容。必要的变更可以通过集成变更控制过程来予以评审和变动。

五、工具举例:人力资源需求估计

前面我们已经介绍了如何进行项目活动资源需求的估计,下面我们将以人力资源需求估计来进行举例和介绍。

人力资源是最难规划的资源类型之一,因为在我们进行项目计划时就需要确定需要什么样的技能、何时需要和需要的数量。注意,这里我们还没有确定所需的人力资源的具体名称(即某个人),而这正是常常出现问题的地方。[1]

我们可以运用下面的工具来帮助规划人力资源。

1. 技能矩阵

技能矩阵分为两类,一是为员工开发技能矩阵,二是为活动开发技能需求矩阵。这两个矩阵用来面向活动去安排员工。这种安排可以围绕活动的特征来进行,如风险、商业价值、关键程度或技能发展。图 5-9 显示了如何进行安排工作。

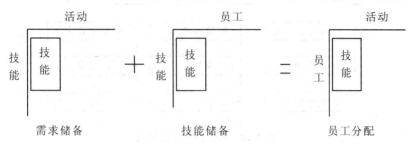

图 5-9　面向活动分配员工

这个过程包括从两个储备库中收集储备数据。第一个是技能需求储备库,包含用来执行与特定活动相关的各项任务所需的各种技能。这用一个矩阵表示,矩阵的行是活动,列是技能,包括现在和长期的需求。第二个是员工技能储备库,包含专业员工现有的各项技能,它用一个矩阵表示,这个矩阵的行是具体员工,列是技能。两个矩阵的列采用相同的一组技能表。这使得我们有办法链接两个矩阵,为活动安排人员。这个方法还可以用做员工的职业发展规划。作为一种员工职业发展战略,经理预先会见员工,帮助员工确定职业发展目标,并把这些目标转化为技能发展需求。这个信息现在可以用来为活动安排人员,这样给员工在活动中安排的工作也有助于员工的职业发展。

2. 技能类别

通过研究项目需要开展的每一项活动,来描述完成这些活动所需要的技能,从而确定这部分技能矩阵。因为技能可能出现在不相关的活动中,因此,可能的技能列表应当在整个企业内部标准化。

3. 技能水平

简单的二元评估就是要么你有这种技能、要么你没有。这种评估非常容易处理,但是这对于项目管理是不够的。我们应当设法了解员工掌握了多少技能,并对技能进行量化。企业通常可以开发自己的技能水平评价和测试系统。

① 　罗伯特·K.威索基、拉德·麦加里著,费琳等译:《有效的项目管理》第 3 版,电子工业出版社,2004 年,第 96 页。

4.人力资源分解结构

人力资源分解结构有助于人力资源估计。下面是某应用程序的人力资源分解结构示例,如图 5-10 所示。

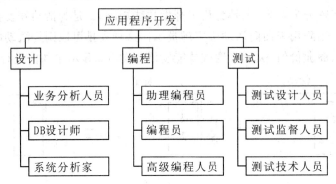

图 5-10   人力资源分解结构

小结

项目活动资源是指为了项目中的活动可以进行,所需的营运资本或者某种人力、设备或者材料。按照不同的划分标准,项目活动资源包括自然资源和人力资源、内部资源和外部资源、有形资源和无形资源等。

一般来说,项目活动资源需求估计不仅会影响到项目成本,也会影响到项目的时间管理。资源的数量、类型、质量和资源的投入节奏都是项目时间的重要和直接影响因素。

在进行项目活动资源需求确定的时候应当考虑多方面的因素:资源的适应性、资源的可获得性、项目日历和资源日历、资源的质量、资源的规模经济性和规模不经济性、关键活动的资源需求、活动的关键资源的需求、项目活动的时间约束和成本约束的集成、资源带来的风险以及活动资源的储备等。

项目活动资源需求确定的输入条件包括:企业环境因素、组织的过程资产、历史项目信息、各类资源的定额、标准和计算规则、项目活动清单、活动特性、资源可获得性、项目管理计划、项目活动资源需求估计的假设前提条件等。

项目活动的资源对项目时间管理的影响体现在四个方面:资源数量对项目时间管理的影响、资源质量对项目时间管理的影响、资源节奏对项目时间管理的影响以及资源类型对项目时间管理的影响。

项目活动资源需求确定的方法有:专家调查法、资料统计法、统一定额法、三点技术、项目管理软件法等。

项目活动资源需求确定的交付物有:活动资源需求、更新的活动特性、资源分解结构、资源日历、必要的变更。

项目活动资源需求估计是时间管理中活动历时估计的必要输入条件之一。项目活动资源需求估计的方法有多种,但在估计过程中我们应当坚持集成管理的思想,应当考虑资源所蕴含的风险因素。项目活动的人力资源的估计是最难规划的,所以本章特别对项目活动人力资源的估计进行了具体介绍。

关键术语

项目活动资源　　资源可用性　　资源分解结构　　资源日历　　资源描述
资源需求　　资源库　　资源进度计划　　德尔菲法　　统一定额法

思考题

1. 什么是项目活动资源? 它如何分类,有哪些特点?

2. 项目活动的资源对项目时间管理的影响有哪些?

3. 进行项目活动资源需求确定的时候应考虑哪些因素?

4. 项目活动资源需求确定的输入条件包括哪些内容?

5. 请说出进行项目活动资源需求估计的方法有哪些?

6. 项目活动资源需求估计的交付物有哪些?

进一步阅读

1. 戚安邦:《项目管理》,南开大学出版社,2003 年。

2. 杰克·吉多、詹姆斯·P.克莱门斯著,张金成等译:《成功的项目管理》,机械工业出版社,2000 年。

3. 贝内特·P.利恩兹、凯瑟琳·P.雷著,张金成、杨坤译:《突破技术项目管理》(第 2 版),电子工业出版社,2002 年。

4. 毕星、翟丽:《项目管理》,复旦大学出版社,2000 年。

5. Dennis Lock 主编,李金海等译:《项目管理》第 8 版,南开大学出版社,2005 年。

6. 罗伯特·K.威索基、拉德.麦加里著,费琳等译:《有效的项目管理》第 3 版,电子工业出版社,2004 年。

7. John M Nicholas 著,蔚林巍译:《面向商务和技术的项目管理原理与实践》第 2 版,清华大学出版社,2003 年。

8. 杰克·R.梅瑞狄斯、小塞缪尔·J.曼特尔著,郑晟等译:《项目管理新视角》第 4 版,电子工业出版社,2002 年。

9. 米尔顿·罗西瑙著,苏芳译:《成功的项目管理》第 3 版,清华大学出版社,2004 年。

10. 汝宜红编:《资源管理学》,中国铁道出版社,2001 年。

11. Project Management Institute Standard Committee,"A Guide to The Project Management Body of Knowledge",PMI,2000.

12. Project Management Institute Standard Committee,"A Guide to The Project Management Body of Knowledge",PMI,2004.

案例
格拉斯顿柏林音乐节

每年夏天,都有许多人去参加格拉斯顿柏林音乐节,它是最有名的音乐节之一。1995 年它举办了 25 周年纪念活动。

第一次音乐节于 1970 年一个周末在英联邦萨默塞特郡的一个农场举行,农场主米切尔和艾维斯观看巴斯布鲁斯音乐节后,产生了举办音乐节的想法。音乐节大约有 1500 人参加,收费 1 英镑,农场免费提供牛奶。

现在,音乐节已拥有 1000 多名演员和 17 个舞台。每年仲夏时节,一般是 6 月的一个周末,农场举办音乐节,仍然是由米切尔带头组织,艾维斯鼎力相助。1995 年,大约有 8 万人参加音乐节。

场地

1995 年音乐节的场地包括艾维斯的私人农场和附近 3 个租来的农场,占地 189 公顷。场地主要划分为停车场、宿营地、舞台、娱乐场所、购物区和"绿色山野"。"绿色山野"设置了大量的展柜和展台,目的是为了宣传环保意识。

由于音乐节场地是空旷的农场,配套设施每年都得重建。道路必须更新铺设,架起桥梁和管道,栅栏也要竖起来,还要增添旅店、休息场所、帐篷和卫生间等设施。大量的公共设施与人员服务也必须得到充分保障:水、电、电话电缆、饮食、保安、警力、急救、社会保障、侍者、清洁工。实际上,在音乐节期间,农场要变成一个自给自足的小城镇。

规划音乐节

在音乐节举办的几个月中,有许多幕后组织工作需要完成。总体的组织工作是由米切尔和艾维斯领导的一班人马负责。尽管米切尔对整个筹备工作都非常感兴趣,但还是将场地划分成若干区域,聘请了一些人来负责这些区域的组织协调工作。两位场地管理人员负责监督场地的布局、合同和建设。另外还有大量承包商承担音乐节前期、中期和后期的组织、建造和运行。承包商通常是承接大规模活动的专业公司,其中,许多已经合作过好几次了。区域协调员是其他行业的志愿人士,他们对音乐节活动比较感兴趣,利用业余时间参加并取得适当的报酬。他们参与一些与本职工作相关或不相关的工作,如教导活动等。大多数人都参加音乐节好几次了,有的甚至在音乐节一开始举办时就参加了。他们都具有丰富的经验。

音乐节的准备活动从上年的 12 月就开始了,首先是到当地行政机构申请许可证。许可证在音乐节的场地规划、车辆与行车路线、参加人员与门票、卫生设施、场地保卫与安全、健康与医务保障、应急协作、场地通讯、噪音和食品卫生等方面都规定了必须符合的若干标准,不遵守这些标准将会遭到起诉。

1995 年 1 月,在接到允许举办音乐节的正式通知后,承包商和区域协调人员与米切尔一起讨论音乐节的计划,研究决定每个负责具体区域及预算的组织者和对组织者的各项要求。1～3 月招租有关农场的市场摊位。尽管最好能尽早确定乐队和演员,但他们的确定需要一个过程,在最后一刻很有可能发生改变。由于音乐节的盛誉,很容易找到乐队和演员,他们常常和米切尔直接联系。

持续数周的会议和讨论之后,一直到音乐节前的第六周,协调员才开始满负荷工作。6 月 1 日,各个承包商在现场忙碌起来,开始搭建设施。从此,各项工作开始受到密切注视。以往曾有选址不当、出现搬迁舞台的情况。在组织过程中,有一些方面具有很大的挑战性,例如向工作人员提供住宿、伙食、水电等,这些工作人员在音乐节期间或结束以后从事安装、检查和撤除设备的任务,因此需要在场地居住。

举办音乐节

音乐节终于来临,主要活动项目安排在从周五上午到星期天晚上这段时间。但宿营地要在周三上午之前开放,直到下周一关闭。

一位参加音乐节的人员是这样描述的:"我们在音乐节前抵达宿营地,是最早到达的一批。我们到达的那天是周四,到了周六上午,我才感到事情有多麻烦。当时人们在搭帐篷,但宿营地太拥挤了,简直难以找到下桩的地方!从场地上方可以看见一片红、橙、绿、蓝的气浪往外汹涌,真是一幅令人生畏的景象!"

"很难想象音乐节有多么拥挤。我记得从某一场地到另一场地时,在小桥上发生了阻塞。我觉得,即使双脚离地也能簇拥向前。尽管人相当多,但如果有一两个受欢迎的演员,几千人就会突然分散。"

每项工作的责任人都安排了值班人员对会场进行管理,并对发生的情况作出应急反应。这些都和设施密切相关:水和电是两个很关键的方面。

电:布置在场地周围的许多柴油发电机每天需加两次油。加一次油,发电机可工作 12 个小时,4 天内发电机要消耗 4 万升柴油。

水:音乐节需要近 400 万升水,包括整个场地用水、炊食用水。当地水源只能供本地居民使用,所以水必须从 7 英里远的地方运来。运水用 7500 升到 2 万升的牛奶罐车,从节前两天直到节后的周二,罐车必须每天 24 小时不间断运行。农场有一个 10 万升的储水罐,由罐车连续不断的补充。场址周围有 5 辆容积 2 万升的罐车,它们受到密切监控,随时补充水,通过 15 公里长的临时管道,把水输送到整个场地。高峰期整个临时管道将要 7 台水泵同时工作。水必须经过氯处理和接受环保署的监控以确保符合标准。

还有其他组织活动,如应急服务和侍者,必须能对突发事件作出快速反应。

善后工作

音乐节结束后,场地必须清理,还原成农场土地。在一周内,要撤除服务设施,如管道、卫生间、发电机、电线等,其他大量清理工作大约需 4 周的时间。

米切尔和艾维斯强调,要减少音乐节对周边环境的影响,包括在音乐节期间和音乐节结束后:

—— 鼓励音乐节参与者乘坐公共交通,如铁路等。

—— 运用 50 米高的风叶涡轮满足舞台灯光所需的 105 千瓦电力。

—— 1995 年禁止使用聚苯乙烯产品,如此类杯子、容器等,要求回收罐、玻璃制品。

—— 洗手间的污水由一个泥坑来收集、过滤,经过处理,6 个月之后再用来灌地。

音乐节费用

1994 年,音乐节经费预算约在 350 万英镑,它们来自票房和商业开发。预算的 90% 花在音乐节的经营管理,其余 10% 捐给慈善机构,主要受益者是绿色和平组织和当地的一些组织。

声誉

在所有音乐节中,该音乐节似乎是最受欢迎的。门票往往销售一空,远远满足不了需求。

音乐节的组织活动,每年都在进行。当音乐节结束时,场地清扫完毕就要进行经费结算和解决行政管理遗留问题。每隔几年,组织人员要休息一次。

问题:

1. 米切尔和艾维斯通过什么方法来确定项目的各项活动资源?

2. 音乐会项目和其他一般项目在时间管理上有什么特点?该项目活动的活动资源需求应该如何确定?

第六章 项目工期估算

本章导读

项目工期估算包括项目各项活动历时估计和整个项目工期的估算。本章我们分三节来介绍与项目工期估算相关的内容,图6-1给出了我们整章的轮廓。其中,第一节概要介绍项目工期的影响因素和两种估算方法;第二节介绍了由活动时间推算项目工期的基础——活动历时估计;第三节举例说明了由活动时间推算项目工期的应用。当然,为了让读者对项目工期估算的两种方法有个循序渐进的学习过程,我们在前两节中都举例说明了这两种方法的应用,只是后面的例子比前面的例子复杂,这样能让读者更深刻地领会和掌握这两种方法。

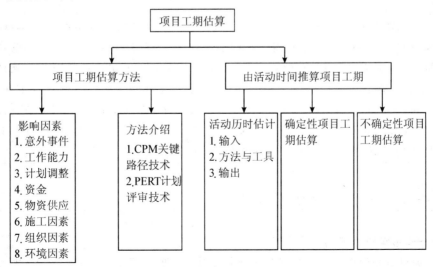

图6-1 项目工期估算框架

　　本章主要是介绍项目时间管理中估算工期的计算方法,人们对于技术手段总是比较容易弄清和掌握的,而要把一个项目的时间管理做好,更重要的是把这些技术手段与项目的整体思想结合好。所以,如果你是一名项目经理的话,或者你不久将要负责管理一个项目的话,那你不仅仅要学会如何估算项目的工期,更要学会如何把项目活动的实际情况和本章介绍的方法很好地结合起来,并有效控制整个项目的进展,以按时保质地实现预定的项目目标。众所周知的长江三峡工程,就非常强调控制手段,因此,到目前为止整个工程的进展还是比较顺利的。图 6-2 显示了 2002 年长江三峡工程工地施工全景图,让我们感受一下这项工程项目的宏伟景象。

图 6-2　2002 年工地施工全景图

　　三峡工程是一个具有防洪、发电、航运等综合效益的巨型水利枢纽工程。枢纽主要由大坝、水电站厂房、通航建筑物等三部分组成。其中大坝最高181m;电站厂房共装机 26 台,总装机容量 18200MW;通航建筑物由双线连续五级船闸、垂直升船机、临时船闸及上、下游引航道组成。三峡工程规模宏伟,工程量巨大,其主体工程土石方开挖约 1 亿立方米,土石方填筑 4000 多万立方米,混凝土浇筑 2800 多万立方米,钢筋 46 万吨,金属结构安装约 26 万吨。如此庞大的项目,使用项目时间管理工具并加强进度控制显然是非常重要的。

第一节　项目工期估算方法

一、影响项目工期的因素

　　项目总是处于一个不断变化的环境之中,从外部的天气、地理、经济、政治、技术等环境到公司内部的员工、各部门的关系,都将对项目工期的长短产生影响,这就使得活动的时间长短具有不确定性,无论用什么方法来预测项目活动的持续时间,总会与实际出现一些偏差。而项目的整个工期又和各个活动的持续时间密切相关,所以项目的整个工期的持续时间也是易受影响和不好确定的。在这里我们总结了一些影响因素,如果你在实践中能够考虑到这些因素的话,将有助于你更好地管理项目工期。

通常要考虑项目活动的作业时间、必要的休息时间、客观条件延误的时间(如,在浇注混凝土时应考虑浇注时间、养生时间,因下雨和公休而延误的时间等);项目工期估算还涉及浮动时间的计算问题以及按照确定性还是不确定性考虑这种工期估算的问题;项目进度在遇到"五一"、"十一"、元旦、春节等这样的节假日时,一般节假日的前后多少天之内基本上做不成事。

(一)项目计划

如果计划工作出了问题,当然对项目工期会有直接影响。即使当初计划做得很好,但"计划总是赶不上变化",在实际执行过程当中,计划总是要随着项目环境的变化作一些必要的、局部的调整。计划调整本身就需要时间,而调整后的计划,其时间可能与最初估计的时间也是不尽相同的。

(二)意外事件

在项目进行中出现一些意外事件是难免的,人们总会遇到一些意想不到的突发事件,而且基本上是人们越不希望发生什么,就越发生什么。项目的生命周期越长,出现突发事件的可能性和频率也就越大。这时你不必惊慌,也不必怀疑自己的管理能力和预见能力。大到战争、地震,小到团队成员的不辞而别、供应商的突然变脸,每一件意外事件都会对项目实施进度产生影响。在项目的规划阶段就应考虑到这些突发事件。意外事件的出现几乎是不可避免的,既使有预案,面对突发事件发生时也不一定完全管用(例如各种演习)。如果你是一位项目经理,你要做好遇到意外事件的准备,在真正遇到这些事件时临阵不慌,具有控制和应变能力,尽量降低项目受影响的程度。

(三)资金

资金是保证项目能正常完工的重要基础。很多项目由于资金不能及时到位,造成了资源供应不足、项目开发人员士气低下、供应商停止供货等情况,最后使项目工期拖延。目前我国建设工程项目普遍存在资金跟不上的问题,留下很多"烂尾楼"工程,并长期都得不到解决。以下列举几个引发资金问题的例子:

(1)计划投资没有落实。在立项和正式启动项目时,资金并没有按合同规定或内部约定全部到位,而是幻想随着项目的进展而继续筹资,对外部因素的稳定性和确定性依赖过大。实际上外部筹资的压力和风险都很大。

(2)超出预算且缺口较大,得不到及时补偿。由于有些项目施工期较长,资源价格波动较大,各种不可预见费用较多,或者变更范围过大,导致原有预算不能满足项目要求,这时如果资金不能及时到位,将难以保证项目按期完工。众所周知的雅典奥运会,因为"9·11"后突然面临严峻的反恐形势,整个安全保卫预算超过原来预算 1 倍以上。如果不是希腊倾全国之力,很难想象会有怎样的结果。

(3)汇率变动。如果项目进口物资较多,就需要使用外汇。而汇率问题很容易受到国家政策、进出口状况和国际投机势力的影响。如果外汇升值超过预期,意味着要多花很多本国货币才能买到同样的进口货。当然,在项目的成本计划中一般对此都有考虑。

(四)物资供应

"巧妇难为无米之炊",物资供应不足会直接影响项目的进行,没有了原料供应,没有了必需的机器设备,再好的计划安排也无济于事。物资供应问题主要是项目采购管理存在问题或者由于项目组没和采购部门及时沟通,造成材料和设备供应不及时。作为项目经理,要有开放的观念,眼睛不能只盯着自己的项目,必须和公司财务部门、采购部门等内部其他协作部门紧密联系,以便及时得到他们的全力支持。

(五)团队成员工作能力和效率

项目持续时间的估算经常是基于项目团队成员的平均工作能力,而实际并非如此,成员的工作能力是参差不齐的。同时,对项目持续时间进行估算时,都假设项目团队成员的工作能力或工作效率保持不变。如果充分考虑这种变化,显然也会增加估算的难度。但在实际工作中,团队成员的工作能力或效率,由于主观或客观上的原因,很难保持稳定。例如,与项目经理关系不好,或者家庭出现问题,或者身体状况不好,等等。又如,如果我们估计某项活动需要由一个人持续工作十小时才能做完,但实际需要的时间肯定比这个时间要长,因为一个人连续工作十个小时,他的效率到后来会呈递减的趋势。

另外,对于比较大的项目,内外部都存在协调问题:内部主要表现在项目的各个子项目以及各种功能团队之间的沟通与协调存在障碍。如果组织设置不合理,指挥控制系统运转不灵,必然造成效率低下、窝工,影响项目工期。项目外部协调配合主要表现在各种利益相关者对项目的态度和积极性。如果他们不积极配合,在审批、合作等若干方面消极应对,那团队成员再着急也没有办法。

以上我们仅仅列举了几个影响因素,你或许还能想出其他影响项目工期的因素。正是由于这些因素的存在,使得项目实际工期和估算时间往往存在一定程度的偏差,而且延期的情况居多。因此,学会控制这些因素,适应变化的项目环境,你将会成为一名出色的项目经理或项目管理者。

二、项目工期估算方法

(一)关键路径法(CPM)

1.关键路径法的来历

关键路径法(CPM,Critical Path Method)是由雷明顿－兰德公司(Remington－Rand)的 J. E. 克里(J. E. Kelly)和杜邦公司的 M. R. 沃尔克(M. R. Walker)在 1957 年提出的,当时是为了帮助一个化工厂制定停机期间的维护计划而采用的。[①]

以往在美国的工厂中,基于设备维护的要求,每年都必须安排一定的时间,停下生产线对机器设备进行全面维修,检修时间一般为 125 小时。1957 年,美国路易斯维尔化工厂革新检修工作,把检修流程精细分解,凭经验估计出每个工作的时间,并按有向图建立起控制关系。他们惊奇地发现,在整个检修过程中不同路径上的总时间是有差别的,其中存在着最长的路径。通过反复压缩最长路径上的任务工期,最后只用了 78 个小时就完成了通常需要 125 小时完成的检修,节省时间达到 38%,当年产生效益 100 多万美元。这就是著名的时间管理技术——关键路径法。[②] 这种工具现在也成了项目管理软件(包括微软项目管理软件 Microsoft Project 系列)使用的根本方法。

2.关键路径法的基本概念和基本规则

刚才我们从历史的角度介绍了关键路径法的基本情况,下面我们从技术的角度再对该方法进行阐述。该方法引入了一些很好的基本概念,以及在求解关键路径时需要用到的一些基本规则,在后面的例子中我们将不断用到这一节所介绍的基本概念和基本规则。

首先我们介绍该技术将用到的一些基本概念:

(1)最早开始时间和最早结束时间

最早开始时间(ES,Earliest Start Time)是指某项活动能够开始的最早时间,最早结束时间(EF,Earliest Finish Time)是指某项活动能够完成的最早时间。我们同时约定,最早结束时间等于最早开始时间加上该活动的估算时间,即 EF＝ES＋该活动的时间估计值。

在整个项目的活动中,一个活动的最早开始时间依赖于(除了它没有紧前活动)其所有紧前活动的结束时间,这是由项目活动的排序结果所决定的。例如,

---

① ［美］理查德·B. 蔡斯、尼古拉斯·J. 阿奎拉诺、F. 罗伯斯·雅各布斯著,宋国防译:《生产与运作管理——制造与服务》,机械工业出版社,1999 年,第 51 页。

② http://www.sktec.com.cn/study/zs7－5.htm,2005－7－23.

生产家具,在把各个模块组装成整套家具之前必须把所需模块做完并准备好所需零件,如螺丝等。如图 6-3 所示。

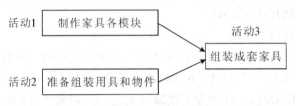

图 6-3　组装家具活动关系示例

如果我们采用严格的结束—开始依赖关系,前一项活动任务没有全部完成,后一项活动显然就无法开始。因此,某项活动的最早开始时间取决于前一项活动的最早结束时间,它必须晚于或与前一项活动的最早结束时间相同。但是,为了保证项目能如期完成,我们还常常需要知道每项活动最迟不得晚于某一时间必须结束,这也就是下面我们将要介绍的最迟时间系列。

(2)最迟开始时间和最迟结束时间

最迟开始时间(LS,Latest Start Time)是指为了使项目在完工时间内完成,某项活动最迟必须在什么时候开始;最迟结束时间(Latest Finish Time,简称LF)是指为了使项目在要求完工的时间内完成,某项活动最迟必须在什么时候结束。最迟开始时间,可以用该项活动的最迟结束时间减去该活动的估算时间来得到,即 LS=LF—活动的时间估计值。

由于项目活动的关联性,一个活动的开始时间、结束时间决定着下一个活动的开始时间、结束时间。在上面的生产家具的例子中,组装成套家具(活动 3)的最早开始时间最早也要等到制作家具各模块(活动 1)和准备好组装工具与物件(活动 2)都完成;反之,活动 1 和活动 2 的最迟结束时间也不得晚于活动 3 的最迟开始时间。

(3)总时差(TS,Total Slack)

如果最迟开始时间与最早开始时间不同,那么该活动的开始时间就可以浮动,称之为存在时差(Float or Slack);同理,如果最迟结束时间与最早结束时间不同,那么该活动的结束时间也可以浮动,同样称之为存在时差。总时差是指在不推迟整个项目的最迟结束时间的前提下,一项活动可能的最早开始时间的推迟时间量。对同一活动来说,以下两个公式计算出来的总时差值是相等的。即:

总时差(TS)=最迟开始时间(LS)—最早开始时间(ES)

总时差(TS)=最迟结束时间(LF)—最早结束时间(EF)

总时差可以用来确定项目的关键活动。

(4)正推法(Forward pass)

它是指按照网络逻辑关系从项目开始的那一刻正向(一般从左至右)对所有网络活动中未完成部分最早开始时间和最早结束时间的计算。如果某项活动只有一个紧前活动,那该项活动的最早开始时间为它的紧前活动的最早结束时间。如果某项活动有几个紧前活动,那该项活动的最早开始时间为这些紧前活动的最早结束时间的最大值。

图 6-4 是一个简单的网络图,每个圆圈中的英文字母代表活动名称,数字代表活动用时,每个圆圈上面的数字,左边的代表最早开始时间,右边的代表最早结束时间,以后我们不再特别注解,一律都是这个含义。如图 6-4 所示,A 这项活动是整个项目的开始活动,没有紧前活动,我们将其 ES 规定为 0(这纯粹是为了计算简便,实际上你可以使用任何一个数字,只要满足项目的具体要求,比如 10,意味着第 10 天开始,或者 2005.9.20,意味着 2005 年 9 月 20 日开始),自然它的 EF 就是 0+2=2。活动 B 的紧前活动只有活动 A,所以它的 ES 就是 2(我们也假定活动之间不必交接、等待,紧跟着就可以结束和开始),而 EF 就是 2+4 =6。同理,活动 C 的 ES 是 2,EF 为 8。那活动 D 的 ES 是多少呢?它有两个紧前活动,利用刚才介绍的原理,它的 ES 是其所有紧前活动的 EF 中最大的数值,本例中就是 8,如果你写成 6 那就错了。这个例子提醒我们,在计算 ES、EF 时,如果遇到有箭头汇聚进来的活动,必须加以小心。

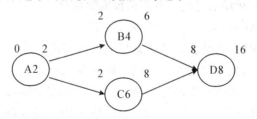

图 6-4　组装家具活动关系示例

(5)逆推法(Backward Pass)

它是指按照网络逻辑关系从项目结束的那一刻反向(一般从右至左)计算网络中所有未完成活动的最迟开始时间和最迟结束时间的计算。如果某项活动只有一个紧后活动,那该项活动的最迟结束时间为它的紧后活动的最迟开始时间。如果某项活动有几个紧后活动,那该项活动的最迟结束时间为这些紧后活动的最迟开始时间的最小值。

项目结束时间可以是正推法计算所得到的结束时间或由客户或代理指定的结束时间。

如图 6-5 所示,活动 D 是整个项目的最后一项活动,没有紧后活动,我们将其 LF 规定为 16(这也纯粹是为了计算简便,实际上你可以使用任何一个数字,只要满足项目的具体要求,比如 20,意味着第 20 天结束就可以,或者 2005.10.20,意味着 2005 年 10 月 20 日结束),它的 LS 就是 16−8=8。活动 D 的紧前活动分别是活动 B 和活动 C,所以它们的 LF 都是 8(我们也假定活动之间不必交接、等待,紧跟着就可以结束和开始),而 LS 分别是 4 和 2。那活动 A 的 ES 是多少呢? 它有两个紧后活动,利用刚才介绍的原理,它的 LF 是其所有紧后活动的 LS 中最小的数值,本例中就是 2,如果你写成 4 那就错了。这个例子提醒我们,在计算 LS、LF 时,如果遇到有箭头发散出来的活动,必须加以小心。

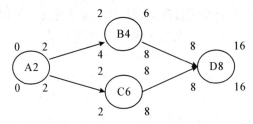

图 6-5　组装家具活动关系示例

在经历了正推法计算和逆推法计算后,对于每个活动我们都得到了 4 个数据,即 ES、EF、LS、LF,这是项目管理特有的计算方法,将为我们计算整个项目的工期和得到所有活动的进度信息提供极大的帮助。

(6)关键路径(Critical Path,也叫关键路线)

在项目网络图中,它是决定项目最早完成时间的路线。当某些活动超前和滞后于计划完成时,关键路线通常将随时间的变化而变化。虽然通常是计算整个项目的关键路线,但也可以确定达到一个里程碑或子项目的关键路线。通常按照总时差小于或等于某个确定的值(通常是 0)的活动来确定关键路线。即所有 LS−ES 或者 LF−EF 等于零的活动,如果能从头串到尾,就是关键路径。故一个项目可以存在多条关键路径。在我们刚才举的例子中,A、C、D 符合这样的要求,所以它就是这个项目的关键路径。它是整个项目中所有路径中耗费时间最长的,却决定着项目能够完工的最短时间。

(7)关键活动(Critical Activity)

它是处于关键路线上的所有活动。从另一个角度来说,关键活动是指那些在网络图中总时差量最小的活动。要注意的是,如果项目的最后期限没有明确规定,则该活动的总时差为 0。需要注意,我们这里使用的“关键”并没有别的含义,那些耗费资金比较大的活动,那些从来没有干过而风险又比较大的活动,那些耗费时间最长的活动,在你的心目中可能都很关键,但它们不是我们这里所说的关键活动。

以前我们曾说过,AON 网络图(节点表示活动,也叫节点图)除了用圆圈来表示节点外,还可以用方框来表示,如图 6-6 所示。其好处就是可以集中标出节点所代表的活动名称、最早开始时间、最早结束时间、最迟开始时间、最迟结束时间以及活动持续时间。信息既全面,又整齐美观。

最早开始时间	持续时间	最早完成时间
	任务名称	
最迟开始时间		最迟完成时间

图 6-6　以方框表示节点示例

我们在本书中基本都使用 AON 法。因为它简洁清晰,也被广泛用于大部分流行的项目管理软件中。节点图表示法的一个优点是其网络图很容易手工绘制。而 AOA 法(箭线图),当多于 15 或 20 个活动时,用手工画非常难,但用现代软件这也不是什么大问题。节点图通常不显示事件,但可以很容易地把事件(通常是里程碑)作为零历时和零资源的活动表示出来。

下面再集中将该技术用到的基本规则描述如下:

规则 1

除非特别规定,不然一个项目的起始时间都定于时刻 0。也就是说,网络图中的所有开始节点,其最早开始时间(ES)都是时刻 0。如果只有一个开始节点,那么,ES(1)=0。如果假定开始时间是一个具体的时刻 t_0,那么,ES(1)=t_0。

规则 2

任何活动节点 j 的最早开始时间(ES)等于其紧前活动节点 i 的最早结束时间(EF)的最大值,则:

$$ES(j) = \max_{i \in p(j)} \{EF(i)\}$$

其中,p(j)={活动 j 的紧前活动}。

规则 3

活动 i 的最早结束时间(EF)是该活动的最早开始时间与该活动持续时间的估计值 t_i 的和,则:

$$EF(i) = ES(i) + t_i$$

规则 4

项目的最早结束时间等于项目网络中最后一个节点(假设为节点 n)的最早结束时间。因此,EF(项目)=EF(n)。

规则5

除非项目的最迟结束时间明确规定,不然按照惯例,我们将其定为项目的最早结束时间。因此,LF(项目)＝EF(项目)。如果项目的最迟结束时间规定为t_p,那么,LF(项目)＝t_p。

一般情况下,对于一个基于合同的项目,最迟结束时间通常也是确定的。但在计划评审技术中,我们用最早结束时间来代表项目的估算工期,依此可以算出各种假设的完工期限的完工概率。

规则6

活动 i 的最迟结束时间(LF)是该活动紧后活动 j 的最迟开始时间(LS)的最小值,则:

$$LF(i) = \min_{j \in s(i)} \{LS(j)\}$$

其中,S(i)＝{活动 i 的紧后活动}。

规则7

活动 i 的最迟开始时间是其最迟结束时间与该活动持续时间的估算值之差。因此,LS(i)＝LF(i)－t_i。

规则8

假设活动 j 有一个紧前活动 i,并且活动 j 确定为关键活动,此时我们比较EF_i和ES_j。如果EF_i＝ES_j,那么,就将活动 i 标为关键活动。

规则9

如果网络中只有单一的起点或者单一的终点,那么,该节点一定在关键路线上,即该节点属于关键活动。

(二)计划评审技术(PERT)

在项目资源配置确认之前,项目工期计划只是初步计划;在项目资源配置得到确认以后,才能够得到正式的项目工期计划。

项目工期计划文件可以使用摘要的文字描述形式给出,也可以使用图表的形式给出。

1.计划评审技术(PERT)的基本概况

在关键路线法发明一年以后,美国海军开始研制北极星导弹。这是一个军事项目,技术新,项目规模巨大,共有3000多个承包商和研究机构参加开发,据说当时美国有1/3的科学家都参与了这项工作。管理这样一个项目的难度可想而知。而当时的美国海军部武器局的特别计划室、博思管理顾问公司(Booz－Allen Hamilton)和洛克希德飞机公司(后来的洛克希德·马丁公司)共同研究出了一个方法,即计划评审技术(Program Evaluation and Review Technique,简称PERT)。其理论基础是假设项目活动持续时间以及整个项目完成时间是随机的，且服从某种概率分布，这样利用 PERT 就可以估计整个项目在某个时间内完成的概率。

　　PERT 与 CPM 一样，在项目的进度规划中应用非常广。PERT 的形式与 CPM 网络计划基本相同，只是在活动持续时间方面 CPM 仅使用一个确定的工作时间；而 PERT 要用到三个时间估计，一般称作乐观的时间估计值 a、最可能的时间估计值 m 及悲观的时间估计值 b，然后按照 β 分布计算各项活动的期望时间 t。最后竟然只用了 4 年的时间就完成了预定 6 年的项目，节省时间达到了 33％以上，使北极星导弹的研制工作在时间（提前两年）和成本控制方面取得显著效果。因此，美国三军和航空航天局决定在各自管辖的计划工作中全面推广这项技术。如 1962 年美国国防部规定：凡承包有关工程的单位都需要采用这种方法来安排计划。后来，有 42 万人参加的耗资 400 亿美元的"阿波罗"载人登月计划，也是利用这种方法进行计划、组织与管理的。当今提起 PERT（有时称为网络图）就是指这种表示任务关系图形的方法。

　　2.PERT 的基本公式和参数

　　PERT 可以视为是关键路径法的延伸，它将活动持续时间视作随机变量，并将这种考虑加入到项目的网络分析中。

　　在现实中，项目会经常受到一些不确定因素的影响。在关键路径法中，假定活动持续时间是确定不变的。PERT 通过对每种活动使用 3 种时间估计来解决活动持续期中存在的潜在不确定性。这 3 种时间估计代表了活动持续期估计的范围。一项活动的不确定性越大，估计值的范围就越宽。

　　在 3 种时间估计的基础上，PERT 通过使用简单的公式来计算每项活动的期望持续时间和方差。这套公式建立在 β 分布的均值和方差基础上。均值的近似公式是 3 个时间估计的简单加权平均值。同时，PERT 的近似公式基于这样一种认识，即一个分布的大多数观察值落在正负 3 倍标准差之内，或者说其变化幅度只限于 6 倍的标准差。这样，我们就得到了一种简单方法，即将 PERT 公式的标准差设定为等于持续范围估计值的 1/6，因此得到公式：

$$t = \frac{a + 4m + b}{6}$$

$$\sigma^2 = \frac{(b-a)^2}{36}$$

　　其中，a 为乐观的时间估计值，m 为最可能的时间估计值，b 为悲观的时间估计值（a＜m＜b）；t 为活动持续时间的期望值，σ^2 为活动持续时间的方差。

3. 相关数理方面的基础知识

(1) 正态分布

通过标准正态分布来计算随机变量在某个区间内的概率是非常容易的。标准正态分布即数学期望 EX 为 0，而方差 DX 为 1。标准正态随机变量 Z 与一般正态分布的随机变量 X 的关系如下：

$$Z = \frac{X - \mu}{\sigma}$$

其中，μ 和 σ 为随机变量 X 的数学期望和标准差。这样求 X 在某个区间内的概率就可以转换为标准正态分布 Z 在某个区间内的概率，通过正态分布表就可查出。例如：

$$p(X \leqslant x) = p\left(Z \leqslant \frac{x - \mu}{\sigma}\right) = p(Z \leqslant z)$$

此时的概率就为标准正态分布曲线下 z 左边图形的面积。图 6-7 给出了形象的表示。

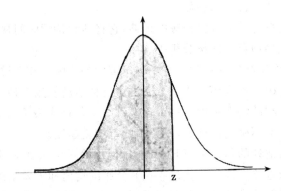

图 6-7　标准正态分布曲线下的面积

(2) 中心极限定理

中心极限定理指出，如果样本量足够大并且相互独立，那么从任何概率密度函数得到的平均值的分布都近似为正态分布。在数学中，中心极限定理陈述如下：独立同分布随机变量之和的极限分布是正态分布。

具体说，假定 X_1，X_2，…，X_N 为独立同分布的随机变量序列，那么，当 N 充分大时，这些随机变量的和 T_N 的分布近似服从正态分布。这个和定义为：

$$T_N = X_1 + X_2 + \cdots + X_N$$

在活动网络分析中，T_N 代表关键路线上活动持续时间总和所确定的项目总工期。T 的均值和方差表示为：

$$\mu = \sum_{i=1}^{N} E[x_i], \sigma^2 = \sum_{i=1}^{N} V[x_i]$$

其中，$E[x_i]$为随机变量 x_i 的期望值；$V[x_i]$为随机变量 x_i 的方差。

从上面的定理可以看出，该定理要成立的一个必要条件是这些随机变量要有相同的概率分布且互相独立。但在实际项目当中，由于各活动间的优先顺序关系和其他相互依赖性，所以一些活动持续时间并不是互相独立的。为了便于计算我们假定各活动持续时间为互相独立，从而把中心极限定理应用于活动网络。这正如 PERT 技术把活动持续时间的分布看成是 β 分布一样，虽然活动时间的真实分布从来都是未知的。当然也有一些学者避开活动持续时间的独立性，从另一个角度来估计项目工期的完工概率，有兴趣的读者可以阅读一下这方面的深入研究。[①]

4. PERT 计划评审技术应用举例

在下面提到的这个例子中，我们要给每个活动三个持续时间的估计值，然后利用上面的基本公式计算出每个活动持续时间的均值和方差。我们把该例子拥有的项目数据列在表 6-1 中。表的右面两列给出的就是使用 PERT 基本公式算出的活动持续时间的期望值和方差。

表 6-1　附有活动持续时间期望值和方差的 PERT 项目数据

活动	紧前活动	a	m	b	t	σ^2
A	—	1	3	5	3.00	0.4444
B	—	2	4	5	3.83	0.2500
C	A	2	5	6	4.67	0.4444
D	B	5	6	8	6.17	0.2500
E	C	2	3	6	3.33	0.4444
F	C、D	1	2	3	2.00	0.1111
G	E、F	1	1	1	1.00	0.0625

利用关键路线法和表 6-1 中的数据我们可求出该项目的关键路线，我们用图 6-8 表示该项目的 PERT 网络。如下所示。

---

① 例如，"基于风险分析的项目工期的估算方法研究"（发表于《系统工程》第 19 卷第 5 期，2001 年 9 月）和"一种考虑风险的项目活动持续时间的估算方法"（发表于《湘潭大学社会科学学报》第 27 卷第 1 期，2003 年 1 月）这两篇文章。

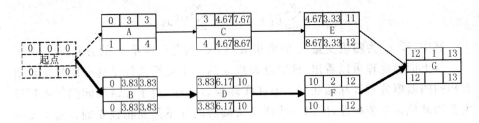

图 6-8　基于期望工期的网络示例图

由上图我们可以知道,该项目的期望总工期 TE＝13,下面我们求关键路线上各关键工作的标准离差 σ。其计算公式如下:

$$\sigma = \sqrt{\sigma_1^2 + \sigma_2^2 + \cdots + \sigma_n^2}$$

这样我们求得 σ＝0.8207。下面我们假设要问该项目在 T_D＝11 天内完工的概率有多大。根据前面的中心极限定理和正态分布,我们可以得出以下计算式:

$$P(T \leqslant TD) = P(T \leqslant 11)$$

$$= P\left(z \leqslant \frac{11 - T_E}{\sigma}\right)$$

$$= P\left(z \leqslant \frac{11 - 13}{0.8207}\right)$$

$$= P(z \leqslant -2.4369)$$

$$= 1 - P(z \leqslant 2.4369)$$

$$= 1 - 0.9927$$

$$= 0.0073 \quad\longleftarrow\quad \text{通过查阅任何一种正态分布表}$$

也就是说,该项目要在 11 天内完工的概率为 0.73％,几乎是不可能的。进一步,如果要问该项目在 T_D＝15 天内完工的概率是多少,则:

$$P(T \leqslant TD) = P(T \leqslant 15)$$

$$= P\left(z \leqslant \frac{15 - 13}{0.8207}\right)$$

$$= P(z \leqslant 2.4369) \quad\longleftarrow\quad \text{通过查阅任何一种正态分布表}$$

$$= 0.9927$$

这也就意味着该项目在 15 天内的完工概率超过了 99％,几乎是十拿九稳。

为了便于读者能更深刻地体会完工概率的计算方法,我们模拟几组数据,得出在不同的最后期限下的完工概率,如表 6-2 所示。

表 6-2　不同最后期限的完工概率计算表

序号	规定的最后期限 TD	PERT 关键路线的期望工期	$\dfrac{T_D - T_E}{\sigma}$	完工概率 P
1	11	13	-2.4369	0.0073
2	12	13	-1.2185	0.1112
3	13	13	0	0.5000
4	14	13	1.2185	0.8888
5	15	13	2.4369	0.9927

　　小提醒:以上的完工概率我们都是指在规定的某个期限内完成项目的概率,但如果是求恰好在某一天完成项目的概率呢? 这里的答案是 0。比如说项目恰好在第 15 天完成的概率则为 0。因为我们这里的假设是项目的总工期服从正态分布,从数学角度讲,这是一种连续型概率分布。而连续型随机变量取任何给定值 C 的概率等于 0。从实际角度讲,要求项目在某个时点上刚好圆满完成也几乎是不可能的任务。

(三)仿真(蒙特卡罗方法)

　　除了上述两种方法以外,还有一些仿真方法来估计项目的工期,在此我们只作一简单介绍。

　　仿真就是用不同的假设来计算相应的时间,最常见的是蒙特卡罗方法。在这种方法中,假设了各活动所用时间的概率分布以用来计算整个项目完成所需时间的概率分布。

　　蒙特卡罗方法是一种计算方法,它与一般数值计算方法有很大区别。它是以概率统计理论为基础的一种方法。由于蒙特卡罗方法能够比较逼真地描述事物的特点及演变过程,解决一些数值方法难以解决的问题,因而该方法的应用领域日趋广泛。下面以一例子(射击游戏)来说明。

　　设 r 表示射击运动员的弹着点到靶心的距离,g(r)表示击中 r 处相应的得分数(环数),f(r)为该运动员的弹着点的分布密度函数,它反映运动员的射击水平。该运动员的射击成绩为:

$$< g > = \int_0^\infty g(r) f(r) dr$$

用概率语言来说,<g>是随机变量 g(r)的数学期望,即:

$$< g > = E[g(r)]$$

　　由以上例子可以看出,当所求问题的解是某个事件的概率,或者是某个随机变量的数学期望,或者是与概率、数学期望有关的量时,通过某种试验的方法,得出该事件发生的频率，或者该随机变量若干个具体观察值的算术平均值，以此得到问题的解，这就是蒙特卡罗方法的基本思想。

通过某种试验，得到 N 个观察值 $r_1, r_2, \cdots, r_N$（用概率语言来说，从分布密度函数 $f(r)$ 中抽取 N 个子样 $r_1, r_2, \cdots, r_N$），将相应的 N 个随机变量的值 $g(r_1), g(r_2), \cdots, g(r_N)$ 的算术平均值作为积分的估计值（近似值）。

$$\overline{g_N} = \frac{1}{N} \sum_{i=1}^{N} g(r_1)$$

为了得到具有一定精确度的近似解，所需试验的次数是很多的，通过人工方法作大量的试验相当困难，甚至是不可能的。因此，蒙特卡罗方法的基本思想虽然早已被人们提出，却很少被使用。20 世纪 40 年代以来，由于电子计算机的出现，使得人们可以通过电子计算机来模拟随机试验过程，把巨大数目的随机试验交由计算机完成，使得蒙特卡罗方法得以广泛地应用，在现代化的科学技术中发挥了巨大的作用。

第二节　活动历时估计

我们在第一节介绍了计算项目工期的方法，从中可见，整个计算的基础在于能否得到所有活动的时间估计值，这就要求对所有活动先进行历时估计。

一、活动历时估计的概念

活动历时估计是在确定了活动的排序关系后，预计完成各项活动所需时间长短。它是项目计划制定的一项重要的基础工作，而且应当由那些熟悉项目活动特性的个人和小组来对活动所需时间作出估计，在此基础上才可以进行项目进度计划的制定，并根据进度计划给各项活动分配相应的资源和进行成本与时间的优化设计。

活动的历时估计直接关系到各项活动时间的估算和完成整个项目任务所需要的总时间。若活动时间估计得太短，则会在工作中造成被动紧张的局面；相反，若活动时间估计得太长，就会使整个工程的完工期加长。因此，对活动历时的估计要做到客观、正确，这就要求在对工作活动进行时间估计时，不应受到工作重要性及工程完成期限的影响，要在考虑到各种资源、人力、物力、财力的情况下，把工作置于独立的正常状态下进行估计，这样才能保证估计的有效性。

在这里我们要区别项目活动历时估计与项目任务工作量估计这两个不同的概念。工作量估计估算的是一个具体任务的工作量，例如完成某模块、某接口测试任务的工作量（人员数、完成开始时间、结束时间等）。但是，历时是一个一维的时间概念,它说明的就是一项活动要耗费多长时间,包括具体任务的费时、衔接与等待的费时等综合的时间。例如,对于浇注混凝土这项活动,如果只考虑浇注这一工作则只需 2 天时间,而浇注完混凝土之后并不能马上进行下一道工序,而需要滞后几天等混凝土冻结之后才算结束,比如需要 2 天,那么这项活动总共实际需要 4 天时间。但最后我们在计算时是写 2 天还是 4 天还得取决于以下两个因素:

●活动的开始日期是多少? 是星期几?

●周末及节假日是否算工作日?

当然幸运的是绝大多数的计算机排序软件会自动处理这类问题。下面我们将从活动历时估计的依据、活动历时估计的工具与方法和活动历时估计的输出结果等几个方面来介绍活动历时估计。

二、活动历时估计的依据

在上一节中我们总结了一些影响项目工期的因素,有些因素同样也是影响活动持续时间的因素,比如资金、工作能力和效率、物资供应问题等。所以活动的持续时间实际上是一个随机变量,我们无法事前确切地知道活动实际需要的时间,只能进行估计。而估计的任务也就是尽可能地接近现实,以便于项目的正常实施。同时在计划和实施阶段也要随着时间的推移和经验的增多而不断进行估算更新,以便随时掌握项目的进度和工作需要的时间,避免项目失控,造成延期和迟滞。

值得注意的是,无论采用何种估计方法,在进行事前历时估算时,创造一个可行的环境是必须的,所以在进行活动历时估计的时候我们就需要一些依据,包括活动目录、约束条件、各种假定、资源需求、资源库质量以及历史资料。通过对这些资料的分析再进行活动历时的估计将使所估计的时间更加贴近实际。

(一)活动目录/清单

这是由活动分解和定义过程产生的。它包括了项目中所要执行的所有活动(无一遗漏)。活动目录可视为 WBS 的一个细化。这个活动目录应是完备的,它不包含任何不在项目范围里的活动。活动目录应包括活动的具体描述,以确保项目团队成员理解工作该如何去做,这样才能确保估计的准确性。

(二)约束条件

约束因素将限制项目团队对时间的选择余地。具体地讲,比如建筑工程项目在北方和在南方进行就会有一些不同,水泥的凝固时间会有差别,这对水泥浇注这项活动持续时间的估计就会不一样。又如给项目限定了最后完工期限或是有合同条款的项目,都将对项目形成约束条件。因此,在不同的时间和地点下进行的同一类型的项目会具有不同的约束因素,需要具体情况具体分析。

(三)假设

假设通常包含一定的风险,假设是对风险确认的结果,因此要考虑这些假设因素的真实性、确定性,比如参加项目的人员可能在项目开发过程中会遇到公假、生病、培训等情况。这些情况也是确实存在的,这时候我们就应该大胆假设这些因素对活动持续时间的影响。

比如,有些人名义上全职参加某个项目,但实际上并不能保证全年 52 周、每周 5 天都在为这个项目工作。罗德尼·特纳(J. Rodney Turner)在他的著作《The Handbook of Project—based Management》第二版的第 6 章中建议,平均对于每个项目的工作人员来说,假设每年工作 260 天;一些项目全职人员只有 70%的可用性,这样他们一年实际的工作天数是 180 天(180/260＝70%)。因此我们在估计活动历时的时候应该在估算出来的持续时间上乘以一个系数 1.4(1.4＝1.0/0.7)以得到一个比较符合实际的历时估计。当然如果项目的整个持续时间比较短,上述假设的情况发生的几率可能就会比较少,这样我们需要的系数可能就会比 1.4 要小,这就需要根据项目的情况来具体作出假设了。

(四)资源需求

大多数活动所需时间由相关资源多少所决定。例如,两人一起工作完成某设计活动只需一半的时间(相对一个人单独工作所需时间)。然而每日只能用半天进行工作的人通常至少需要二倍的时间完成某活动(相对一个人能整天工作的所需时间)。当然过多投入资源也会造成负面影响。

(五)资源库质量

大多数活动所需时间与人和材料的能力(质量)有关。例如,对一技术性要求比较强的活动,有两个人均能全日进行工作,一个高级技工所需时间一般会少于低级技工所需时间。这就需要我们对参加项目的人员科学地进行归类和配置。

(六)历史资料

有关各类活动所需时间的历史资料是非常有用的,这些资料来源可能来自:

(1)项目档案。组织中可能保留先前项目的完整档案,这些记录是现实的记录,也非常详细,可帮助进行时间估计。在许多情况下,个别团队成员私人也保留这样一些记录。

(2)专业数据资料。过去的一些数据往往是有价值的,当活动所需时间不能由实际工作内容推算时,这些数据库特别有用(例如混凝土多长时间干、一个政府机构对某种类型申请的批复需多长时间等)。

(3)项目团队。项目团队的个别成员也许记得先前活动的实际或估计数。

虽然这种重新回忆的方法也许有用,但比起书面档案文件的可靠性要低得多。

三、活动历时估计的工具和方法

在收集完与活动历时估计相关的信息之后,我们应当利用一些专业工具或方法来对各项活动进行历时估计,这是我们学过管理知识的人应该具备的一项工作技能。下面我们列出了一些比较常见的工具和方法,并说明这些方法的适用性以及自身的一些缺陷,以供读者参考。

(一)向团队成员咨询

这是一种经常用到的方法。一般来说,团队成员总在一线工作,对具体活动有充足的经验,所以我们可以以向有经验的员工咨询或者与他们讨论;而一旦最终采纳他们的估计结果,还可以达到某种激励作用,使得他们积极主动地完成自己的任务,并在自己估算的时间内完成。然而,在进行这种咨询的时候,要注意不能以随便的方式进行,而要让每一位与此事相关的人员觉得你尊重他们的时间和看法,否则将达不到上述目的。当然,此方法也有一个致命的弱点,那就是通常情况下团队成员在自我估算活动历时,都有保守的倾向,不管这是由于他们对自己能力的怀疑也好,还是想通过多报活动时间最后提前完成任务而获得奖励也好,通过此方法得出的活动历时总会有一些偏差。

(二)专家推断

专家是指一个或多个拥有特殊知识和受过专门培训的个人,他们可能来自许多部门,包括这个项目执行组织中的其他单位、顾问小组、专家和技术联合会等。

估计活动所需时间是很困难的,因为许多因素会影响所需时间(例如资源质量的高低、劳动生产率的不同)。但只要可能,专家会依靠过去的资料信息、自己的经验知识以及其他专业方法进行判断。当然如果找不到合适的专家,估计的结果往往是不可靠和具有较大风险的。所以此方法的应用关键在于要找到合适的专家,而不是冒险尝试。当然这种方法的成本也是比较高的(如果专家是按小时来收费的)。

(三)德尔菲法

专家推断法中一个特殊的例子就是德尔菲法。前文已经提到,德尔菲法是20 世纪 60 年代初美国兰德公司的专家们为避免集体讨论存在的屈从于权威或盲目服从多数的缺陷而提出的一种定性预测方法。为消除成员间相互影响,参加的专家可以互不了解,它采用匿名方式反复多次征询意见和进行交流,以充分发挥专家们的智慧、知识和经验,最后汇总得出一个能比较反映群体意志的预测结果。

对于德尔菲法的一般工作程序,我们再次描述一下:

(1)确定调查目的,拟订调查提纲。首先必须确定目标,拟订出要求专家回答问题的详细提纲,并同时向专家提供有关背景材料,包括预测目的、期限、调查表填写方法及其他要求等说明。

(2)选择一批熟悉本问题的专家,一般至少为 20 人,包括理论和实践等各方面专家。

(3)以通信方式向各位选定专家发出调查表,征询意见。

(4)对返回的意见进行归纳综合、定量统计分析后再寄给有关专家,如此往复,经过三四轮意见比较集中后进行数据处理与综合,最后得出结果。每一轮时间约 7~10 天,总共一个月左右即可得到大致结果。时间过短,专家可能因为很忙而难于反馈;时间过长,则外界干扰因素增多,影响结果的客观性。

这种方法的优点主要是具有一定科学性和实用性,可以避免会议讨论时产生的害怕权威、随声附和,或固执己见,或因顾虑情面不愿与他人意见冲突等弊病;同时也可将大家发表的意见较快收回,参加者也易接受结论,具有一定程度的综合意见的客观性。但缺点是由于专家一般时间紧张,回答可能比较草率,同时由于预测主要依靠专家,因此归根到底仍属专家们的集体主观判断。此外,在选择合适的专家方面也较困难,征询意见的时间较长,对于需要快速判断的预测难于使用等。尽管如此,本方法因简便可靠,仍不失为一种人们常用的定性预测方法。

(四)经验类比

类比法适合评估一些与历史项目在应用领域、环境和复杂度等相似的项目,通过将新项目与历史项目进行比较来得到估计数据。类比法估计结果的精确度取决于历史项目数据的完整性和准确度,以及与当前项目的可比性。因此,用好类比法的前提条件之一是组织建立起较好的项目后评价与分析机制,使得相关数据分析是可信赖的。

通常情况下,类比法在现行的项目中应满足下面两个条件,将使估计的时间更准确:

(1)和以前活动在本质上而不是表面上是相似的。

(2)进行估计的个人掌握了必要的专门技术。

(五)三种时间估计法

如果项目活动所受影响的干扰因素比较多,我们就要利用计划评审技术(PERT)中的时间估算方法。由于各种因素的影响和客观条件的变化,使得活动的持续时间是随机变化的,所以在利用上述各种方法进行估计的时候,我们就可以分三种情况来进行估算活动历时:各种有利因素都集中出现的最有利情况、各种最不利的因素都集中出现的最不利情况、各种因素实际可能出现的正常情况。这样我们可以估算出三种时间：最乐观时间 a、最悲观时间 b 和最可能时间 m。然后根据前边所讲的公式 $t = \dfrac{a + 4m + b}{6}$ 来估算活动的持续时间。

四、活动历时估计的输出结果

(一)活动时间估计

活动所需时间估计值可以用某已确定数值来表示，也可以用某一范围表示。例如：

(1)10 天±2 天，表示该活动至少需 8 天，最长不超过 12 天。

(2)超过 3 周的概率为 15%，表示以 85% 概率将活动在 3 周以内完成。

(二)估计的基础

提供估计依据和细节，以便确保在制定进度时所用的假设合理、可信。

(三)活动目录更新

活动目录中应该增加各项活动的持续时间。

第三节　项目工期估算举例

一、确定性项目工期估算(单点时间估计)

当一个项目的活动历时估计受到影响的因素比较少，或者我们能比较有把握地估计出各项活动的持续时间时，就可以对各活动只估计一个时间。在这种情况下，我们在推算整个项目的工期时，就可以利用关键路线技术(CPM)进行估算。下面我们将举例来说明如何基于单点时间估计推算项目工期。

例 1：表 6-3 列出了一个简单的项目网络的数据。图 6-9 是我们根据该表画出的节点图。网络中包含的虚活动代表该网络的唯一起点。

表 6-3　关键路线技术示例项目的数据分析

活动	紧前活动	持续期(天)	活动	紧前活动	持续期(天)
A	—	3	E	C	3
B	—	4	F	C、D	2
C	A	5	G	E、F	1
D	B	6			

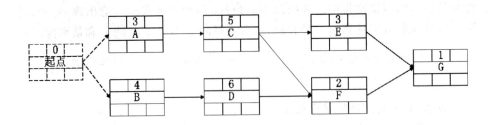

图 6-9　附有活动持续时间的节点网络示例图

1. 首先利用正推法求解关键路径并得出项目的工期

我们首先计算网络中所有活动的最早开始时间和最早结束时间。根据规则1,起始节点(虚活动)的最早开始时间为0,则最早结束时间也为0。由于活动 A 只有一个紧前活动,所以活动 A 的最早开始时间为 ES(A)＝EF(起点)＝0。根据规则3,活动 A 的最早结束时间为 EF(A)＝ES(A)＋t_A＝0＋3＝3。利用同样的方法可以求出节点 B、C、D、E 的最早开始时间和结束时间。而 F、G 和其他节点不同的是,它们都有超过一个的紧前活动。这时就要利用到规则2,我们以 F 节点为例,该节点的最早开始时间 ES(F)＝max(EF(C),EF(D))＝max(8,10)＝10。通过这样的计算我们得到附有活动最早开始时间和最早结束时间的节点网络示例图。如图 6-10 所示。

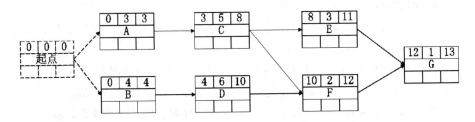

图 6-10　附有活动最早开始时间和最早结束时间的节点网络示例图

根据规则8,我们知道起点和终点 G 都在关键路线上,同时我们可以从节点 G 逆推出关键路线。比如,现在已经确定节点 G 是关键活动,那么,我们开始比较活动 G 的最早开始时间和活动 G 的紧前活动 E 和 F 的最早结束时间,从图 6-9 可知,活动 F 才是关键活动。不断利用这一规则,我们最后求出关键路线为:起点→B→D→F→G。用图 6-11 表示(其中加粗的箭线表示关键路线)。

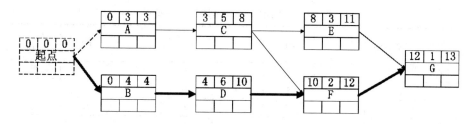

图 6-11 正推法分析得出的标志关键路线的节点网络示例图

这样我们根据规则 4 就可以确定该项目的最早结束时间即最后一个活动 G 的最早结束时间为 13 天。

2. 利用逆推法求解关键路线并得出项目的工期

首先我们通过项目的结束时间从最后一个节点反推向计算网络图中每一个节点的最迟开始时间(LS)和最迟结束时间(LF)。由于在此例子中,我们没有特别规定确定的最后期限,根据规则 5,我们假定项目的最迟结束时间与最早结束时间相等,也即 LF(项目)＝EF(项目)EF(G)＝13,则 LS(G)＝LF(G)－t_G＝12。如果某个活动 i 只有一个最邻近的后续活动 j,那么活动 i 的最迟结束时间就等于活动 j 的最迟开始时间,例如活动 E 只有一个最邻近后续活动 G,则 LF(E)＝LS(G)＝12;如果活动 i 有多个后续活动,那么我们就可以根据规则 6 计算出该活动的最迟结束时间,比如活动 C 有两个最邻近后续活动,则 LF(C)＝min(9,10)＝10;根据计算出来的最迟结束时间,再根据规则 7 可计算出最迟开始时间。这样我们通过逆推计算得到附有活动的最迟开始时间和最迟结束时间的节点网络示例图。如图 6-12 所示。

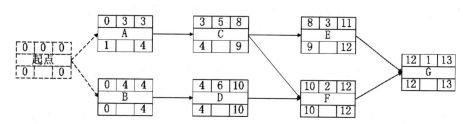

图 6-12 附有活动最迟开始时间和最迟结束时间的节点网络示例图

现在我们利用计算总时差值的任意一个公式可以把每个活动的总时差计算出来。我们把计算结果在表 6-4 中列出,从表中可以看出以下节点的总时差均为 0:起点、B、D、F、G,把它们依次连接起来就形成了自始至终的一条路线,所以这些点都是关键活动,这条路线就是关键路线。我们用图 6-13 进行表示(其中加粗的箭线则表示关键路线)。

表 6-4   示例项目的关键路线分析结果

活动	持续期	ES	EF	LS	LF	TS	FS	是否关键
A	3	0	3	1	4	1	0	否
B	4	0	4	0	4	0	0	是
C	5	3	8	4	9	1	0	否
D	6	4	10	4	10	0	0	是
E	3	8	11	9	12	1	1	否
F	2	10	12	10	12	0	0	是
G	1	12	13	12	13	0	—	是

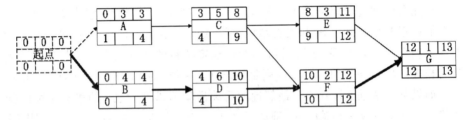

图 6-13   逆推法分析出的标志关键路线的节点网络示例图

通过这个例子，我们还需要提醒读者注意两种时差。

●总时差（TS，Total Slack）

总时差是指在不推迟项目最迟结束时间的前提下，一项活动可能的最早开始时间的推迟时间量。活动 i 的总时差就是该活动的最迟结束时间与最早结束时间之差，或者是该活动的最迟开始时间与最早开始时间之差。即：

$$TS(i) = LF(i) - EF(i), \text{ 或 } TS(i) = LS(i) - ES(i)$$

●自由时差（FS，Free Slack）

自由时差是指在不推迟一项活动的任何最邻近后续活动的最早开始时间的前提下，其可能的最早开始时间的推迟时间量。活动 i 的自由时差等于该活动的最邻近后续活动 j 的最早开始时间与该活动的最早结束时间的差值的最小值。即：

$$FS(i) = \min_{j \in s(i)} \{ES(j) - EF(i)\}$$

其中，S(i)＝{活动 i 的最邻近后续行动}。

从以上定义我们可以看出，一个活动的总时差和自由时差是不一样的，总时差实际上是属于整条路线的，而不是活动本身，而自由时差只属于活动本身。这里需要注意到的是，总时差是一种非常危险的时差。为了证明这一点我们根据表 6-4，假设活动 C 的负责人决定利用 1 个时段的总时差出去逛街。因此，他在时刻 9 这一可接受的最迟结束时间完成了活动 C。当负责 E 活动的人出场时，如果他觉得他也有 1 个时段的总时差去做自己的事，等他在时刻 10(9＋1)返回时，工作正式开始并持续 3 天于时刻 13 完成，这时实际上已经造成了结束活动的停滞，延误了项目完成的时间。

由此我们得出一个结论：总时差属于整条路线，可以在路径上的不同活动间进行分配，但绝不能多次重复使用。而自由时差属于活动本身。事实上，上面的活动 C 不能被延误因为它的自由时差为 0(它最早在时刻 8 结束，而后一个活动最早在时刻 8 开始)，而活动 E 可以在不影响后续活动 G 的情况下延迟 1 个时段进行(它最早在时刻 11 结束，而后一个活动最早在时刻 12 才开始)。

在这里我们想给读者一个建议：无论在什么情况下，任何时差都要视为是项目经理的，而不是某个人的。项目团队成员应该坚持以最早开始时间和最早结束时间为准则进行工作，这样不仅能使项目不容易延误，而且也能使项目不致落入帕金森(Parkinson)法则。该法则说的是：工作总是要拖到规定的截止时间才会完成。

例 2：某公司正在进行一个 ERP 项目建设，由于项目组的人员对该项目的实施比较了解，他们对自己分配的任务比较熟悉，能比较准确地估计出各活动的历时，所以他们决定采用 CPM 方法来推算整个项目的工期。

(1)根据上一阶段项目活动分解产生的活动目录，采用上一节中活动历时估计的一些方法对各项活动进行历时估计，得到更新的活动目录表。如表 6-5 所示。

表 6-5　某公司 ERP 项目活动目录表

活动代号	活动名称	紧前活动	活动历时(天)
A	领导层培训	—	1
B	企业诊断	A	10
C	需求分析	B	2
D	项目组织	A	5
E	ERP 原理培训	C、D	3
F	基础数据准备	D	15
G	产品培训	E	5
H	系统安装调试	D	2
I	模拟运行	F、G、H	15
J	系统验收	I	1
K	分步切换运行	J	30
L	改进、新系统运行	K	15

(2)根据表 6-5 绘制 CPM 节点网络图。注意确保活动顺序的正确性，同时

还必须保证活动之间的逻辑关系。初始网络图如图 6-14 所示。

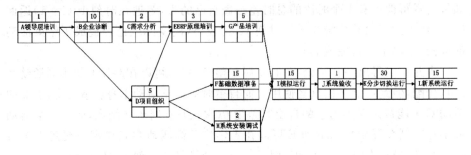

图 6-14 初始节点网络图

(3)利用正推法确定关键路线。首先根据前边介绍的规则和公式计算出各项活动的最早开始时间(ES)和最早结束时间(EF),然后更新初始网络图。更新后的网络图如图 6-15 所示。

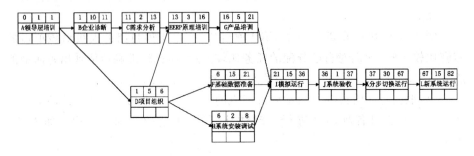

图 6-15 更新节点网络图

(4)根据关键路径的确定原则,我们可以确定出该项目的关键路线,即以下两条:

第一条:A—>B—>C—>E—>G—>I—>J—>K—>L

第二条:A—>D—>F—>I—>J—>K—>L

我们可以知道该项目的估算工期为 82 天。由于该项目有两条关键路线,此时项目经理就需要对两条路线上的活动同时给予关注。

需要注意的是,项目总是处于一个变化的环境中,许多因素都影响着实际的活动时间,我们虽然找出了关键路线,估算出了项目的工期,这只是第一步。我们需要随着项目的进展,对网络图进行更新,此时可能会发生关键路线的改变。比如说活动 F 准备基础数据提前完成了,此时的关键路线就只剩下第一条了,可能就得加强对活动"ERP 原理培训和产品培训"的关注,以免拖延项目的工期。

二、不确定性项目工期估算(3 点时间估计)

当一个项目的活动历时估计受到影响的因素比较多,尤其是信息工程项目建设,过程中不可预见的因素较多,如新技术、需求变化、到货延迟以及政策指令性影响等。因此,整体工程进度计划与控制大多采用不确定性网络计划,即PERT 网络模型。下面我们将举例来说明基于三点时间估计如何推算项目工期。

我们仍举前面的例子。由于该项目是一个 IT 项目,公司有人提出要利用PERT 方法来估算项目工期,这样也能估算在某一时间内完工的概率。下面我们就利用计划评审技术对该项目的工期进行估算,并对网络产生多条关键路线进行权衡,以便项目经理能较好地了解哪条关键路线更会影响项目的工期。

(1)根据上一阶段项目活动分解产生的活动目录,采用上一节中活动历时估计的三点时间估计法估算出各项活动的最乐观时间、最悲观时间和最可能时间,并利用我们介绍过的方法计算各项活动的期望持续时间和各项活动持续时间的方差,从而得到更新的活动目录表。如表 6-6 所示。

表 6-6　某公司 ERP 项目活动目录表

活动代号	活动名称	紧前活动	最乐观时间	最可能时间	最悲观时间	期望时间TE(天)	活动历时方差(σ^2)
A	领导层培训	—	0.5	1	1.5	1	0.03
B	企业诊断	A	7	9	17	10	2.78
C	需求分析	B	1	2	3	2	0.11
D	项目组织	A	5	5	5	5	0
E	ERP 原理培训	C、D	1	2	9	3	1.78
F	基础数据准备	D	9	14	25	15	7.11
G	产品培训	E	2	4	12	5	2.78
H	系统安装调试	D	1	2	3	2	0.11
I	模拟运行	F、G、H	10	15	20	15	2.78
J	系统验收	I	0.5	1	1.5	1	0.03
K	分步切换运行	J	20	28	48	30	21.78
L	改进、新系统运行	K	15	15	15	15	0

(2)我们把期望时间作为项目活动的持续时间,利用正推法求解项目的关键路线,网络图如图 6-16 所示。

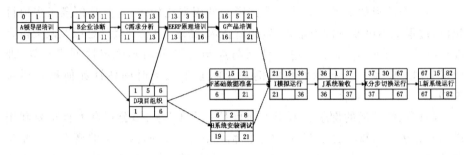

图 6-16 PERT 网络图

经过计算,我们可以知道该项目的关键路线有两条:

第一条:A—>B—>C—>E—>G—>I—>J—>K—>L

第二条:A—>D—>F—>I—>J—>K—>L

我们还可以知道项目的估算工期为 82 天。根据表 6-6,我们可以计算出每条关键路线上各活动的标准差,其计算公式如下:

$$\sigma = \sqrt{\sigma_1^2 + \sigma_2^2 + \cdots + \sigma_n^2}$$

据此我们计算出第一条关键路线上各活动的标准差 $\sigma_1 = 5.66$,第二条关键路线上各活动的标准差 $\sigma_2 = 5.63$。

由于该项目出现了两条关键路线,在基于单点时间估计推算项目工期中,我们无法知道哪条关键路线更为"关键",而在利用 PERT 进行估算时候,我们就可以确定在什么情况下哪条关键路线显得更突出一些。

下面我们假设在时间 T_D 内的完工概率,此完工概率无论用第一条关键路线还是第二条关键路线计算,都是相等的。根据概率计算公式,我们可以列出下列关于未知数 T_D 的方程:

$$Z = \frac{T_D - 82}{\sigma_1} = \frac{T_D - 82}{\sigma_2}$$

因此,我们可以求得当要求项目在 82 天之前完工,无论根据哪条关键路线来计算,所得到的概率都相等,其实都等于 50%。

下面我们来研究一下当最后期限小于 82 天时,用哪条关键路线算出来的完工概率会大一些,同时,为更清楚地显示差异,我们假定 $\sigma_1 = 4.0944$,$\sigma_2 = 3.8962$,稍微拉大一些 σ_1 和 σ_2 的差距。

假设要求计算 80 天内的完工概率。下面分别根据关键路线 1 和 2 来计算:

$$P_1(T \leqslant T_D) = P_1(T \leqslant 80)$$

$$= P_1(z \leqslant \frac{80 - T_E}{\sigma_1})$$

$$= P_1(z \leqslant \frac{80 - 82}{4.0944})$$

$$= P_1(z \leqslant -0.4885)$$

$$= 1 - P_1(z \leqslant 0.4885)$$

$$= 0.3121$$

$$P_2(T \leqslant T_D) = P_2(T \leqslant 80)$$

$$= P_2(z \leqslant \frac{80 - T_E}{\sigma_2})$$

$$= P_2(z \leqslant \frac{80 - 82}{3.8962})$$

$$= P_2(z \leqslant -0.5133)$$

$$= 1 - P_2(z \leqslant 0.5133)$$

$$= 0.3085$$

显然用第二条关键路线估算出来的完工概率要小于用第一条关键路线估算的完工概率。其实根据概率计算公式,只要最后期限定为小于 82 天,则就完工的可能性来说,第一条路线总比第二条路线大。

在计算 82 天以后某个时间点以前完工概率又以哪条路线为最好呢?下面我们假设要求计算 84 天内的完工概率,计算过程如下:

$$P_1(T \leqslant T_D) = P_1(T \leqslant 84)$$

$$= P_1(z \leqslant \frac{84 - T_E}{\sigma_1})$$

$$= P_1(z \leqslant \frac{84 - 82}{4.0944})$$

$$= P_1(z \leqslant 0.4885)$$

$$= 0.6879$$

$$P_2(T \leqslant T_D) = P_2(T \leqslant 84)$$

$$= P_2(z \leqslant \frac{84 - T_E}{\sigma_2})$$

$$= P_2(z \leqslant \frac{84 - 82}{3.8962})$$

$$= P_2(z \leqslant 0.5133)$$

$$= 0.6915$$

和上面相反的是,用第二条关键路线估算出来的完工概率要大于用第一条关键路线估算的完工概率。其实根据概率计算公式,只要最后期限定为大于 82 天,则就完工的可能性来说,第一条路线总比第二条路线小。

因此,在计算比较复杂的包含多条路线的项目完工工期时,就可能出现多条关键路线,而此时要计算在某个时间点以前完工的概率或者可能性,只要这些路线工期的正态分布曲线出现"相关"性,即存在一个多条关键路线以相同概率能完成的一个工期点(也就是我们公式中的 Z 值),就必须根据多条关键路线的期望工期和路线方差来计算各自的完工概率,然后进行比较,才能给出正确答案。根据上面的例子,即存在两条关键路线,我们可以有以下一般结论:

●在 $Z_1 = Z_2$ 的"相关"时间点,两条路径有相同的完工概率,而项目完工概率不会超过(但并不一定等于,以下同)这两条路径的同样的完工概率。

●在"相关"时间点的左侧,项目在某个时间点以前完工的概率不会超过标准差较小的路径的完工概率。

●在"相关"时间点的右侧,项目在某个时间点以前完工的概率不会超过标准差较大的路径的完工概率。

需要指出的是,现有一些教科书在介绍项目管理的这方面内容时给出的结论是不正确的。如果读者对依据多条路线(此时的路线还可以而且应当考虑非关键路线)估算项目在某个时间点以前的完工概率有兴趣,可以参考作者的相关研究。[①] 在此我们要给项目经理人一个提醒:我们或许不能只把精力放在关键路线上的活动,而应该多考虑一些路线——比如次关键路线,即该路线上的总时差比关键路线上的总时差大,但比其他路线的总时差都小。然后再利用上例中的方法,比较不同路线"相关"时间点两边的完工概率,这样项目经理才能够比较准确地把握项目的关键性的活动。

小结

以上我们从理论介绍和实际举例入手,讲述了项目时间管理中的一个重要步骤——项目工期估算。第一节我们首先列举分析了影响项目工期的因素,然后从历史的角度和技术的角度讲述了项目工期估算的两种重要方法以及它们的区别。第二节我们先介绍了项目工期估算的前期工作——活动历时估计,从输入、工具方法和输出等三个方面来讲述。第三节我们用两个例子来分析项目工期估算方法的应用,并给出当出现多条关键路线时应怎样估算项目的完工概率。

虽然本章主要是从技术的角度来讲述项目工期估算的方法,但我们也一再

---

① 杨坤:"对复杂网络项目完工概率估算方法的修正",《同济大学学报》自然科学版,Vol. 32, 2004 (93～96)。

强调,项目经理不仅仅要能掌握这些方法,还要懂得如何在项目的实际进行中动态地、及时地利用这些方法来控制项目的进度,如何在项目进行中与你的客户、你的领导、你的项目成员进行沟通,与公司的其他相关部门打交道,使你对工期的估算能够更加准确,又能使项目在实际进展中所受的影响更小。掌握了一些数学工具,决不意味着就能搞好项目时间管理。

关键术语

关键路线法(CPM) 计划评审技术(PERT) 最早开始时间(Earliest Start Time) 最早结束时间(Earliest Finish Time) 最迟开始时间(Latest Start Time) 最迟结束时间(Latest Finish Time) 总时差(Total Slack) 自由时差(Free Slack) 正推法(Forward Pass) 逆推法(Backward Pass) 关键路径(Critical Path) 关键活动(Critical Activity)

思考练习题

1. 总结一下自由时差和总时差的区别。

2. 表 6-7 是某项目的活动分解图。请使用 CPM 法解答下列问题。

表 6-7 某项目活动介绍

活 动	紧前活动	活动持续时间/周
A	—	6
B	A	3
C	A	7
D	C	2
E	B,D	4
F	D	3
G	E,F	7

(1)画出网络图。

(2)关键路线是哪条?

(3)活动 B 的总时差和自由时差分别是多少?

(4)估算该项目的工期是多少周?

(5)如果给该项目规定最后期限为 27 周,那么关键路线会变化吗?若变化的话此时关键路线是什么?如果没有的话请说明理由。

(6)如果活动 F 的持续时间改为 5 周,那关键路线是哪条?

3. 表 6-8 是某项目的活动分解表,试用 PERT 技术回答下列问题。

(1) 画出网络图。

(2) 关键路线是哪条?

(3) 期望完工时间是多少周?

(4) 该项目在 14～16 周内完工的概率是多少?

表 6-8　某项目活动分解表

活动	紧前活动	活动持续时间/周		
		a	m	b
A	—	1	3	5
B	—	1	2	3
C	A	1	2	3
D	A	2	3	4
E	B	3	4	11
F	C,D	3	4	5
G	D,E	1	4	6
H	F,G	2	4	5

进一步阅读

1. 周概容主编,张建华、王健副主编:《概率论与管理统计基础》,复旦大学出版社,2001 年。

2. 袁义军、陈军编著:《项目管理手册》,中信出版社,2001 年。

3. [美] 理查德·B. 蔡斯、尼古拉斯·J. 阿奎拉诺、F. 罗伯斯·雅各布斯著,宋国防译:《生产与运作管理——制造与服务》,机械工业出版社,1999 年。

4. 罗德尼·特纳(J. Rodney Turner)著,任伟、石力、魏艳蕾译:《项目管理手册——改进过程、实现战略目标》,清华大学出版社,2002 年。

5. 阿迪德吉·B.巴迪鲁著,王瑜译:《项目管理原理》,清华大学出版社,2003 年。

6. [美]凯西·施瓦尔贝著,邓世忠等译:《IT 项目管理》(原书第 2 版),机械工业出版社,2004 年 11 月第 1 版。

7. 池仁勇主编,张定华、王飞绒、余浩副主编:《项目管理》,清华大学出版社,2004 年。

8. 杨坤:"对复杂网络项目完工概率估算方法的修正",《同济大学学报自然科学版》,Vol.32,2004(93—96)。

案例
道路维修及相关工程

　　某市的一段道路下面的供水管线出现问题,经研究约有 1 公里长度的供水管线需要维修。市政局经过思考,要求电力部门配合施工,同时铺设一条地下电缆,以增加该道路两侧的用电户。经过一番讨论,由市政局和电力部门的相关人员组合成一个项目小组,并选举 Z 为项目负责人,负责整体协调项目的进展,任命电力部门的 H 为助理。并规定项目在 7 月 1 日提交预算报批后,在 9 月底竣工,工期为三个月。

　　很快,项目小组对现场进行了勘察,发现该项目需要在现有道路上开挖,故项目组决定在回填后顺便铺设新的混凝土路面。通过现场实践与后来的讨论,最后确定了整个项目需要以下三个核心部分:供水工程、电力工程和道路工程。

　　通过项目小组对活动的分解,得出以下技术细节:

　　在开始项目的核心工程之前需要做一些准备性的工程。首先要对预算报批,需要 7 天的时间;其次此报批对外公告需要 14 天;再次将此路段上的车辆都开走,估计需要 5 天的时间;最后就可以开始核心工程了。假设架设新电杆需要 12 天的时间,剪除树枝,需要 5 天时间,还有准备工作的最后一项就是开挖槽沟,也得需要两周的时间。紧接着就可以维修水管(20 天)和铺设电缆(15 天)。由于此项目可以增加用电户,所以在项目收尾之前要进行电力入户,需要 12 天的时间;而此前必须完成吊装变压器的工作,需要 15 天的时间。在铺设电缆和剪除树枝后就可以进行变压器的吊装。当水管维修后要进行压力测试(2 天),之后如果电缆也铺设完毕则可以进行回填工作,也就是复铺路面,这也需要 15 天的时间。完成了电力入户和地面回填就可以恢复交通了。

　　根据上面的叙述回答下列问题:

　　1. 根据上述给出的技术细节,作出简化的活动分解图,要求标明各项活动的紧前活动和持续时间。

　　2. 根据上题给出的活动分解图画出节点网络图。

　　3. 求出该项目的关键路线,总工期为多少? 能否按期完成任务?

　　4. 如果在实际工作中,由于某些原因,铺设电缆只用了 10 天,而压力试验却用了 5 天。此时的关键路线改变了吗? 项目经理应该主要关注哪些活动?

第七章 项目时间计划编制

本章导读

　　项目时间计划编制是根据项目活动定义、项目活动排序、项目活动工期和所需要资源估计,对项目进行分析并编制项目时间计划的工作。其目的是控制项目活动时间,保证项目能够在满足其时间约束条件的前提下实现总体目标,它在项目管理中具有重要的作用。它要定义出项目的起止日期和项目所有活动具体时间安排。

　　编制项目时间计划要输入项目网络图、活动历时、项目资源需求等,同时要了解项目活动的有关时间参数,运用数学分析、甘特图、模拟仿真等方法和技术,输出项目的时间计划、详细依据、资源需求更新等结果,并运用时间压缩等方法对其进行优化,在考虑资源、费用等因素后达成现实的时间计划。

> 　　小张是某软件开发公司的一名项目经理,公司要求他的团队负责开发一种功能强大的媒体播放器。在给定了项目所需资源的情况下,公司要求他在三个月之内完成该项目。现在,他和他的团队已经完成了项目活动的分解、排序以及资源需求确定和工期估算,下面的工作就是要在公司所要求的时间约束条件下确定项目活动的总体进度计划,以保证项目按时完成。要制定这样的进度计划,小张需要哪些输入信息,他能够使用哪些方法和技术,这一过程完成之后,有哪些东西应该摆在他的案头。这些问题的逐个解决就是小张编制该项目时间计划的过程。完成了时间计划的编制并满足资源需求后,该项目就可以进入具体实施阶段了。

第一节　项目时间计划编制概述

一、项目时间计划编制的概念

　　时间计划意味着要给出项目所有活动的开始和完成日期,如果这些日期不能实现,那项目很可能就无法在规定的期限内完成。因此,必须做好项目时间的计划工作。项目时间计划编制就是根据项目活动定义、项目活动排序、项目活动工期和所需要资源的估计,对项目进行分析并编制项目时间计划的工作,其目的是控制项目活动时间,保证项目能够在满足其时间约束条件的前提下实现其总体目标。

我们知道,项目的主要特点之一就是有严格的时间期限要求,因此项目时间计划在项目管理中具有重要的作用。同时,这一工作并不是一劳永逸的。在项目进行过程中,随着时间计划编制依据的变化,特别是客户需求、活动时间和预算要求的变化,编制时间计划的过程在时间计划最终确定之后也还会进行,以保证计划与实际工作进展和要求相符。

二、项目时间计划编制的目标

计划周密、严谨是项目管理的重要特点之一。通过编制项目时间计划,对项目在时间上有一个总体把握,有利于加强时间控制工作,保证项目能够在满足其时间约束条件的前提下实现总体目标的同时,还可以实现以下目标:

(1)满足项目利益相关者的要求。项目能否在规定的时间内完成是部分项目干系人最关心的问题,提交一份明确的项目进度计划是他们的基本要求之一。

(2)增强项目进度计划管理的透明度,以及对计划执行者的执行压力。一份公开、明确、获得认可的进度计划将成为有关各方共享的文件,并且也对有关各方遵守计划施加了无形的压力。

(3)明确项目所有活动的时间表,特别是能够清楚显示关键活动、关键路径以及里程碑事件的时间要求,有利于项目团队把握时间控制的关键点。

(4)一份清晰的活动时间表同时也是调配资源的时间表。它从一开始就可以告知哪些资源可以共享、哪些资源必须保证供应等基本信息。

(5)为时间、成本、范围、质量的均衡管理提供依据。特别是时间、费用的均衡,当我们需要压缩工期时,常常会带来直接成本的上升。进度计划配合费用信息,可以告诉我们应该而且可以压缩哪些活动时间,并可使总成本的增加最小化。

总之,通过进度计划的编制,有助于使项目实施井然有序,并使项目的各个分项管理以进度计划为依据形成一个有机的整体。

三、项目时间计划编制的依据(Inputs)

项目时间管理前期工作及项目其他计划管理所生成的各种文件几乎都是项目时间计划编制所要参考的依据。具体包括:

(1)项目网络图(Project Network Diagram)。这是在活动排序过程中所得到的项目活动以及它们之间关系的示意图。

(2)活动历时估算(Activity Duration Estimates)。这是在活动历时估算的

过程中得到的有关各项活动可能历时的文件,其中包括所有活动的历时估计以及在此基础上对项目工期的估算。

(3)项目资源需求(Resource Requirements)。这是有关项目工作分解结构中各组成部分所需资源的类型和数量的文件。在做活动历时估计时它也是重要的输入依据。

(4)资源池描述(Resource Pool Description)。这是项目时间计划中一个很重要的编制依据,具体来说,就是要清楚何种资源在何时具有何种形式的可得性。例如,共享资源由于其可利用性的高度相关从而很难固定其使用计划。此外,在资源池描述中,资源的数量和专用性程度是不断变化的。例如,对于一个咨询项目的初步的时间计划来说,我们只需要知道在某一特定的时间框架内有两个顾问是可利用的,而在该项目最终的时间计划中,我们必须要确定哪一个顾问在该时间是可利用的。

(5)日历(Calendars)。日历包括项目日历和资源日历,它标明了可能的工作时段。项目日历影响所有的资源,例如,一些项目只在正常的工作时间开工,而另外一些则可能加班加点;资源日历影响某一具体资源或一类资源,例如,一个项目团队成员可能在休假或正处于某个培训计划中,或者劳动合同可能会限制某些团队成员的工作时间。

(6)限制条件(Constrains)。限制条件是指会限制项目团队选择的各种因素,在项目时间计划的编制中应主要考虑两类条件的限制:①强制日期。项目的发起人、客户或其他外部条件可能会要求项目的某项可交付物必须在某一特定日期完成。例如,一个环境整治项目必须在政府命令的日期内完成。②关键事件或主要的里程碑。项目的发起人、客户或其他利益相关者可能会要求项目的某项可交付物要在某一特定日期完成。这些日期一旦编入时间计划,就成为人们强烈预期的和确定的,只有在面临重大变化时才有可能改变。

(7)假设(Assumptions)。假设是指在时间计划编制过程中那些被认为是应当预先作出确定的因素。假设一般会包含一定程度的预测以及相应的风险,而且是风险识别的结果。

(8)超前与滞后(Leads and Lags)。超前是指逻辑关系中允许提前后续活动的限定词。例如,在一个有5天超前时间的"完成—开始"关系中,后续活动在前导活动完成前5天就可以开始活动。滞后是指逻辑关系中指示推迟后续任务的限定词。例如,在一个有5天时间滞后的"完成—开始"关系中,后续活动只能在前导活动完成5天后才能开始,像灌注水泥柱等项目必须有一个时段,使水泥能完全凝固,这就必须有一个滞后期。超前与滞后使活动的相关关系更加精确,但在我们前边介绍的网络图技术中,对此一般不作考虑或加以特殊处理。例如,滞后期要求可以纳入前导活动的历时估计中。

四、项目时间计划编制的时间参数

在编制项目时间计划之前,还需要了解通用的时间参数。在大多数复杂的项目时间计划中,人们一般记录以下几种时间日期:

(1)活动历时。如前所述,这是完成某个项目活动所需的时间或者该活动的持续时间。

(2)最早和最迟时间。如前所述,一个活动的开始和结束时间可能依赖于其他活动的结束时间。因此,每个活动都有一个最早开始时间(Earliest Start Time,ES),最早开始时间加上估算的历时就是最早结束时间(Earliest Finish Time,EF),这是某项活动能够完成的最早时间。同样,其他活动的开始时间可能依赖于该活动的结束时间。所以,我们也关心该活动结束的最迟时间,以保证后续活动以及整个项目的如期完成,这就是最迟结束时间(Latest Finish Time,LF)。相应地,最迟开始时间(Latest Start Time,LS)就是最迟结束时间减去该活动的历时估计。

(3)活动时差。如果活动的最迟开始时间与最早开始时间不同,那么该活动的开始时间就可以推迟或延迟,称为时差(Float of Slack)。它等于一项活动的LS−ES。如果历时是不变的,那么最早和最迟开始时间的差值与最早和最迟结束时间的差值是一样的。从开始到结束,将所有时差为零的活动串接起来就构成了项目的关键路径,其上的活动就是关键活动,这些关键活动历时决定了项目的总工期。如果项目时间要求很紧,就应当设法使项目的总工期最短。在进行优化时,可以通过非关键活动填补关键路线上的资源缺口来加快关键活动的进度。时差很小的活动叫做准关键活动,这些活动应该得到类似关键活动一样的重视。

(4)计划、基线和计划安排时间。这些时间是在最早和最迟时间之间的、选择用以完成工作的时间,一般称作计划日期。然而,项目开始后,计划的日期可能又与当前计划的日期不同。记录最初的计划日期是很重要的,因为这是控制时间的一个尺度。这个最初的尺度也就是基线日期,当前的计划就是计划安排日期。

(5)其他计划时间。在一个完整的时间计划系统中,与每个活动相关的日期和时间很多。编制时间计划的过程就是给这些日期和时间赋值。第一步是估算历时,第二步是赋予该活动开始和结束时间。这一过程通常是这样完成的:先计算最早开始时间和最迟结束时间,然后再考虑诸如资源平衡等其他因素,将基线时间取在两者之间。有时将结束时间取在最迟结束时间之后是很必要的,不过这将使项目延迟。如果逻辑正确,计划的开始时间将不会在最早开始时间之前。

第二节　项目时间计划编制方法

如上节所述,项目时间计划涉及的影响因素很多,因此它的编制往往需要反复进行和综合平衡。同时,项目时间计划在项目的各个专项计划中重要性较强,它直接影响到项目的整合计划和其他专项计划。由于项目时间计划具有以上特性,因此它的编制方法是比较复杂和慎重的,也有一些特定的工具和方法。

一、数学分析(Mathematical Analysis)

数学分析包括计算所有项目活动理论上的最早和最迟的开始和结束时间,而不考虑任何资源约束。这一过程所输出的时间结果并不是项目的时间计划,而只是显示了在给定资源约束和其他已知限制条件的情况下,项目活动所依据的时间框架。数学分析方法最初是作为大规模开发研究项目的计划、管理方法而被开发出来的,但现在已应用到军用、民用等各方面大大小小的项目中。在美国,政府规定承包与军用有关的项目时,必须以此为基础提出预算和时间计划并获得批准。我国对数学分析方法的推广和应用也较早,1965 年,著名数学家华罗庚教授首先在我国推广和应用了这些新的计划管理方法,他把这种网络计划技术称为"统筹法"。最广泛使用的数学分析方法包括了我们前边介绍的关键路径法、计划评审技术等内容,下边我们再作一综合介绍。

(一)关键路径法(Critical Path Method,CPM)

随着科学技术和生产的迅速发展,出现了许多庞大而复杂的科研工程项目,它们工序繁多,协作面广,常常需要动用大量人力、物力和财力。因此,如何合理、有效地把它们组织起来,使之相互协调,在有限资源下,以最短的时间和最低的费用,最好地完成整个项目,就成为一个突出的问题,而传统手段已不能满足这方面的需求。关键路径法和计划评审技术就是在这种背景下产生的。

关键路径法是在具体、有序的网络逻辑和单点历时估计的基础上,对每一个项目活动计算开始和结束时间。该方法的焦点是计算时差,从而确定哪一项活动具有最小的进度弹性(The Least Scheduling Flexibility)。

关键路径是项目网络中由一系列工作活动所构成的工期最长的那条路径,该路径上的活动即为关键活动。任何一项关键活动不能按时完成,所有处于其后的活动都要往后拖延,整个项目工期就会向后拖延。而处于非关键路径上的活动则具有相对的灵活性。

确定关键路径并不困难,网络图上时间参数的计算在节点数不太多时,可采用两种方法:图上计算法和表上计算法。图上计算法就是在网络图上直接进行计算,并把计算的结果标在图上。表上计算法,又称表格法,就是先编制一个表格,把各项活动的有关资料如节点编号、作业时间等填入表内,然后在表上计算参数。

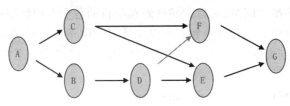

标注时间参数

借助于计算机项目管理软件,网络图计算可自动完成,关键路径也可以自动标出。如果要手工计算,可采用如下步骤:

● 完成网络图的绘制,或把所有活动以及工期估计列在一张表上。

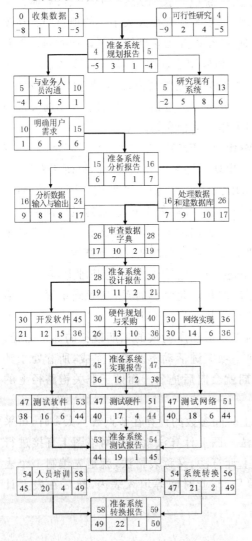

图释

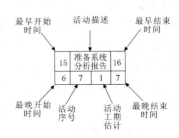

其中:
1. 图中活动描述是黑体加粗的为关键路径上的活动。
2. 项目开始时间为0,项目结束时间为第50周。

●计算每项活动的最早开始时间。一项活动的最早开始时间意味着其所有紧前活动都以最早结束时间完成。当某项活动前面有若干活动时，该活动的最早开始时间等于前面各项活动最早结束时间的最大值。

	活动	工期估计（周）	最早开始	最早结束	最晚开始	最晚结束	总时差
1	收集数据	3	0	3	−8	−5	−8
2	可行性研究	4	0	4	−9	−5	−9
3	准备系统规划报告	1	4	5	−5	−4	−9
4	与业务人员沟通	5	5	10	−4	1	−9
5	研究现有系统	8	5	13	−2	6	−7
6	明确用户需求	5	10	15	1	6	−9
7	准备系统分析报告	1	15	16	6	7	−9
8	分析数据输入与输出	8	16	24	9	17	−7
9	处理数据和建数据库	10	16	26	7	17	−9
10	审查数据字典	2	26	28	17	19	−9
11	准备系统设计报告	2	28	30	19	21	−9
12	开发软件	15	30	45	21	36	−9
13	硬件规划与采购	10	30	40	26	36	−4
14	网络实现	6	30	36	30	36	0
15	准备系统实现报告	2	45	47	36	38	−9
16	测试软件	6	47	53	38	44	−9
17	测试硬件	4	47	51	40	44	−7
18	测试网络	4	47	51	40	44	−7
19	准备系统测试报告	1	53	54	44	45	−9
20	人员培训	4	54	58	45	49	−9
21	系统转换	2	54	56	47	49	−7
22	准备系统转换报告	1	58	59	49	50	−9

●计算每项活动的最早结束时间 EF，它等于 ES 加上活动的时间估计。

●计算每项活动的最迟结束时间 LF，一般从右往左计算。

●计算每项活动的最迟开始时间 LS，它等于 LF 减去活动的时间估计。

●当某项活动后面有若干项活动时，该活动的最迟结束时间等于后面各项活动最迟开始时间的最小值。

●计算每项活动的时差。时差为零的活动即为关键活动，由关键活动构成的路径为关键路径。此后就可以按日历表编制项目的时间计划了。

在完成上述工作之后，我们现在需要做的是，要么给出一个明确的起始日期，正推项目结束日期；要么给出项目的截止日期，然后反推出项目的开始时间，从而得到可操作的一个进度计划。项目的开始时间可以由项目经理、客户、项目团队成员决定，也可以根据项目的实际情况（如资源配置等）选择某一天开始执行项目。记住应该把规定的休息日和假日排除在实际的时间计划之外。为了便于控制项目的进度，关键路径上的每一项关键活动都应标注上最早开始时间、最早结束时间和最迟开始时间、最迟结束时间。一旦这些时间和日期都标注在项目时间计划表上，一张理想的时间计划表就初步形成了。如果资源配置也已到位，项目就可以进入具体实施阶段了。

需要说明的是，在以上有关关键路径方法的讨论中隐含着一个前提，就是项目活动的持续时间具有单一的估计值，这一估计值是根据历史数据等信息而确定的，采用的是活动持续时间的最可能值。因此，关键路径法主要适用于项目大多数活动同以往执行过多次的其他活动类似，活动历时估计有历史数据可供参考的项目。

(二)计划评审技术(Program Evaluation and Review Technique, PERT)

从美国海军特别项目局在北极星导弹大型开发系统项目中引入计划评审技术开始，该技术在整个制造业得到了快速推广。美国海军建立的计划评审技术的基本内容是：①完成所有项目任务所包含的事件与活动都必须遵循工作分解结构。事件与活动必须遵循能够决定关键路径与次关键路径逻辑的基本规则，按序排列在网络中。②每个活动有最乐观、最可能和最悲观等三种历时估计，据此计算关键路径与时差。

相比于其他方法，计划评审技术的优势在于：①展现了活动之间的关系与问题域。计划评审技术是一种建立较大网络需要的时间计划编制技术，最大优势在于其网络展现了活动之间的关系与问题域，这是其他计划编制方法的欠缺之处。因此，计划评审技术能够确定如何尽最大努力保证项目按时间计划实施。②从制定的可选计划计算达到指定期限的概率。如果决策者了解统计知识，他能够检查标准偏差与数据的完整度。如果只存在最小程度的不确定性，在保留网络分析法优势的同时可以使用单一时间法。③可评估项目变更所产生的影响。计划评审技术可以估算出资源从非关键活动转移到可能的关键活动所产生的影响，也可以评估其他资源与绩效均衡以及实际所需时间与预测时间之差所造成的影响。④可以将大量复杂的数据展现在一张组织完好的图表中，使承包商与客户通过这张图表共同决策。

近几年来，许多公司开始关注计划评审技术在小型项目中的使用。与大型复杂项目中使用该技术不同，在小型项目中存在多种不同的计划评审技术应用方法，适当使用也可以达到很好的效果。比如，可以缩减项目费用与时间，协调并促进计划编制，消除无效时间，对分包商的活动提供更好的调度与控制，制定更好的问题解决程序，缩短例行工作时间，用更多的时间制定决策。

当然计划评审技术也存在不足，比如：其复杂性及对统计知识的要求增大了在实际项目中实施的难度，其报告系统所需的数据多于其他大多数系统。因此，该技术较为费事、昂贵，一般适合应用于大型复杂系统中。历史上，使用计划评审技术的最大问题发生在 20 世纪 60 年代，当时英国国防部要求其客户使用计划评审技术描述成本与进度,结果导致承包商的高昂支出。许多人提出计划评审技术有以下缺点:①需要付出大量时间与劳动力;②降低了高层管理者的决策能力;③估算时缺乏对工作所有权的考虑;④时间、成本估算中缺乏历史数据;⑤无限资源的假设不够恰当;⑥需要繁琐细节。

　　尽管计划评审技术与关键路径法是分别独立发展起来的,但其基本原理一致,即用网络图来表达项目中各项活动的时间进度和它们之间的相互关系,并在此基础上进行数学分析,计算网络中各项时间参数,确定关键活动与关键路线,利用时差不断地调整与优化网络,以求得最佳工期。然后,还可将成本与资源问题考虑进去,以求得综合优化的项目计划方案。这两种方法最主要的区别在于PERT 需要使用概率分布的方法来取代关键路径法中使用的最可能时间的估计方法(见图 7-1)。

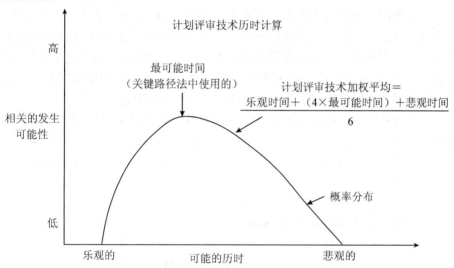

图 7-1　PERT 和 CPM 的活动历时估计关系

(三)图表评审技术(Graphical Evaluation and Review Technique,GERT)

　　计划评审技术中的事项和活动之间的相互关系是确定的,但在生产与实践中,有些事项和活动之间的关系却是随机性的。例如,有些活动可能根本不会执行,有些可能只执行一部分,还有一些可能执行不只一次。这些新的情况要求新的方法的出现,这就导致了图表评审技术的产生。

　　图表评审技术是由 1962 年埃斯纳的广义随机网络技术经过埃尔曼夫拉比、普利茨克等人不断完善而发展起来的一种网络分析法。1966 年普利茨克在研究阿波罗空间系统的最终发射时间的过程中,提出了图表评审技术,之后在应用中又进一步发展,综合运用网络理论、概率论、信流图理论及模拟技术,使这种方法得到进一步完善,并逐步应用在研究开发规划、存贮分析、油井钻探、工业合同谈判、费用分析、人口动态、车辆运输网络、事故的防范及计算机算法等方面。由于图表评审技术所描述的工序具有随机性,所以所用的网络图是个随机网络。

二、甘特图法(Gantt chart)

甘特图也称为横道图或条形图,由亨利·L.甘特(Henry L. Gantt)于20世纪初发明。甘特图由于简单、明了、直观和易于编制,成为小型项目管理中编制项目时间计划的主要工具。即使在大型工程项目中,它也是高级管理层了解全局、基层安排时间计划的十分有效的工具。但是,由于传统甘特图不表示各项活动之间的关系,也不指出影响项目工期的关键所在,因此对于复杂的项目来说,甘特图就显得不足以适用了。但现在借助于计算机技术,这方面已有很大改进。

甘特图以一段横向线条表示一项活动,通过横向线条在带有时间坐标的表格中的位置来表示各项活动的开始时间、结束时间和其先后顺序,从而使项目的整个时间计划都由一系列的横道组成。甘特图简单明了,容易绘制,也容易理解,各项活动的起止日期、持续时间都一目了然,可使时间计划更为直观。所以,在项目经理办公室的墙面上我们经常可以见到这样的图表。

但多数甘特图不能反映出各项活动是否为关键活动和时差,调整起来也较为困难。图7-2(a)是某一项目的简单的甘特图,图7-2(b)是显示了时差的同一个甘特图,图7-2(c)是具有逻辑关系的同一个甘特图,图7-2(b)与(c)都是改进了的甘特图。

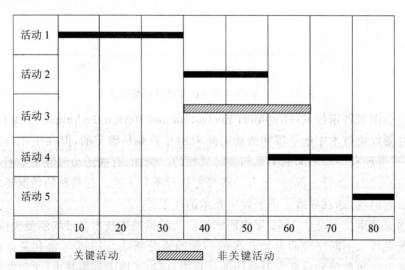

图 7-2(a)   简单的甘特图

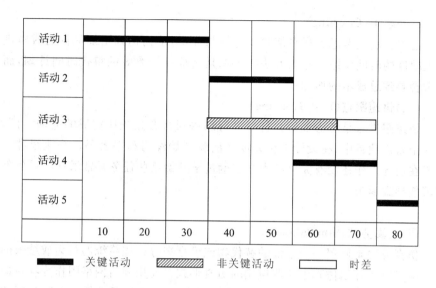

图 7-2(b) 带有时差的甘特图

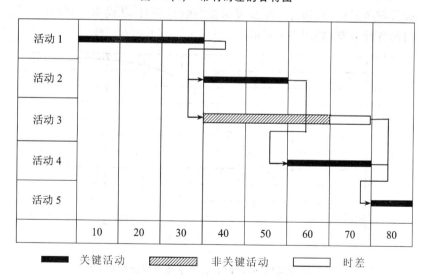

图 7-2(c) 具有逻辑关系的甘特图

三、时间压缩法(Duration Compression)

时间压缩法是在不改变项目范围的情况下寻找方法来缩短项目时间,以满足强制性日期的要求或其他时间计划目标。时间压缩法是数学分析方法的具体应用,包括以下两种技术:

(一)赶工(Crashing)

赶工方法是考虑怎样平衡时间计划与成本,从而达到增加最低的成本进行最大限度的时间压缩。赶工方法并不总是生成一个有效的替代时间计划,而且常常会导致总成本的增加。

(二)快速跟进(Fast Tracking)

快速跟进法是考虑如何并行地进行那些通常会按顺序完成的活动。例如,在一个软件项目中,在设计工作完成之前就开始编写程序密码。快速跟进方法由于在前导工作还没有完全结束之前就过早开始某些任务常常增加项目风险并有可能导致返工。

四、仿真方法(Simulation)

仿真方法是使用一个系统的替代物或模型来分析该系统的行为或绩效的方法。项目时间计划仿真中普遍应用的仿真形式是使用项目网络图作为项目的模型,大多数时间计划仿真是基于某种形式的蒙特卡罗分析。蒙特卡罗分析技术为一般管理所采用,它通过多次反复虚拟"执行"项目,从而以计算的结果得出项目时间的统计分布,如图 7-3 所示。

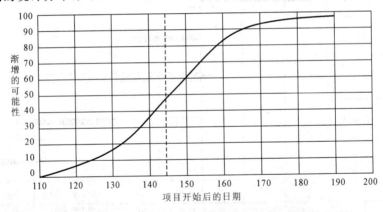

图 7-3　对项目时间计划进行蒙特卡罗仿真的结果

这条 S 曲线显示了项目会在特定日期完成的渐增的可能性。虚线的焦点表示该项目有 50% 的可能性会在 145 天之内完成,在其左侧的项目完成日期有较高的风险,在其右侧的风险较低。

五、资源平衡方法(Resource Leveling Heuristics)

数学分析方法经常生成一个初步的时间计划,该时间计划可能在某一特定时段要求有更多的可利用资源,或者要求确保那些难以管理的资源。通过利用资源平衡方法,生成一个反映了这些限制条件的时间计划,例如,"把稀缺资源首先分配在关键活动上"。该方法有时也称为"资源导向方法"(Resource-based Method)。

进行资源平衡时,首先要确定平衡的对象和要达到的目标。由于项目建设中相互制约的因素很多,一般只能对其中少数几个突出的资源进行平衡。对象和目标确定后,要准备项目网络图,并罗列出关键和非关键工序以及非关键工序的浮动时间,然后再进行资源平衡。使用资源平衡是想减少资源的过度分配,优先保证关键活动的自愿要求。进行资源平衡的原则一般包括:

(1)根据网络图提供的信息,按照最早时间绘制出项目的甘特图。若所需资源都可得到,工作进展不受资源限制,那么所有工序都按最早开工时间安排。

(2)如果所需资源并不都能满足需要,那么尝试推迟具有浮动时间的那些工序的开始时间,直到符合资源限制条件为止。

(3)因资源限制必须做时间计划的调整时,要按下列次序进行:

①瞄准非关键工序;

②调整具有较多浮动时间的工序;

③实在必要时再调整关键工序,但这可能会推迟项目的结束日期。

六、项目管理软件(Project management software)

现在项目管理软件已被广泛应用于辅助项目时间计划的编制。这些软件自动生成数学分析计算和资源水平测量的结果,进而快速生成多个时间计划的替代计划,方便地打印和显示项目时间计划的结果。这方面的使用细节可以参考本套系列丛书有关计算机在项目管理中应用的专著。

七、选择编制方法

在做具体的项目时,在这么多的时间计划编制方法中,应该采用哪一种呢?以下提供一些选择的考虑因素:

1. 项目的规模

小项目应采用简单的时间计划编制方法,大项目为保证按期、保质达成项目目标,就需考虑使用较为复杂和细致的时间计划编制方法。

2. 项目的复杂程度

应该说,项目的规模不一定总是与项目的复杂程度成正比。例如,修建一条公路,规模虽然很大,但并不复杂,可以用较简单的时间计划编制方法;而研制一个新的电子仪器,则需要较为复杂的步骤和相关专业知识,可能就需要较复杂的时间计划编制方法。

3. 项目的紧迫性

在项目急需进行的时候,特别是项目的开始阶段,需要对各项工作尽快发布指示,以便尽早开始工作。此时如果占用大量时间去编制时间计划,就有些得不偿失。

4. 对项目细节的掌握程度

如果在编制时间计划时对项目的细节无法掌握,那么关键路径法和计划评审技术就无法应用。

5. 总的时间进度是否由一两项关键活动所决定

如果项目进行过程中有一两项活动需要花费很长时间,在这个较长的期间内可以把其他活动进行充分的安排,那么对其他活动就不必编制详细复杂的时间计划。

6. 有无相应的技术力量和设备

例如,没有计算机,就难以应用项目管理软件。而如果没有受过良好训练的合格的项目管理专业人员,也无法胜任用复杂的方法编制时间计划。

此外,根据情况不同,还需要考虑客户要求、行业惯例、项目执行组织的规定、能够用在时间计划编制上的预算等多种因素。

第三节　项目时间计划编制的结果

项目时间计划工作的产出不仅是检验计划工作成效的依据,反过来也是计划工作在计划初期就应该明确的目标,这也符合项目管理的目标和结果的工作思路和原则。下面我们就介绍一些项目时间计划的主要输出结果。

一、项目时间计划书

这是一个"一篮子"计划,至少包括每一个项目活动的计划开始时间和期望结束时间。它既可以用总括的形式(Summary),也可以用细节的形式(Detail)表示出来;既可以用列表的形式表示,也经常用以下的一种或几种形式表示。

(一) 里程碑图(Milestone Charts)

这是一种较为简明的项目时间计划表示方法,可以有两种表现形式。一种里程碑图仅表示主要可交付物的计划开始、结束时间和关键的外部界面。另外一种里程碑图仅表示里程碑事件(重要事件)的完成期限,它的活动历时是零,常用黑三角或黑钻石图案来表示,如图 7-4 所示。里程碑图有利于项目团队与客户或上级沟通项目状态、汇报情况,同时有利于项目经理关注最主要工作的进度和成果,向成员们传递紧迫感。此外,还有许多其他与项目时间计划相关的信息可在里程碑图上表示出来。

(二)甘特图(Gantt Chart)

如前所述,我们用甘特图可以显示项目活动的开始和完成时间,以及活动的历时估计、相互关系等多种简明信息,如图7-5所示。

(三)加入时间信息的网络图(Project Network Diagrams With Date Information Added)

这些图表通常情况下既显示了项目活动间的逻辑关系,也显示了项目关键路径上的活动,如图7-6所示。如果我们使用方框而不是圆圈来表示活动,在网络图上的每一个方框中,我们还可以提供10来条与项目时间计划相关的信息。

事件　　时限	1月	2月	3月	4月	5月	6月	7月	8月
分包合同签署			▽▼					
技术要求说明书定稿				△				
系统审查通过					△			
子系统测试完成						△		
第一个单元交付							△	
生产计划完成								△

图 7-4　输出的里程碑图示例

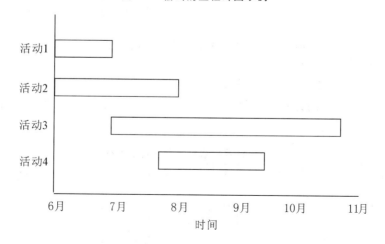

图 7-5　输出的甘特图示例

(四)以时间为基准的网络图(Time-Scaled Network Diagrams)

以时间为基准的网络图综合了项目网络图和甘特图,它显示了项目的逻辑、活动历时以及其他时间计划信息,如图 7-7 所示。

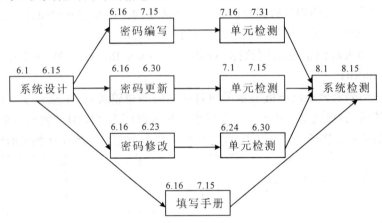

图 7-6 输出的带有时间信息的网络图示例

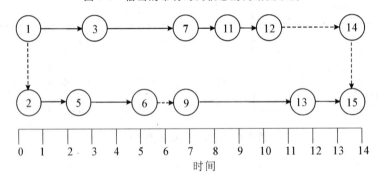

图 7-7 输出的以时间为基准的网络图示例

(五)电子表格(Electronic Table)

一般来说,电子表格就是在 Excel 上给出的带有部分或全部日期的工作任务分配表。项目时间计划的这种表示形式能够给出一个综合性的清单,但不够直观,如表 7-1 所示。

表 7-1 计算机输出的电子表格示例

活动名称	历时(天)	最早开始(天)	最早结束(天)	时差(天)
A	30	0	30	0
B	20	30	50	0
C	30	30	60	10
D	20	50	70	0
E	10	70	80	0

二、支持细节(Supporting Detail)

项目时间计划的详细依据是对所有可识别的假设和限制的文件化。这种附加细节到底应该有多少,完全取决于项目的特点和要求,例如在建设项目中,最可能包含资源柱状图、现金流计划以及预制和交付的时间计划等事项;而在电子项目中,很可能只包含资源柱状图。

通常情况下,作为详细依据适用的信息包括:

(1)随时间进度而改变的资源需求,通常以资源柱状图的形式来显示。

(2)可替代的时间计划,如最好的或最坏的情况、带有或不带有强制要求的资源等。

(3)进度储备或进度风险评估。

三、时间管理计划(Schedule Management Plan)

时间管理计划包括如何执行和控制项目工期计划,以及当时间计划发生变化时,怎样对其进行管理等内容。由于项目的需要不同,时间管理计划既可以是正式的,也可以是非正式的;既可以是详尽的,也可以是框架性的。它是整个项目计划的附属计划。

四、资源需求更新(Resource Requirement Updates)

在项目时间计划编制过程中,资源平衡和活动列表的更新可能对资源需求的初步估算产生重大的影响,因此可能会出现对于项目活动资源需求的变更、调整和重新安排等情况,以便适应最新的工期要求。因此在工期计划制定过程中,应该同步对项目活动资源需求进行变更和整理,生成最新的项目资源需求文件,以供项目时间管理、项目采购管理、项目成本管理等专项管理领域使用。

第四节 项目时间计划的优化

在编制项目时间计划的过程中,活动历时估计是项目工期的重要估算依据。但这种估计往往是根据定额或历史经验类比得到的,基于这样的数据得到的网络计划一般称作初始网络计划。该计划显示的项目工期如果与合同规定的工期不一致,特别是落后于合同规定时,要么对活动历时重新进行估计,要么对网络计划作出新的调整,或二者同时进行,以便使再次计算得出的期望工期与合同规定相吻合。这个调整的过程就叫工期优化,它既可以发生在计划阶段,也可以发生在执行阶段,即当我们在实施过程中发现本来可以满足要求的工期计划可能要落后于工期要求时,必须对现有工期计划进行调整,那它又属于工期计划控制的范畴了。

一、时间压缩法

时间压缩法是在不改变项目范围的情况下寻找方法来缩短项目时间,以满足强制性日期的要求或其他时间计划目标。时间压缩法是数学分析方法的具体应用,包括赶工和快速跟进两种技术。

赶工方法是考虑怎样平衡时间计划与成本,从而以最低的增加成本进行最大限度的时间压缩。赶工方法并不总是生成一个有效的替代时间计划,而且常常会导致总成本的增加;快速跟进法是考虑如何并行进行那些通常会按顺序完成的活动,例如在一个软件项目中,在设计工作完成之前就开始编写程序密码。快速跟进方法由于太早开始某些任务常常会增加项目风险并可能导致返工。

无论是赶工还是快速跟进,都应该将注意力集中于关键路径。只有压缩关键路径的总历时,才能加快项目的整个进度。否则,虽然加快了非关键路径上的进度,花费了不少开支,但对于项目的总进度却不会产生影响。另外,每次压缩活动历时,要注意压缩幅度并重新检查关键路径,因为在压缩某个活动的历时之后,很可能会出现新的关键路径。

赶工与快速跟进是两种加快时间进度的基本思路,可以使用的具体方法有如下几种:

(1)加强控制。首先,对近期内即将发生的活动加强控制,因为早控制早主动,这样能将进度尽快追回;其次,对工期估计最长或预算估计最大的活动加强控制,因为这些活动缩减历时的可能性最大,相对来讲也更容易;最后,对进度偏差予以密切关注,尽早发现偏差,尽早控制。

(2)资源优化。首先,提高现有资源的利用效率,这样可以免除新资源进入所带来的附加成本和麻烦;其次,增加资源的数量或者质量。比如,在增加资源的数量方面,可以从项目组外申请新的资源;在进行资源优化的方面,可以将资源从负载较轻时段的任务转移一部分给资源负载较紧时段的任务。

(3)改变工艺或流程。变更关键路径上任务的分工或操作方法,对关键路径上的某些任务进行分解或重排,使分解后的某些任务能够并行,或者重排后的任务能够改变任务之间的关系类型,比如由"完成—开始"变成"开始—开始"。

(4)加强沟通。其目的是,一方面,避免重复相同的工作,特别是技术攻关工作,实现知识共享;另一方面,发挥"一加一大于二"的作用,使团队成员能更快攻克技术难关,推进项目。

(5)加班加点。这是个常用的方法,但不一定是个好方法,而且在项目后期,人困马乏,已不适合加班加点。另外,如果偏差不大,尚可采用加班的方法;但若偏差较大,采用长时间的加班后,项目成员会焦虑、疲惫,正常时间的生产率反而会下降,出现错误和返工的可能性会大大增加。

(6)外包。可以将风险较小的部分关键任务外包给项目组外的组织/个人来承担,也可以将风险较大或者项目组不太擅长的部分关键任务外包给项目组外对该任务更专业的组织。

(7)牺牲项目范围、质量等其他约束条件。在得到项目发起人、项目最终用户、项目团队的上级管理层,甚至个别情况下还包括政府等项目关键干系人认可的情况下,缩小范围、适度降低质量也是加快进度的最直接的方法。这些工作经过商议后可以作为二期工程继续施工。这种现象目前在大小项目中都经常出现,甚至雅典奥运会的游泳馆,最后就是在没有吊顶的情况下交付的。

如上所述,时间优化即根据整个项目情况对计划进度的要求,努力缩短项目完工时间。可以采取的措施可以分成两大类:一是技术措施,依靠专业技术能力直接缩短关键活动的作业时间;二是组织措施或者管理措施,充分利用非关键活动的总时差,合理调配技术力量和人、财、物等各项资源,依靠优秀的管理手段来缩短关键活动的作业时间。

二、时间—费用优化法

时间—费用优化法可以解决的问题是:如何在费用增加最小的情况下缩短项目工期;或在保证期望的完工时间的条件下,所需要的费用最少;或在限制费用的条件下,项目的完工时间最短。

一般可以通过使用最小费用计划模型来实现时间—费用优化。该模型的基本假设是活动的完成时间与完成项目的费用之间存在一定的关系:一方面,要有资金来直接促进各项活动的进行;另一方面,需要资金来维持整个项目的进行。与促进单个活动有关的称为活动的直接费用,计入项目的总直接费用。这些费用可能是与人工有关的费用,如加班费、雇用更多工人的支出,以及从其他岗位调用工人的费用;而另一些可能与资源有关,如购买或租赁附加设备、高效率设备,以及借用辅助设施的支出。与维持项目的正常进行有关的费用称为项目的间接费用,包括日常管理费用、设施维修费用、资源的机会成本,以及在有合同约束下的罚款和奖金支出等。

活动的直接费用和项目的间接费用随时间的变化而出现不同方向的变化:一般情况下,时间缩短,直接费用上升,间接费用下降;时间延长,直接费用下降,但间接费用会上升。所以,编制时间计划的关键问题之一就是寻找具有最小总费用的项目工期,也就是时间和费用均衡的最优点。

　　我们曾在讨论项目生命周期时展示过如何压缩工期,下面我们再次讨论一下。找到时间和费用均衡的最优点的过程可分为 5 步。假设某项目有 4 项活动,间接费用在项目的前 8 天保持不变(10 元/天),以后按每天 5 元的速度增加。

　　(1)绘制网络图,并标注必要信息,如图 7-8 所示。

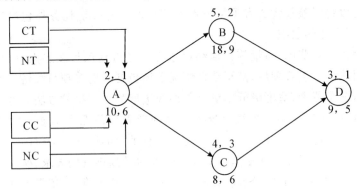

图 7-8　时间—费用均衡示例(时间单位:天)

　　●正常时间(Normal Time),按照原先的时间进度计划,在正常条件下完成某项工作所需要的估计时间。

　　●正常成本(Normal Cost),在正常时间下完成某项工作所耗费的成本。

　　●赶工时间(Crash Time),在赶工的情况下完成某项工作的最快时间。

　　●赶工成本(Crash Cost),在赶工情况下完成某项工作所需要的成本。

　　这些信息也可以列在相关表格中,作为活动的细节说明。

　　(2)确定每项活动的赶工费用率。赶工费用率可用公式(CC−NC)/(NT−CT)直接计算得出,其过程如表 7-2 所示。

表 7-2　计算得到每项活动的可赶工天数以及赶工费用率

活动	CC−NC(元)	NT−CT(天)	(CC−NC)/(NT−CT)	活动可能缩短的天数
A	10−6	2−1	4	1
B	18−9	5−2	3	3
C	8−6	4−3	2	1
D	9−5	3−1	2	2

　　(3)计算关键路径。注意,此时我们需以正常时间为基础计算项目的关键路径。该网络图较为简单,可得出关键路径为 A−B−D,初始工期为 10 天。

　　(4)在费用增加最小的前提下缩短关键路径的完工时间。最简单的办法是将关键路径上赶工费用率最低的活动的完成时间减少一天,然后重新计算并寻找新的关键路径,在新的关键路径上同样逐日减少完工时间。重复这一步骤,直到获得满意的完工时间或完工时间不能再缩短为止。表 7-3 例示了这一过程。

表 7-3 项目活动分解和定义的主要工作

当前关键路径	每项活动当前可缩短的天数	每项活动的赶工费用率	赶工费用率最低的活动	网络上所有活动的总费用	项目完工时间
ABD	正常			26	10
ABD	A−1,B−3,D−2	A−4,B−3,D−2	D	28	9
ABD	A−1,B−3,D−1	A−4,B−3,D−2	D	30	8
ABD	A−1,B−3	A−4,B−3	B	33	7
ABCD	A−1,B−2,C−1	A−4,B−3,C−2	A①	37	6
ABCD	B−2,C−1	B−3,C−2	B&C②	42	5
ABCD	B−1	B−3		45	5

注:①为减少关键路径总完成时间一天,缩短活动 A 的时间一天,或同时缩短 B 和 C 的时间(B 或 C 单独缩短工期都只能修改一条关键路径,而不能缩短总完成时间)。
②B 和 C 必须一起压缩才能缩短关键路径工期一天。

(5)作出直接费用、间接费用和总费用曲线,以制定最小费用计划,如图 7-9 所示。

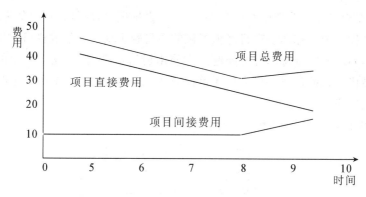

图 7-9 寻找总成本最小的时间点

上图中,间接费用曲线前 8 天每天费用为 10 元,以后每天增加 5 元,直接费用曲线由图 7-9 获得,项目的总费用是这两个费用之和。由该图可以看出,总费用曲线的最小值是工期为 8 天的计划。

三、时间—资源平衡法

上面讨论的是资源和费用可以增加的情况,其蕴含的假设是我们能够得到所需的追加资源。但现实的情况是,几乎所有的项目都受到资源的限制。所以我们不能将注意力只投在项目的时间计划上,还必须注意到所需资源的可得性上,以及对时间计划的影响上。所以,还有一种情况是值得考虑的,那就是资源约束明确,不能增加。在这种情况下,时间计划优化的结果是既可能缩短工期,也可能延长工期。

但是,由于某些项目活动繁多,涉及的资源利用情况也比较复杂,在编制时间计划时往往不可能一次就把项目的时间计划和资源利用都作出统筹合理的安排,常常需要进行几次综合平衡后,才能得出时间进度和资源利用都比较合理的时间计划。

时间—资源平衡有两种基本情况:一是在尽可能不延长工期的情况下均衡地使用资源。减少资源的使用波动是降低资源使用成本的基本原理。二是在资源约束性很强的情况下只能调整工期。具体做法我们将用一个例子来加以介绍。

在时间—资源平衡方面,我们应当把握一些基本原则:

(1)优先安排关键活动所需要的资源。

(2)充分利用非关键活动的总时差,错开各活动的开始时间,拉开资源需求的高峰。

(3)在确实受到资源限制的条件下,不可强推项目,应推迟项目的完成时间。

有一种为中层和高层项目经理提供的项目管理信息系统软件(PMIS),可以用分层的办法解决资源的分配问题。它使用拇指规则,指定低优先权的任务必须等到高优先权的任务完成之后才可以开始,或者指定项目是在预定截止时间之前或之后完成。

举例:时间—费用均衡。[①] 如图 7-10 所示。

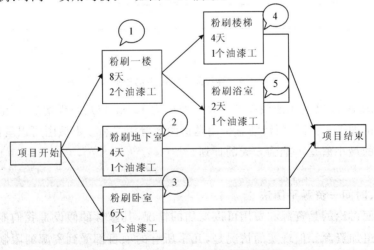

图 7-10   一个包含 5 项活动的小项目

---

① 参见[美]杰克·吉多、詹姆斯·P. 克莱门斯著,张金成译:《成功的项目管理》,机械工业出版社,1999 年,第 347~357 页。作者略作修改。

这个图与我们以前见到有所不同,其中包含了资源使用信息。总工期显然为12天,关键路径为活动1+活动4。由此我们首先可以生成一个资源使用图表。如图7-11所示。图中横线上方的数字,括号外的代表活动编号,括号内的代表用工数和工作天数。再由图7-11进一步生成图7-12。

从图7-11和图7-12中可见,在这短短的12天中,用工水平(资源使用)变换了三次(4-3,3-2,2-1),那么我们如何找到比现在这种用工方式更好的安排方式,来降低资源的波动次数和波动幅度,既达到平稳使用的目的,同时还维持工期保持不变。

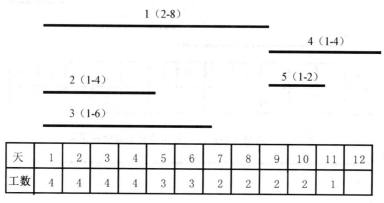

天	1	2	3	4	5	6	7	8	9	10	11	12
工数	4	4	4	4	3	3	2	2	2	2	1	

图 7-11 该项目的资源使用图表

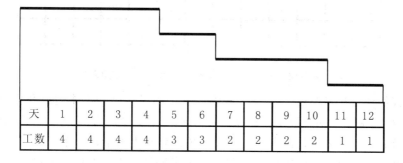

天	1	2	3	4	5	6	7	8	9	10	11	12
工数	4	4	4	4	3	3	2	2	2	2	1	1

图 7-12 该项目的资源使用图表

办法是有的。我们分析这个项目会发现,一开始的三个活动并非要同时开始,同时开始所占用的人工数量太多。如果推迟一项不在关键路径上的活动,并不影响工期,还能错开用工高峰,达到均衡使用资源的目的。图7-13和图7-14就是我们调整活动进度后的情况。

从图7-13和图7-14调整活动进度后的情况可见,用工水平在12天的工期中,10天保持了平稳使用。而且这种调整只是调整了个别活动的开始和结束时间，对项目工期并没有影响。

同样的例子，让我们再来看一看如果资源限制很强，对进度计划会产生哪些影响。比如我们只有 2 个工人，而且每天工作量也不能加大，此时，12 天的工期还能保证吗？

天	1	2	3	4	5	6	7	8	9	10	11	12
工数	3	3	3	3	3	3	3	3	3	3	1	1

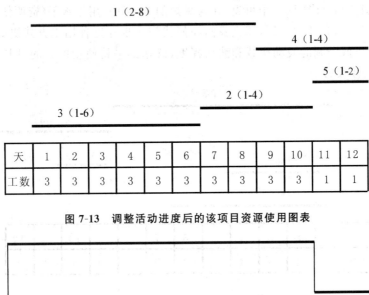

图 7-13 调整活动进度后的该项目资源使用图表

天	1	2	3	4	5	6	7	8	9	10	11	12
工数	3	3	3	3	3	3	3	3	3	3	1	1

图 7-14 调整活动进度后的该项目资源使用图表

我们还是从最原始的图 7-11 来看。这个图显然已经不能适应我们所讨论的情况了，那怎样基于最新的资源约束情况（只有 2 个工人）来进行进度调整呢？

首先还是优先保证没有松弛时间的关键路径上的活动。第一步，我们优先保证 2 名工人全力投入工作 1，这样一直安排到第 8 天。在第 8 天以后，有 4 项工作，共需要 4 名工人。我们只能继续调整工作进度，同时工期至少要延长 2 天了。这一次我们仍然是首先保证关键活动，此时活动 3（耗时 6 天）已经变成了新的关键活动，所以先安排活动 3。剩下的 3 个活动均不在关键路径上，此时我们选择松弛时间最小的，比如活动 2。这样我们又先后得到了图 7-15 和图7-16。

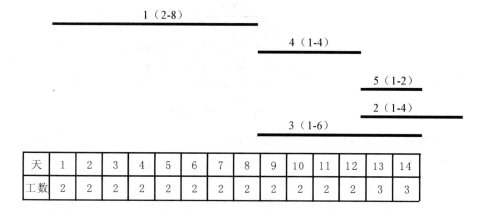

图 7-15　基于资源约束调整活动进度后的该项目资源使用图表

天	1	2	3	4	5	6	7	8	9	10	11	12	13	14
工数	2	2	2	2	2	2	2	2	2	2	2	2	3	3

图 7-16　基于资源约束调整活动进度后的该项目资源使用图表

　　但是在第 13 和 14 两天又遇到了新的问题,用工水平还是超过了 2 天,还需要继续进行进度调整。此时活动 2 又变成新的关键活动,活动 5 具有较多的松弛时间,故而可以拖后进行。新调整后的资源使用图表见图7-17。此时工期延期到了第 16 天。

　　经过多步调整后,我们终于实现了要么满足时间约束、要么满足资源约束的时间—资源均衡问题。它从一个侧面也反映了项目的资源计划和项目的时间计划是息息相关、互为因果的,因而在制定计划时我们必须具有全局的观念和视野。综合上面的例子,我们给读者提供这样一个简洁的时间—资源均衡模型。如图 7-18 所示。它表明当资源水平和完工时间各为不能变动的变量时,我们实

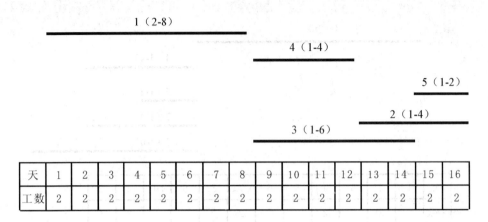

图 7-17　基于资源约束调整活动进度后的该项目资源使用图表

际上是在解决资源平衡和资源限制两类问题。

	非变量	变量
资源平衡问题	完工时间	资源
资源限制问题	资源	完工时间

图 7-18　时间—资源均衡模型

　　某市电子政务信息系统工程,总投资额约 500 万元,主要包括网络平台建设和业务办公应用系统开发。通过公开招标,确定工程的承建单位是 A 公司,并按照《合同法》的要求与 A 公司签订了工程建设合同。在合同中规定 A 公司可以将机房工程这样的非主体、非关键性子工程分包给具备相关资质的专业公司 B,B 公司将子工程转手给了 C 公司。在随后的应用系统建设过程中,监理工程师发现 A 公司提交的需求规格说明书质量较差,要求 A 公司进行整改;此外机房工程装修不符合要求,也要求 A 公司进行整改。项目经理小丁在接到监理工程师的通知后,对于第二个问题拒绝了监理工程师的要求,理由是机房工程由 B 公司承建,且 B 公司经过了建设方的认可,认为应追究 B 公司的责任,而不是自己公司的责任。对于第一个问题,小丁把任务分派给程序员老张进行修改。此时系统设计工作已经在进行中,程序员老张独自修改了已进入基线的程序,小丁默许了他的操作。老张在修改了需求规格说明书以后采用邮件通知了系统设计人员。合同生效后,小丁开始进行项目计划的编制,开始启动项目。由于工期紧张,甲方要求提前完工,总经理比较关心该项目,询问项目的一些进展情况。在项目汇报会议上,小丁给总经理递交了进度计划。公司总经理在阅读进度计划以后,指出任务之间的关联不是很清晰,要求小丁重新处理一下。

在计划实施过程中,由于甲方的特殊要求,需要项目提前 2 周完工。小丁更改了项目进度计划,项目最终按时完工。

问题:请用 400 字以内的文字,描述小丁在合同生效后所进行的项目计划编制的工作。

小结

本章主要介绍了编制项目时间计划的依据(即输入)、编制的方法和技术、编制的结果(即输出),以及优化时间计划的方法。项目时间计划的编制是在完成了项目活动分解和定义、活动排序、资源需求估计和工期估算等准备工作以后,在项目时间管理中需要进行的一项重要的计划工作。编制项目的时间计划需要较为复杂的方法和技术,如数学分析方法、甘特图法等。在完成项目时间计划的编制后,若项目的资源需求得到了满足,项目就可以进入具体实施阶段;否则,还需要反复进行调整。

关键术语

项目时间计划　　关键路径法　　计划评审技术　　图表评审技术　　甘特图里程碑图　　赶工　　快速跟进　　时间—费用优化　　时间—资源平衡　　资源平衡问题　　资源限制　　问题

思考练习题

1.项目时间计划编制的输入有哪些?

2.项目时间计划编制的方法和技术有哪些?

3.已知项目活动的历时和逻辑关系,如何得出该项目的关键路径?

4.计划评审技术有哪些优势和不足?

5.输出的项目时间计划有哪些表示方法?

6.最小赶工—费用计划的步骤有哪些?

7.下面的网络图已经估计了正常时间,并标示在活动的节点下方:

(1)确定关键路径。

(2)完成项目的工期是多少?

(3)表格中是正常、赶工时间和费用。为使原计划减少 2 周,应缩短哪些活动的时间? 增加的费用是多少? 关键路径有没有变化?

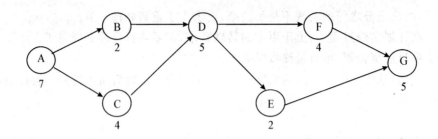

活动	正常时间	赶工时间	正常费用	赶工费用
A	7	6	7000	8000
B	2	1	5000	7000
C	4	3	9000	10200
D	5	4	3000	4500
E	2	1	2000	3000
F	4	2	4000	7000
G	5	4	5000	8000

进一步阅读

1. 吴之明、卢有杰:《项目管理引论》,清华大学出版社,2000 年。

2. 戚安邦:《现代项目管理》,对外经济贸易大学出版社,2001 年。

3. 赵涛、潘欣鹏主编:《项目时间管理》,中国纺织出版社,2005 年。

4. [美]理查德・B.蔡斯、尼古拉斯・J.阿奎拉诺、F.罗伯特・雅各布斯著,宋国防等译:《生产与运作管理》,机械工业出版社,1999 年。

5. 袁义才、陈军:《项目管理手册》,中信出版社,2001 年。

6. 范黎波编著:《项目管理》,对外经济贸易大学出版社,2005 年。

7. [美]拉乌夫・G.加诺、桑德拉・L.麦基著,杨磊、王增东译:《实用项目管理》,机械工业出版社,2003 年。

8. 池仁勇主编:《项目管理》,清华大学出版社,2004 年。

9. 刘国靖、邓韬编著:《21 世纪新项目管理——理念、体系、流程、方法、实践》,清华大学出版社,2003 年。

10. 左美云、周彬编著:《实用项目管理与图解》,清华大学出版社,2002 年。

11. [美]杰克・吉多、詹姆斯・P. 克莱门斯著,张金成译:《成功的项目管理》,机械工业出版社,1999 年。

案例
某建筑项目时间管理实例

我们承建的××高层建筑工程,总建筑面积7万平方米,为18+1层框架结构,总工期为330日历天。项目部在施工过程中对时间计划管理重点及分析方法阐述如下:

我们进行时间管理的目的,是要按照承包合同规定的进度和质量要求完成工程建设任务,同时把项目费用控制在预算范围内,为企业获得合理的利润。时间管理的职责包括以下几个部分:

1. 编制时间计划

我们在工程投标时已经按照招标文件或规定编制了粗略的施工方案和时间计划,中标后又根据现场施工条件和合同中的工期,编制出详细的施工时间计划。计划的内容包括确定开工前的各项准备工作、选择施工方法和组织流水作业、协调各个工种在施工中的搭接与配合、安排劳动力和各种施工物资的供应、确定各分项工程的目标工期和全部工程的完工时间等。

2. 组织时间计划的实施

将施工项目时间计划报业主审批后严格执行。把时间计划布置下去,调配人力、施工物资和资金,确保到位。及时检查和发现影响时间进度的问题,并采取适当的技术和组织措施,必要时修订和更新时间计划。

3. 与业主保持密切的沟通

我们定期向业主报告工程进展,对业主提出的"变更指令"和"赶工"或"加快指令"及时作出反应和处理。与业主的良好合作是顺利实施项目时间计划的一个重要条件。

4. 监督各分包单位的工作,及时协调分包单位的施工配合

工期是指建设项目或单位工程从正式开工到全部建成投产或交付使用所经历的时间。合同工期除了上述规定的施工天数外,还应涉及以下情况的工期:工程内容或工程量的变化、自然条件的不利影响、业主违约及应由业主承担的风险等不属于承包商责任事件的发生、经过业主发布变更指令或批准承包商的工期索赔要求而允许合法延展的工期。我们在实际施工过程中使用网络计划技术进行时间计划的调整和控制。由于种种因素的影响,实际进度与计划进度存在差异,为保证在合同工期内竣工,必须对时间计划进行必要的调整和补充。对有些工序采取技术组织措施(如采用三班制,增加人力、设备等),从而以可能的加快时间代替原来的工序计划所需时间。加快关键工序是最重要的。当关键工序缩短后,可能原来的非关键工序变成了关键工序,若仍无法满足要求,对新的关键

工序也应进行调整。可延长一些非关键工序的持续时间，从非关键工序中调动一些资源到关键工作上，以缩短关键工序的持续时间。当上述办法仍不能满足工期要求时，应考虑新的工艺方案，开辟新的施工顺序和相互关系，如用平行作业代替流水作业等。

　　施工资源的合理配置是工程计划的一个重要组成部分。资源强度是指单位时段内使用某种资源的数量。各种资源对其强度的限制和均衡有不同的要求。人力资源，主要是某些技术工种的人力受到限制。然而，人力资源在时间上的均衡更为重要，例如一些大型工程地处偏僻，倘若在施工期的某段时间需要的人数很多，势必增加更多的临时配套设施。施工机械的均衡和限制实际上是对大型施工机械而言，主要施工机械（如大型起重机、挖土机、运输汽车等）可能获得的台数或工作面可能布置的机械数量，常常决定了主要工程量可达到的最大施工强度。为此，在安排施工进度时，需要考虑大型施工机械的及时转移，使用同一种大型施工机械的各个工序上相互衔接，避免时间上的重叠。另一方面，施工强度的均衡也可使施工附属系统（如混凝土生产系统、运输系统、机修系统）规模减小。施工用电强度的限制取决于当地电网的供电能力，施工用电强度经均衡后仍然超过限制，可增加临时发电机。主要材料及燃料等资源强度的限制不那么绝对，因为这些资源可以贮存，但在使用时间上的均衡可以减少库存规模和存贮费用，并可减缓对外运输线路的紧张。

第八章　项目时间管理计划

本章导读

　　项目时间管理计划是指在项目计划及开展过程中,就如何订立时间计划、上报审批、存档,以及对实际项目执行当中偏离项目时间计划的情况应该如何处理所做的一整套计划。进行项目时间管理,就一定要制定项目时间管理计划。根据实际情况,项目时间管理计划可做得非常详细,也可粗犷一些;可用正规形式,也可用非正规形式。它是整个项目计划的重要组成部分。项目时间管理计划的成功制定和实施是项目取得最终成功的重要保障之一。本章将分五节分别介绍项目时间管理计划的制定、审批、实施及变更管理,使读者能够更加全面地了解项目时间管理的全过程。

　　小王是一家装饰公司的员工,作为项目组成员已经参与了几个装修项目,以干活儿麻利、善于动脑而深得领导青睐,但从未自己领导过项目。某一天,公司洽谈了一家知名企业的装修工作,对方对工期要求非常紧,用好多老员工的话讲,这个活儿不能接。但因为该企业非常有名,公司还从未与这家企业合作过,所以小王所在公司的领导对这项装修工作极为重视,表示不惜一切代价要把这项工程做好,以求和该企业长期合作,并进一步提高公司自己的知名度。但老员工们普遍没有信心,都不愿意领导这个工程。公司经理无奈,准备征求小王的意见,聘任小王为该项目的项目经理。小王听到这个消息后仔细想了好几天,觉得还是有一些有利条件的:一是领导层非常支持,这在以往的工程项目中已经证明是非常有用的;二是对方是知名企业,干好了对公司、对自己都会提高美誉度;三是老员工们认为时间紧,基本上都是凭经验判断的,并没有进行可行性分析;四是自己和员工刚刚接受了项目管理专业培训,可以打破以往经验的束缚,对工期进行测算和进行更合理的安排。后来小王和团队成员通过谨慎的测算,制定出了一份项目时间计划,又征询了客户意见并获得了认可。于是,小王决定接下这项艰巨的任务。

第一节　项目时间管理计划的制定

合理的项目时间管理计划是项目经理成功开展项目时间管理的前提和保证,更是项目经理具体实施项目时间管理所必须遵循的基准。因此,项目时间管理计划的制定对于项目时间管理的成败至关重要,它关系到整个项目是否按时间计划正常、有序地进行。在本节,我们首先介绍项目时间管理计划的制定过程。

项目时间管理计划的制定一般包括四个步骤:

一、明确项目时间计划,确定项目追踪的方法

项目时间计划是项目时间管理最根本的依据。项目时间管理计划的制定必须以项目时间计划的明确为前提,这是制定合理的项目时间管理计划所必需的。项目时间计划通常包括以下内容:每项活动的工期,每项活动的计划开始日期和结束日期,每项活动必须开始和完成的最早时间,每项活动必须开始和完成的最迟时间,每项活动的松弛时间,关键路径和关键活动,里程碑事件,等等。

项目时间计划的明确并不仅仅是项目经理对时间计划的明确,更重要的是要通过沟通、召开项目会议等途径使团队成员、客户、其他利益相关者都了解项目时间计划。项目时间计划得到明确后,就可以开始制定项目时间管理计划了。首先要选择项目追踪的方法。常见的项目追踪的方法将在第三节的内容中详细介绍,在这里就不再赘述了。

二、如何衡量项目的实际进度

项目经理要明确如何开展项目追踪(亲自去做还是授权下属),以确定项目时间计划实施情况,评估项目实际进度,撰写项目状态报告。

对于项目追踪过程,要大体作出如下计划和说明:

(一)要明确各个团队成员在项目追踪过程中的任务和职责,确定汇报的方式和日期

必要的授权是可取的,因为这可以使项目经理从日常事务中解脱出来,专心处理项目的重大问题,集中精力去做最有意义和最关键的工作。同时,授权也可

以增长团队成员的才干,使其有机会独立处理问题,调动起团队成员的工作热情。

(二)要明确如何具体开展项目追踪

团队成员应严格按照自己的任务和职责进行项目追踪,定期向上级汇报项目的进度情况,项目经理将收集到的项目进展情况汇总。通过对比(比如对照甘特图),项目经理可以确定项目关键活动的完成时间,并与项目时间计划中的时间进行比较,确定项目的完成情况。

(三)要明确如何编写项目状态报告

项目经理应指定专门人员撰写项目状态报告。项目状态报告的编写一定要规范,无论是格式还是内容,要前后一致、连贯、清晰明了。项目状态报告的编写频度可以根据项目周期的长短来确定,也可以和客户协商后决定。项目状态报告不仅要写明项目的实际进度情况,同时也要附有相应进度的项目时间计划,使客户可以通过对比清楚地了解项目进度的偏差。

项目追踪报告可能存在着疏漏和不足,比如说,项目团队人员的汇报可能并不完全真实。所以,项目追踪的开展一定要建立在真实记录、诚实汇报的基础上,只有这样才能确保项目状态报告的可行性和可比性,为项目经理进行项目时间管理提供一个可靠的信息来源。

三、如何将衡量的实际进度同项目的基准进度进行比较

项目实际实施情况的度量方法是一种测定和评估项目实际实施情况,以及确定项目时间计划完成程度的实际与计划的差距的管理控制方法。项目时间管理的一个重要问题是确认项目实际进度与基准进度之间的差距,并度量这种差距是否达到需要采取纠偏行动的程度。例如,即使是项目非关键路径上的一项活动出现一些延误,也有可能需要立即采取纠偏措施。

一般来说,项目进度的偏差有两种情况:项目实际进度快于基准进度,或者项目实际进度落后于基准进度。有的项目经理认为,项目实际进度快于基准进度是一个好现象,不用去管,不用分析,只要听其自然就足够了。其实不然,表面上是项目实际进度快于基准进度,而实际上是项目的进行并没有严格按照项目时间计划进行。如果在确定项目的各项活动都保质保量完成后,项目实际进度快于基准进度才真正是一个好现象。但这时,项目经理也要注意总结项目开展执行过程中有意义的经验,为项目的继续进行打下良好的基础。

四、如何评价项目时间计划的实际完成情况并采取措施

这是项目时间管理的最后一个阶段。项目经理的工作是采取相应的措施使项目按照项目时间计划的基准进度实施,更新项目进度。

如前所述,项目实际进度若快于基准进度,项目经理应及时总结实际进度快于基准进度的原因和经验,并在整个团队中积极宣传这种经验,使团队成员能够更好地改进自己的工作,使项目更好地开展直至成功完成。

但更多的情况是这样的:项目实际进度落后于基准进度。在这种情况下,项目经理的任务就比较艰巨了。项目经理必须要仔细分析项目实际进度落后于基准进度的具体情况。一般来说,造成这种差距的原因来自于以下几个方面:

(1)团队成员并没有严格按照项目时间计划来执行项目,导致有些活动甚至全部活动都超出了项目时间计划规定的时间,造成整个项目的实际进度过慢。

(2)项目的资源供应或者资源计划不能完全满足项目顺利按时间计划执行的要求,导致项目的实际进度落后于基准进度。

(3)项目时间计划本身制定得不太合理。在有些情况下,由于项目时间计划对团队成员的工作能力要求过高,使得团队成员根本无法按时完成项目。

对于人为原因的解决方法比较简单,通常是对问题责任人采取一定的惩罚措施,使项目成员意识到自身的问题,主动采取纠正行动,尽快使项目按照原计划顺利进行。

对于项目时间计划或资源计划相关情况的解决相对比较复杂。项目经理不仅要根据实际情况变更相应的计划,还要和团队成员、客户、其他利益相关者沟通新的计划,得到他们的同意和认可后,项目才能继续正常开展,这就要涉及比较长的计划变更时间和沟通时间。

以上就是项目时间管理中遇到的常见问题,也是项目时间管理的基本步骤,同时,还是我们在制定项目时间管理计划时应该注意到的主要内容。

第二节　项目时间管理计划的沟通和审批

项目时间管理计划制定完成后,项目经理下一阶段的任务就是要同团队成员、客户、其他利益相关者进行沟通,使项目时间管理计划得到团队成员、客户、其他利益相关者的支持和肯定,这是项目经理开展项目时间管理的一个根本前提。没有团队成员、客户、其他利益相关者的支持,项目时间管理就无法正常进行下去。因此,项目经理如何同团队成员、客户、其他利益相关者进行沟通,是关系到项目时间管理正常开展的一个关键问题。

一、与团队成员沟通项目时间管理计划

项目团队不仅仅是被分配到某个项目中工作的一组人员,它更是一组相互

依赖、齐心协力进行工作以实现项目目标的人员的集合。要使这些成员发展成为一个有效协作的团队,既要项目经理付出努力,也需要项目团队中每位成员的投入和付出。项目经理应该在团队中明确项目时间管理计划以及分配给每个团队成员的任务,努力在团队中树立起一种协调一致、每个人都为项目的顺利完成做好本职工作的氛围。

项目经理与团队成员沟通项目时间管理计划时,通常采用的是召开项目会议和书面沟通的方法。项目经理可以在项目会议上向团队成员公布项目时间管理计划,并征求他们的意见。项目会议的一个最大的优点在于项目经理可以在短时间内一次性地将项目时间管理计划公布于全体团队员,避免了信息在团队成员中层层传递而造成信息传递过慢或失真的情况。书面沟通是在无法召开项目会议时,或者作为项目会议的补充,项目经理传递项目时间管理计划的一个方式。书面沟通可以通过书面文件、硬盘拷贝、电子邮件或群体邮件等形式来进行。书面沟通使项目时间管理计划清晰、准确地传递给团队成员,避免了口头传递过程中的信息失真。

通过与团队成员沟通项目时间管理计划,项目经理应该实现以下目标:

(1)团队成员对项目时间计划理解清晰。为使团队成员有效开展工作,就要高度明确项目的时间计划,这对于开展项目时间管理是至关重要的。

(2)团队成员对项目时间管理过程中自己角色和职责明确。项目团队成员应参与制定项目时间计划,这样就能知道怎样将他们的工作与计划结合起来。每个团队成员要清楚自己在项目时间管理开展进行过程中的任务和职责,同时要重视和尊重其他成员的知识与技能,以及为实现项目时间管理目标所付出的劳动。每位成员都承担职责,积极完成其在项目中的任务。

(3)团队成员间高度的信任和互助合作。团队成员要经常进行开放、坦诚和及时的沟通,交流信息和想法,使成员能成为彼此的力量源泉,而不仅限于完成分派给自己的任务。要让每位团队成员都坚定地相信,依靠集体力量可以顺利完成项目的时间计划和时间管理计划。

二、与客户沟通项目时间管理计划

客户是项目团队服务的对象。项目团队所做的一切工作归根到底主要是为了满足和实现项目客户的要求。项目经理在制定项目时间管理计划的过程中必须始终把客户的要求放在首位,使最终的项目时间计划能够得到客户的肯定,只有这样,项目时间管理才能够正常进行。项目经理与客户沟通项目时间管理计划,目的是使客户了解项目时间管理计划的重要性及其所要实现的目标,获得客户的理解、支持和肯定。

　　项目经理与客户沟通项目时间管理计划的方式要视客户的情况而定。一般情况下,项目客户只有一个,项目经理的沟通方式可以采取口头沟通或书面沟通。

　　口头沟通可以是面对面的,也可以通过电话进行。项目经理可以亲自拜访客户,当面向客户传递项目时间管理计划,这样做可以让客户感觉更为正式和自己更受尊重。当然,如果项目经理同客户地域距离较远,也可以采取电话沟通。口头沟通可使项目经理以一种更准确、更便捷的方式传递信息,这种沟通为项目经理与客户之间讨论、澄清问题、理解和即刻反馈信息提供了机会。面对面的沟通同时提供了在沟通时观察对方肢体语言的机会;即使是电话沟通,也能让聆听者听出语调、声音的抑扬变化和感情色彩,这样有利于赢得客户对项目时间管理计划的肯定。

　　书面沟通也可以作为项目经理与客户进行沟通的方式,但是这种方式存在着沟通上的时间差,即项目经理传递信息后无法马上得到客户的反馈。因此在实际工作中,项目经理可以采用以口头沟通为主、书面沟通为辅的沟通方式。

　　项目经理与客户的沟通所要达到的目标是:项目客户通过与项目经理的沟通,可以更好、更全面地了解项目时间管理计划的全部内容,主动地提出自己的意见,对合理的计划部分予以肯定,对不合理的地方提出异议并和项目经理进一步商讨、修改,直至双方都充分了解对方的目的和意图,并在此基础上尽力达成一致和共识。

三、与其他利益相关者沟通项目时间管理计划

　　项目其他利益相关者是指能够影响一个项目团队目标的实现或者能够被项目团队实现项目目标过程影响的人。项目的利益相关者包括团队成员、客户、社区、政府机关、环境保护主义者等。一个项目是否能顺利开展,项目团队和客户在其中起了很大的作用,但是,其他利益相关者的影响也不容忽视。因此,项目经理在同团队成员和客户沟通项目时间管理计划的同时,也应该积极地同其他利益相关者进行沟通,为项目时间管理计划的顺利实施创造一个良好的外部环境。

　　项目经理同其他利益相关者的沟通方式可以多种多样。举例来说,和政府机关的沟通适合采用口头沟通和书面沟通相结合的方式,即项目经理亲自到政府机关去说明项目时间管理计划,尤其着重指出项目时间管理计划中和政府机关相关的内容;同时,要将书面的计划书递交政府机关,以体现出政府机关的支持对项目时间管理顺利完成的重要性,以此来获得政府机关对于项目时间管理工作的支持和帮助。对于与社区的沟通方式,宜采取口头沟通,项目经理可以和

所在社区代表进行面对面的交流,用真诚的语言和对社区回报的良好预期来赢得社区代表以至全部社区成员的支持。当今社会对于环保的重视,是项目经理不容忽视的一个重要问题。项目经理也应该同环境保护主义者进行良好的沟通,不仅仅要使其了解项目时间管理计划,更重要的是要使其相信项目的开展不会对环境造成破坏,因为环境保护主义者更关心的是环境问题。如果得到了环境保护主义者对于项目环保的肯定,那么,项目时间管理计划也一定能得到他们的支持。

通过与其他利益相关者的沟通,项目经理应力图达到这样的目标:让其他利益相关者理解其在项目时间管理过程中的地位和作用,使其能够为项目时间管理的顺利进行创造条件,保证项目时间管理的进行不会受到来自外部环境的阻挠。

四、获得批准

与团队成员、客户以及其他利益相关者的沟通全部完成后,项目经理的任务就是要综合项目团队、客户以及其他利益相关者对项目时间管理计划的意见和建议,采取措施调整项目时间管理计划,并就修改完的项目管理计划同团队成员、客户以及其他利益相关者再次进行沟通与修改,直至所有人都对项目时间管理计划的意见达成一致,项目时间管理才能够正式开始。任何一个环节沟通不畅,都会影响到项目时间管理的正常开展。所以,项目经理在沟通阶段一定不能急于求成,要真正在项目时间管理计划得到所有主要项目干系人的肯定后才能开展下面阶段的工作,否则,将来必会遇到他们的不满和阻力。

第三节　项目时间管理计划的实施

在制定、沟通项目时间管理计划并得到批准后,项目经理就可以将项目时间管理计划付诸实施了。项目时间管理计划制定得是否合理、是否符合项目实际开展的要求,要通过具体的实施过程进行检验。在这一节,我们将介绍项目时间管理计划实施过程中比较重要的几个方面,包括项目追踪、项目状态报告编写、项目进度评估及反馈、进度更新。

一、如何进行项目追踪

项目追踪所要解决的问题是,随着项目的实施,我们如何能够了解到项目的真实进展情况、如何防止一线人员报喜不报忧的情况发生,从而为撰写项目状态报告提供准确的依据。它涉及追踪的途径以及可以使用的工具和方法等问题。

(一)途径

1. 口头沟通

项目团队成员的口头沟通可以是面对面的,也可以通过电话进行。它还可以通过有声邮件或电视会议等方式实现。通过口头沟通,可以以一种更实时、更便捷的方式获得信息。这种沟通为讨论、澄清问题、理解和即刻反馈信息提供了可能。

按照时间管理计划的规定,项目团队成员要主动与其他团队成员和项目经理及时进行联系,以获得和提供信息。特别是项目经理,应定期走出办公室,走访每个团队成员,也应主动走访客户,进行面对面的沟通,而不是一味依赖正式会议。如果走访客户需要长途旅行,项目经理就应该采取定期电话讨论的方式进行沟通。

口头沟通应该坦白、明确并选择合适的时机,以达到事半功倍的效果。

2. 书面沟通

书面沟通在项目团队中通常使用内部备忘录,对客户和其他外部成员,则使用信件进行沟通。备忘录和信件均可通过硬盘拷贝、电子邮件或群件来传递。

当无法召开项目会议或信息需要及时传送时,备忘录和信件是与项目团队成员进行有效沟通的方式。书面沟通仅在必要和不会增加文书工作的情况下使用,因为项目团队成员通常很忙,没有时间去看那些包含在琐碎的备忘录中的、在下次项目会议上能通过口头沟通获得的信息。

需要注意的是,备忘录和信件必须清楚、简洁,不能包含长篇大论或冗长的、与主体无关的附带内容。项目团队人员都忙于分配到的工作任务,他们会认为汹涌而来的文书工作或电子邮件与其说会有帮助,不如说会阻碍工作。

3. 召开项目会议

三种最常用的项目会议是:情况评审会议,解决问题会议和技术设计评审会议。对于项目追踪中所采用的项目会议,一般来说属于情况评审会议。

项目情况评审会议通常由项目经理主持或召集,会议成员一般包括全部或部分项目团队成员,以及必要的情况下邀请项目客户和其他利益相关者参加。会议的基本目的是通报情况、找出问题和制定行动内容。项目情况评审会议应该定期召开,以便早日发现问题,防止危及项目目标实现的意外情况发生。例如,项目情况评审会议在项目团队中可以每周召开一次,甚至每日召开一次;与客户进行的项目情况评审会议的周期可以长一些,如每月或每季度一次,这完全根据项目的工期和合同的要求而定。

必须说明一点,在情况评审会议上获得信息是项目经理真正了解项目进展情况的一种方式,但不是唯一方式。会议上可能部分团队成员不敢真实地和全部地表达自己的想法。项目经理需要通过与项目团队成员的单独沟通,核实在情况评审会议上的讲话内容。同时,项目经理应该要求查看有形产品或交付物,如图样、模型或报告。这不仅能证实细目的真正完成进度(不仅仅是几乎或基本完成),而且还能表明项目经理对每个人的工作都真正感兴趣,承认个人工作对成功完成项目目标的重要性。

4．亲自观察

项目经理通过个人亲自观察、亲眼目睹工作现场的实际情况,能获得有关项目进度的第一手信息。这种实地走访和观察覆盖面广泛,因为大大小小的工作活动都可以被观察,而且给评价主体提供了巡察隐情的机会,获得其他来源所疏漏的信息,及时发现并解决问题。特别是对一些无法量化的评价指标,亲自观察是收集实际绩效信息的重要方式,可通过亲自观察到的某些现象推断项目团队中某些工作的好坏。

但是,当项目实际工作量大、工作任务很重、衡量实际绩效所需的信息量很大时,这种方式的局限性就会显现出来。亲自观察不仅需要花费大量的时间和精力,而且容易受到个人偏见的影响,不同的观察者对同一事件可能会形成不同的印象。此外,这种方式如果不能被团队成员正确理解,则会被认为是对团队成员不信任的标志,从而招致他们的抵触。

5．抽样调查

抽样调查即从整批调查对象中抽取部分样本进行调查,并把结果看成是整批调查对象的近似代表,如随机抽取几件产品来检查产成品的质量就属于抽样调查。这种方法可节省调查成本及时间。但在实际的项目追踪中,这种方法很少使用,因为要考虑到所选择的样本是否具有很强的代表性,如果不是,则调查的结果并不准确。

(二)工具——项目管理软件

目前,市场上有大量的可供选择的项目管理软件包。这些软件包使得项目经理和项目团队以一种完全交互式(人机对话)的方式对项目进行计划和控制。项目管理软件可以做到:

(1)生成任务一览表,包括它们的预计工期;

(2)建立任务之间的相互依存关系;

(3)提供不同的时间尺度,包括小时、天、星期、月和年;

(4)处理某些限制,例如,某项任务在某天之前不得开始、某项任务到某一天必须开始;

(5)跟踪团队成员的实际工作进展;

(6)将公司的假日、周末和团队成员的假期集成于一个日历系统;

(7)处理团队成员的轮班工作时间；

(8)找出矛盾之处，例如，资源配置不当以及时间上的冲突；

(9)生成种类繁多的报告；

(10)以不同的方式整理信息，例如，按项目、团队成员或工作包来整理信息。

借助于项目管理软件，项目经理可以准确地归纳整理项目进度的相关信息和情况，及时发现存在的问题，更好地形成项目状态报告。这方面的详细介绍可以参见本套系列丛书中介绍项目管理软件的专著。

二、编写项目状态报告

在项目管理中，有两种最常用的项目状态报告类型：进展报告和最终报告。

(一)进展报告

进展报告通常要针对一个特定的时段，也叫做报告期。这个时段可以是一周、一个月、一个季度或任何对项目来说合适的时间段。大多数进展报告仅包括在报告期间发生的事情，而不是自项目开始以来的累积进展。生成一个完整的项目状态报告不是一蹴而就的，而是一个循序渐进的过程。这一形成过程大致可以分为以下几个阶段：

1. 日工作记录

项目团队成员对于每天的工作应记流水账，项目经理应该每天记录工作日志。日工作记录是工作状态的原始数据，它所提供的记录是用于测量的基础。这一记录包括对工作任务的时间计量和对工作完成状态的工作计量。真实可信的日工作记录是形成规范的项目状态报告的基础，因此项目团队成员一定要如实记录每天的工作进度和工作情况，不能提供虚假的记录。

2. 每周状态报告

项目团队成员应当每周提交工作情况汇报，既可以向项目经理提交，也可以向项目会议提交。每周状态报告是每名员工对每周工作的整理和汇总，是每名成员的实际工作情况(针对项目时间计划)的真实反映，也是必要情况下修订项目时间计划的数据来源。

3. 项目周报

这是项目经理根据团队成员每周工作情况汇报而集成的项目团队每周工作情况。项目周报是项目经理用来监控项目时间计划进行程度的汇报机制，在内容上包括本周项目时间计划的执行情况(已经完成的工作及对这些工作的度量)，本周工作中产生的问题、风险及变更情况等。图 8-1 是一个项目进展报告纲要的实例。

```
        项目状态报告
● 自上一次报告以来的成绩
● 项目实施的当前情况
● 对以前明确的问题解决的进展
● 自上次以来的问题或潜在问题
● 与项目时间计划的偏离
● 计划纠正措施
● 下一报告期内预期实现的里程碑
```

图 8-1 项目进展报告纲要

(二)最终报告

项目的最终报告通常是总结性的。它不是进展报告的积累,也不是对某个项目整体过程中所发生事情的详细描述。最终报告包括以下几个方面:

(1)客户的最初需求;

(2)最初的项目目标;

(3)项目的简要描述;

(4)初始项目时间计划;

(5)项目时间计划实现的程度,如果没有实现,应有说明;

(6)作为项目结果,客户的实际收益和预期收益的对比;

(7)今后的考虑。

此外,项目经理要注意项目状态报告的撰写原则。一份好的项目状态报告要具有以下特点:

(1)报告要简明;

(2)所写的和所讲的要保持一致;

(3)在报告中和每一段中先写出最重要的论点;

(4)像注意报告内容一样注意报告格式。

三、项目进度评估及反馈

根据项目状态报告进行项目评估,可以得出三种结论:项目实际进度快于基准进度、项目实际进度与基准进度基本一致、项目实际进度落后于基准进度。在这三种情况下,项目经理该做些什么工作呢?

(一)项目实际进度快于基准进度

在这种情况下,项目经理要明确找出项目实际进度快于基准进度的真正原因,如果是由于项目追踪过程中信息报告不准确,或者是项目团队成员"报喜不报忧"，那项目经理就应好好重视了。项目经理应该明确每个成员的职责，要求团队成员认真按照项目时间计划工作，如实汇报进度情况，杜绝虚报信息的情况。

如果项目实际进度确实快于基准进度，那么项目经理要做好三方面的工作：一是要肯定这种好的情况；二是要注意总结经验，并在项目实施过程中进行推广；三是立刻检查原有项目进度计划是否还适应新的情况，是否有必要修改，并及时与项目主要干系人进行沟通。

(二)项目实际进度与基准进度基本一致

这种状态一般是项目干系人都希望看到的。项目实际进度与基准进度基本一致，表明原有计划的准确性以及项目团队成员正在严格按照项目时间计划努力完成工作。尽管如此，项目经理也应该善于发现项目开展过程中存在的小问题和小疏漏，并及时加以纠正，力求项目继续顺利开展，直至圆满地按照项目时间计划完成项目。

(三)项目实际进度落后于基准进度

这种情况最应该引起项目经理的高度重视。项目实际进度落后于基准进度的可能原因我们已经在前边进行了分析，在这里就不再赘述。此时，项目经理应该分析项目进度问题产生的原因，并制定相应的解决措施，加强对团队成员的管理，加快对项目的追踪频率，及时将信息反馈给团队成员、客户以及利益相关者。尤其是要注意与项目客户进行沟通，得到他们的理解，并将改进措施传达给客户，使他们能够对项目按时完成充满信心，为项目经理更好地开展工作提供支持。

四、进度更新

在这一阶段，项目经理根据所制定的措施调整项目的实际执行情况，解决问题，纠正偏差，更新项目进度。

基于网络的计划和进度安排允许对项目时间计划进行动态变更。由于网络式计划和进度计划是相互独立的，对它们进行人工更新比甘特图更容易一些。因而我们可以使用各式各样的软件包来更新项目时间计划。

一旦收集到已完成活动的实际结束时间和项目变更所带来影响的有关数据，就可以计算出最新的项目进度。接下来，项目经理根据计算出的最新的项目进度继续执行项目，并确保项目顺利、按时完成。

第四节　时间进度计划的变更管理

时间进度问题在项目生命周期中引起的冲突是最多的。对管理者来说，按时交付项目是他们所面临的最大挑战之一。在重大项目的管理中对进度的考虑往往要优于对成本费用的考虑，因而，保证项目的时间进度计划得到严格执行非常重要，是项目计划管理的主轴，是成功实现目标的重要保证。

俗话说"计划赶不上变化"，这从一定程度上反映了计划的局限性和执行的复杂性。无论是什么计划，采用多么科学的方法制定，在制定时考虑得多么周全，在执行的过程中都不可能百分之百地和现实情况相符，总会有一些因素导致计划的变更甚至是重新制定。这既可能是因为项目本身的原因，也可能是项目团队的原因，也可能是外部环境变化的原因。但无论是什么原因，为了完成项目、达到目的，必要时都要对项目的原有计划进行修订。而时间进度又是一个项目计划的主轴，当一个项目发生变更时，同样需要对项目的时间进度计划进行修订。那么，修订时间进度计划的步骤和方法又有哪些呢？

一、项目时间计划变更的原因

项目时间进度计划是在项目工作分解结构的基础上对项目活动的一系列时间安排，明确显示工作预计开始时间和完成时间。作为一项完善的项目计划，如果在执行的过程中一切都能按部就班地进行，环境因素也没有发生意想不到的变化，那么计划当然不需要任何改动。然而，这样的"完美"状况在现实中往往是不存在的。在计划的执行中，总会有一些意想不到的因素使得计划赶不上变化，导致项目的提前完成或者推迟完成。

项目时间计划变更并非由于项目计划在制定的过程中人为责任造成的计划缺陷，而是由于项目的独特性和一次性。那么都有哪些因素导致了项目时间计划的变更呢？

（一）计划制定方面的原因

时间进度计划的构成包括完成项目所需要的活动、各个活动在时间上的依赖关系（比如活动 A 是活动 B 开始进行的条件或者二者可以并行）、各个活动的完成时间的估算、关键路线的确定等。从这些计划构成的角度讲，能导致计划变更的因素包括：

1.遗漏活动，特别是位于关键路线上的活动

遗漏活动会造成活动依赖关系的紊乱，严重的话有可能破坏整个项目活动排序和网络构造。如果计划中遗漏的活动不是位于关键路线上的活动，那还可

能通过和关键路线的同时推进而按期完成进度要求。而当遗漏了原本应属于关键路线的活动时,缺少的环节会导致以后的进度延期甚至无法推进,此时需要重新绘制网络图,从而需要更新项目的时间计划,或者需要采用适当的方法以加快进度,如赶工或快速跟进,这就要付出一定的代价了。

2.错误判断各个活动间的依赖关系

如前所述,从项目内部看,每两项活动的依赖关系存在两种情况,即强制性依赖关系和可自由处理的依赖关系。如果在制定时间计划时,对某两项活动的依赖关系判断错误就可能引起时间计划的变更。

实际工作中往往存在这样的情况,人们在制定计划时会凭经验而不是实地考察和科学的论证来认定某些活动之间的依赖关系,这样很容易错误认定某些依赖关系。也许两项可以同时推进的活动被认定为是强制性依赖关系,从而在计划中先后进行,这必然会影响项目的进度。

3.对某一活动需要的时间估计错误

我们在制定计划时往往会根据每个活动之间的继起关系绘制网络图,然后确定其中时间最长的一条路线为关键路线。但是,如果对某一活动完成时间估计错误,那么关键路径的确定以及工期计算的依据也会发生变化。此时需要根据新的估计时间重新绘制网络图,导致项目时间计划的变更。

4.对项目计划实施条件的认识偏差

首先,外部条件认识偏差。外部条件的认识偏差主要是对项目实施过程中客观环境的认识出现偏差。可能预计的有利于项目进展的情况没有出现,或者环境中出现了没有预计到的情况,又或者有利于项目实现的环境因素不能按时出现。毕竟"万事具备,只欠东风"的情况在现实中并不鲜见。

其次,内部条件认识偏差。内部条件的认识偏差主要体现在对组织资源和人员能力的认识偏差。制定项目时间计划的时候,需要对组织内部现有的和可以取得的资源,以及完成项目的人员的能力进行估计,这一部分的认识偏差也可能导致项目时间计划的改变。

(二)计划执行和控制方面的原因

执行方面的原因所涉及的范围比较广。比如:从人员的角度讲,因为激励、团结等问题,执行人员故意不按照原定计划执行;或者执行人员对计划理解错误;或者没有防微杜渐,日积月累造成项目延误而不可挽回。从技术的角度讲,应用新技术有许多不可控因素。从资源供应角度讲,没有按时提供所需资源。从项目管理角度讲,没有处理好主要项目干系人的关系,造成多方掣肘的局面。从资金角度讲,预算得不到有效执行,资金链断裂。从范围管理的角度讲,出现范围不断蔓延的情况,等等。

相对于计划的制定,计划执行受到的影响因素更多,因此也就使计划的执行变得异常复杂和困难。几位以色列项目管理专家曾经对项目实施的难度用辛辣的言词进行了如下描述,我们在此特意保留英语的原汁原味:

● No major project is ever installed on time, within budget, or with the same staff that started it. Yours will not be the first.

● Project progress quickly until they become 90% complete, then they remains at 90% complete forever.

● When things are going well, something will go wrong.

● When things just cannot get any worse, they will.

● When things seem to be going better, you must have overlooked something.

● What can go wrong will go wrong.

● If project content is allowed to change freely, then the rate of change will exceed the rate of progress.

● A carelessly planned project will take you 3 times longer than expected; a carefully planned project will take only twice long.

(三)企业环境方面的原因

企业在其经营期间,需要对内部环境和外部环境、微观环境和宏观环境、长期环境和短期环境都给予足够的关注。项目具有一次性和独特性的特点,其存续的时间相对企业"较短",因而会更关注短期内影响项目的因素,而对宏观因素在项目期间的变化关注较少。但在许多时间跨度较长的大型项目中,对宏观和长期环境因素的关注同样十分重要,如三峡工程。可能引起计划变化的因素包括:

(1)顾客需求的变化。原计划的执行不存在问题,环境因素也没有发生意想不到的变化,而企业的顾客对项目最终结果的要求却发生了变化。如顾客对项目最终质量提出了更高的要求或者增加了新的要求,而在原计划实施条件下,这些要求是无法达到的,唯有对原计划进行修订,因此,计划的完成时间必然发生变化。

(2)供应商不能按照约定的质量或者数量提供原材料。如果由于供应商方面的原因,不能继续按照原计划提供原材料,此时企业需要重新寻找新的供应商,甚至寻找替代原材料。这样的话,就需要重新和供应商谈判,签订新的供应合同,这些都会使原先的计划推迟,甚至需要重新制定计划。

(3)竞争对手的原因。竞争对手也在进行类似的项目,为了取得社会声誉方面的效益,项目的高层主管人员可能会作出改变项目时间计划的决策。比如加快项目的进度,赶在竞争对手之前完工;或者放缓项目进度,而对项目的最终质量提出更高的要求。

(4)政策法规方面的原因。比如,在项目的进行中,政府某一项法规的出台可能对项目的质量和环保标准提出了更高的要求。正在进行中的项目为了满足这些要求需要对原先的时间计划进行变更、甚至终止。中国台湾的"核四"建设项目就因为政党轮替而风波不止。

(5)其他原因。现代社会,公众的社会意识不断增强,许多社会团体具有高效的组织能力、行动能力和前所未有的社会影响力,他们有的时候也可以通过公众舆论的影响对项目施加压力,甚至导致计划的终止。例如,在市区修建某些建设项目也许可以得到政府的批准,但是却又可能因为市民的抗议和环保组织的积极干预而中止。

二、项目时间计划的变更

综上所述,项目具有独特性、一次性和较强的创新性。利益相关者的需求随着时间的推移和环境的变化往往会发生各种可能的变化,项目所需的各种资源价格、种类也可能会发生各种变化,项目的实施将面对各种风险,项目在启动以后存在着很强的不确定性。项目各个相关方面常常由于各种原因要求对项目计划进行修改甚至重新规划。这一类修改或变化,统称作变更。项目变更发生在项目的范围、进度、质量、费用、风险、人力资源、沟通、合同等很多方面,并将互相产生影响。项目的时间计划是整个项目计划的主轴,完成项目所开展的活动都在项目时间计划的"主轴"上展开。以上所述的各种变更都会引起项目时间进度计划的变更。因此必须对时间计划的变更加强管理,否则就会像以色列学者所描述的,变更的速度会快于项目进展的速度,那项目必然陷入一片混乱。

(一)提出变更要求

项目管理计划中包括了管理与控制项目进度的时间管理计划,其中包括绩效报告,它提供了有关进度绩效的实际信息,如哪些按时完成了、哪些还没有完成,以及变更请求。

1.内部变更要求

内部变更要求是在项目实施过程中,实施方自身(比如项目团队)发现问题而提出的变更要求。在项目的初始计划中,必然设定了一些指标和相应的标准来衡量项目进度状况。在项目进行中,定期应对这些指标进行检测。当发现进度偏差时,连同对项目已进行部分绩效的衡量,可能会加班加点赶回进度,也可能对项目的进度计划提出变更请求。项目进度计划的调整可能涉及调整项目计划的所有组成部分,比如质量计划和采购计划。

几种比较具体的情况包括：

(1)在项目的进行过程中,项目经理或者负责人发现问题,直接采取调整措施。例如,来自供应商或者竞争对手方面的原因,项目的负责人可能会在发现此类问题后主动采取措施变更计划,以适应变化了的环境。它比较适合项目经理具有很大自主权的情况,比如由总经理亲自担纲的企业内部项目。

(2)有些进度问题不是项目经理或者负责人直接察觉到的,而是项目计划的执行人员在执行中发现问题,向项目经理或者负责人提出变更计划的请求。这些要求多是一些运作层面的人员提出关于项目推进过程中的技术性问题。项目的高层管理人员可能在制定时间计划的过程中对某一环节的技术要求和完工时间估计不足,导致操作层在按时完成工作时遇到困难,此时底层员工会层层向上反映要求变更时间进度计划。在项目管理制度中必须具有变更请求的报告规范、呈报渠道、审查和批复办法等一系列有关规章制度。

2.外部变更要求

有些变更时间进度计划的要求是外部人员提出的或者主要是由于外部利益相关者情况的变化引起的。例如,客户可以对项目完工时间提出新的要求,并相应承担由此带来的后果。当客户要求项目方提前完工时,此时,项目时间进度计划就需要全面变更。供应商和竞争对手状况的变化也可以影响时间进度计划。

(二)审查变更要求

对于比较大型的项目,在项目设立之初,除了要有完善的项目计划、团结协作的项目团队之外,还要有一个相对独立的小组(或委员会)来协调和监督项目的进行。当相关方提出项目的变更要求时,由监督小组对变更要求进行审查,这样权威性和公正性相对更有保证。

首先,要审查的是引起项目计划变更的因素是否如变更要求所描述的那样、对变化的因素的评价是否公允,以确定是否有变更计划的必要。其次,是否有必要对原先的计划进行修改,是否可以做些进度补救。因为在计划的执行过程中对其进行变更,不但会打乱原有进度安排,而且还会对项目管理其他方面造成影响。因此,当遇到变更请求时,首先应考虑启动应急计划,或采取应急措施,看是否可以消除环境变化因素带来的不利影响,然后再考虑改变进度计划。

任何计划从本质上都可以认为是在一系列的假设基础上作出的,而现实状况极少会百分之百地符合最初的假设。因此,在制定项目计划时,往往根据项目执行过程中可能出现的一些意外情况制定相应的应急计划和应急措施。当这些意外真的出现时,只要启动相应的应急计划或者采取相应的应急措施即可。当然,无论是启动应急计划或是采取应急措施,正常执行的项目时间计划都会发生改变,项目的完成时间也会受到影响,但好在一切都还在原有的计划和预期之内。采用应急计划,而不是随意修改计划,还是维护了原有计划的正确性和权威性。因此,考虑到当初计划是在周密、严格、多方密切参与的情况下作出的,牵一发而动全身,绝对不能轻易地或随意地改变计划。

(三)确定将要进行的变更,改变原项目时间计划

如果项目的实际执行情况和原先的项目时间计划不符,同时也没有相应的应急计划和应急措施可以采用,那么原先的项目时间计划就需要进行变更。

同时还应指出的是:计划的变更和采用应急计划或计划的备选方案还是有所不同的。一项周密的计划在制定的过程中,必然会考虑有可能出现意外状况,并针对出现概率较高的意外情况制定应急计划,以便在需要时启动应急计划或者备选方案。我们所说的意外指的是"意外的意外",即无相应的备选方案可用。此时就需要对原有的计划进行修订,甚至重新制定。

这涉及决策,要确定变更时间计划的哪一部分,或是重新制定整个时间进度计划,以及对其他项目计划的影响。是提前完工还是推迟完工往往不是项目施行方能够自己决定的,但是我们要进行的决策就是如何满足变化了的要求,应对变化了的环境。因此,重要的是找到可行的变更措施,采用具体方法达到压缩或延长工期的目标。

例如,面对顾客提出的提前完工的要求,是采用赶工方法来实现工期的压缩,还是采用快速跟进的方法,都要符合时间—成本平衡的原则。而这两种方法都需要做出相应的决策,比如是由现有的人员加班还是雇用更多的人来同时开展工作。当然,这在很大程度上取决于工作的性质,如果工作需要的是熟练的技术工人,那么在短时间内雇用到大量的技术工人显然是不现实的。而赶工需要的额外的资源又如何取得,这也是需要决策的。

(四)制定新的计划

在以上决策的基础上,审视原先的项目时间计划,明确原先计划需要变更的地方,并尽快制定出变更后的项目时间计划,让大家有章可循。这里比较关键的问题包括:

● 相对于项目早期计划,现在又增加了哪些信息。

● 这些信息直接和间接地影响到计划的哪些方面。

● 信息的详细程度是否够。

● 在变动时间计划后,如何对进度、资源、成本、所有其他项目系统及其他组织和人员的计划和控制进行整合。

● 新计划的风险分析,以及沟通和审批。

计划的制定需要遵循一定的原则,采取特定的科学方法。为了节约时间和费用,此时制定的计划无须像制定初始计划那样按部就班,而是根据原先计划的

不足之处,着重针对前面确定的需要变更的部分来进行变更。

第五节　推迟完工和提前完工

我们在这一节就项目实施当中经常遇到的两种情况——推迟完工和提前完工的原因作一简单分析,以便引起大家的注意。

一、推迟完工的原因

(一)利益相关方对项目的最终结果提出了新的要求

利益相关者包括内部利益相关者和外部利益相关者。其中,外部利益相关者又包括工会组织、供应商、竞争对手、顾客、特殊利益团体和政府机构。其中,顾客和供应商的影响最为直接。

项目是直接为客户服务的,其宗旨就是为了满足顾客的要求。项目的客户可以对项目的最终结果提出这样或那样的要求。如果顾客在项目开始前或合同签订以前提出要求,企业可以在制定计划的时候就予以考虑,并纳入项目的最终目标。而在项目的进行当中,如果客户对项目的最终结果提出原计划以外的其他要求,这些要求有可能本身就是针对项目的完工时间提出的,此时就必须对项目的时间计划进行变更;还有些要求并不是针对项目的完成时间提出的,却因为这些新的要求的提出,使得按照原有时间进度去安排工作是无法完成项目的,因此也需要对原先的项目时间计划进行变更,比如对项目的最终质量提出更高的要求。此时,在原有计划下,是无法达到这些要求的,因而需要对项目的时间计划进行变更甚至重新制定。为了达到新的目标,可能需要重新获取更高质量的原材料,增加完成项目所需的人手,对项目的每一个步骤提出更高的质量要求,操作、监控和检测要求都会相应提高,这些都会加大具体活动的工期。

供应商有可能会因为自身的各种原因不能够再按时或者按照预先约定的质量提供原材料。此时,企业要么等待供应商排除自身的状况后继续提供原材料,要么寻找新的供应商,甚至有可能需要采用其他的替代原材料。但无论如何,此时计划都不可能按照原先的时间进度推进,都将会被推迟。

除了以上二者,行业工会、政府机构和特殊利益团体也可能对项目的进度造成影响。

在西方国家,发达的工会组织将全行业的绝大部分工人联合起来,统一和资方谈判,要求更高的工资待遇,组织全国性的统一罢工。项目的执行期内,遭遇全行业的大罢工,这是每个项目经理和负责人都不愿看到的。即使并非本行业的罢工,一些公用事业部门组织的罢工也会对项目产生间接的影响。

社会特殊团体对项目的影响可以是直接的也可以是间接的。在人们社会意识和环保意识日益增强的今天，一些社会团体的干预也可能对项目产生影响。例如，在市中心修建火力发电厂的计划极有可能遭到市民团体和环保组织的抵制。

而政府部门对项目也有直接和间接的影响。直接的影响包括项目启动以前有可能要经过政府部门的严格审批，这也需要相当的时间，而且这些时间往往是项目计划所无法预计的，是项目执行以外所需要的时间，同样会对项目的执行产生影响。政府还可以通过行政的手段对项目进行直接或者间接的干预。

内部利益相关者包括企业的股东、董事会和员工等。员工对项目时间进度的影响在于，员工的素质和投入程度在很大程度上决定着计划能否按时完成。项目经理的控制、管理和决策能力，中层管理者的协调沟通能力，操作层员工的技术水平和熟练程度都有可能对项目的时间进度产生重要的影响。在制定项目时间计划时，对完工时间的估算是基于团队成员的平均正常工作能力的。而实际工作中，有些员工的能力会高于平均水平，而有些人的能力会低于平均水平，人员的精神状态也可能会受到各种因素的影响而导致工作效率下降。

(二)环境中意外情况的出现

在制定项目计划时，必然要考虑到项目实施的环境以及环境中可能出现的意外情况，并适当针对那些有可能出现的意外情况制定对策或者应急计划。而当意外情况出现时，无论这种意外情况是否在应急计划考虑之内，都会影响到原计划的进行。此时需要时间来排除意外情况的不利影响，或者启动应急计划，这些都必然要耗费额外的时间。

(三)对完成项目的时间要求不再紧迫

制定项目初始计划的时候，出于客户的要求和项目方自身的要求，完成项目的时间订立得很严格。而在项目进行的过程中，也许各方面对项目完工时间的要求不再像先前那样紧张，特别是出于成本费用方面的考虑，以及将来项目运行期的维护成本和使用考虑，觉得可以适当放缓进度。同时，还可以把投入的资源转移到更加重要或更加紧迫的项目中去。

二、推迟完工的注意事项

(一)推迟完工和工期停滞的区别

推迟完工并不意味着工期可以无限期推迟，而是将网络图上工期要求的时间放缓或者在排除了环境中的意外情况后继续推进项目。而工期停滞则是由于某种原因，工程无论推迟与否都无法再继续进行，或者停工以后何时能够继续进行变得遥遥无期。在作出推迟完工的决策时要注意此二者的区别。

(二)推迟完工能否达到新的预期效果

推迟完工毕竟是对原有进度计划的重大修改,其影响也是多方面的。比如,如果是为了降低直接费用,还要考虑到间接费用的增加;如果只是人为故意延长项目工期,还要考虑到对项目质量以及团队士气和声誉的影响。

(三)被迫推迟完工的情况下,工期的延迟对成本费用的影响

由于某些因素导致项目无法按照原先的进度计划进行的时候,可能会造成成本费用的增加。如在恶劣的天气情况下,某一项工程无法进行,而租用设备的租金却不会因此而免除。

(四)注意推迟完工的法律问题

在项目承包合同中,客户对项目施工方延期交付一般都有惩罚条款。施工方对此要十分小心,特别是惩罚性条款,它和项目延期所产生的直接费用往往没有太大的关系。

三、提前完工的原因

(一)顾客的要求

项目最终是为顾客服务的。如果顾客对项目组提出提前完工要求,此时项目实施方需要按照顾客重新要求的时间更正原先的项目时间计划。

(二)实施情况好于预期

如果一切实施顺利,项目管理组织有方,预计的一些不利事件都没有发生,或者采用了新的技术和方法(比如新产品开发中的并行工程),项目有可能提前顺利完工。

(三)原有时间计划流出了较大的调整空间

如果双方是初次合作,为保险起见,项目施工方在制定进度计划时,往往会故意夸大项目活动时间的估计,以便为自己争取主动,而实际运作时则又处处严格要求,结果必然是提前完成计划。

(四)客户奖励措施

有时在项目承包合同中,客户对项目施工方既有提前完工的奖励条款,也有延期的惩罚条款,自然施工方会加倍小心,努力争取提前完工。

四、提前完工的注意事项

(一)提前完工一定要获得客户认可

提前完工往往意味着项目产出物的提前交付,此时项目施工方要注意客户是否已经做好准备接收项目,以及过早交付是否会给客户带来额外的经济负担,比如设备维护费用的上升。

(二)提前完工一定要适度

还有一种情况就是注意提前完工对客户是否具有实际意义,以及提前多少比较合适。比如 9 月份开学,假期刚刚结束前将教室和宿舍卫生清理项目做好就可以了,提前 2 周完成这个项目就没有什么实际意义。

(三)不能总是提前完工

如果某个项目施工方总是提前完成项目,并因此而有了一定的知名度,其实也会带来一些负面影响。比如,客户会怀疑施工方项目计划的能力和真实性;团队成员会拿计划不当真,工作大意,因为他们觉得计划留有余量,而且总是会提前完成的。

(四)提前完工更要保证质量和范围

往往越是提前完成项目,客户越对项目范围和质量产生怀疑,比如该做的是否都做了,等等。这样客户在验收项目时会比其他时候更加仔细小心。所以,在提前完工时,更应对项目保质保量。

五、提前完工的方法

湖南省凤凰县"8·13"沱江大桥垮塌事故

湖南凤凰县沱江大桥,一座长 328 米、高 42 米的大桥,在不到 10 秒的时间内整体垮塌。面对一片狼藉的垮塌现场,面对在惊恐中死去的生命,面对遇难者家属悲痛欲绝的脸,人们不禁要问,这一切为什么会发生?

据当地媒体报道,凤大公路是下月 20 日"湘西州 50 周年州庆"的献礼工程,为了保证工程如期完工,工地"经常组织施工队伍进行劳动竞赛,在施工中掀起'赶、比、超'的热潮"。而盲目赶工期的献礼工程,很容易成为劣质工程和安全事故产生的温床。对这种为了营造政绩工程而漠视科学规律的做法,国家早就明令严禁——1998 年建设部《关于加强建设项目工程质量管理的通知》要求,"尊重客观规律,保证合理工期,不准脱离客观实际工期,搞'献礼'、'报喜'工程"。——沱江大桥工程中的一些做法是否违反国家规定,值得追问。

有很多方法和思路可以缩短工期。有时候,降低质量也是一种缩短项目时间的方法,但在大多数情况下这种做法是不可接受的。我们要考虑的是在不改变项目质量标准(至少不降低质量的情况下),如何缩短项目的工期,提前完工。有以下几种方法可供参考:

(一) 加大资源的投入

加大项目的资源投入,可以采用雇用更多的人手和使用更多的设备来加快进度。采用此方法的优点在于能够明显加快项目的进度,大量资源的投入甚至可以使项目的推进速度加倍,从而大大缩短项目的时间。

但需要注意的是,当项目需要大量的额外人手和设备时,人员的雇用和设备的取得有可能会成为问题。比如在短时间内雇用不到所需要的人员,或者不能取得所需要的额外设备。此时,是等待还是采用其他的方法加快项目的进度是项目经理需要考虑的问题。

还需要注意的是,人手的增加和项目速度的提高程度并不成线性关系,加倍的人员投入不一定能使得完工时间减半。随着人员的增加,项目进行速度的增幅会越来越小,达到一定程度后,甚至不再提高。

而且雇用更多的人员和取得额外的设备必然会使项目的成本大幅度上升,这一点也是不能忽略的。

(二) 加大工作强度

给现有的人员和设备分配更多的工作,采用人员加班、延长设备每天的使用时间等办法进行赶工。此方法也可在一定程度上提高效率,加快进度。而且,不需要雇用额外的人员和取得额外的设备,因此实施起来最为简单。

但需要注意的是,延长工作时间会遇到法律问题,而且在延长的工作时间内,工作的效率是有限的,可能达不到正常工作时间的效率。因此,运用此方法能够压缩的时间进度也是有限的。

(三) 通过优化实现

这是我们最应当大力提倡和努力追求的。一是可以通过对资源的优化实现赶工,比如提高资源的利用率,采用更好的原材料或者更加先进的设备;二是可以通过对项目流程的优化实现赶工,如利用关键路线法,对项目时间计划的关键路线上的步骤进行赶工。

(四) 快速跟进

快速跟进主要是针对于那些并行的或者可以轻微重叠的活动,可以使它们同时进行。但它也有一个明显的缺点,在前一步骤还没有完全完成的情况下开始下一步骤,加大了项目的风险,存在返工的可能。

(五) 外包

外包是指将项目的非核心步骤交由项目团队以外的人或组织来完成。这样做的优点在于,可以将释放出来的资源用于项目的核心步骤和环节。同时由于技术和专业化的原因,外包给组织以外的专业化组织来完成项目的某一部分,可能会取得更好的效果,也相应地减少了项目管理人员的工作量,使他们将主要精力集中于项目的核心环节上。

外包决策应该是在项目尚未开始前(制定项目计划时)或者项目的早期进行筹划,以便有充足的时间进行决策,选择外包的部分和外包的对象。在项目进行中匆忙进行外包可能不会取得预期的良好效果。

需要注意的是,涉及项目的核心技术和组织核心能力的部分一般不采用外包方法,对此组织一般会有很严格的政策和审批程序。

> 和原公司是一家专门从事系统集成和应用软件开发的公司,公司目前有员工 50 多人,公司有销售部、软件开发部、系统网络部等业务部门。其中销售部主要负责进行公司服务和产品的销售工作,他们会将公司现有的产品推销给客户,同时也会根据客户的具体需要,承接应用软件的研发项目,然后将此项目移交给软件开发部,进行软件的研发工作。软件开发部共有开发人员 18 人,主要是进行软件产品的研发及客户应用软件的开发。
>
> 经过近半年的跟踪后,今年元旦销售部门与某银行签订了一个银行前置机的软件系统项目。合同规定,5 月 1 日之前系统必须完成,并且进行试运行。在合同签订后,销售部门将此合同交给了软件开发部,进行项目的实施。
>
> 小伟被指定为这个项目的项目经理。小伟做过 5 年的金融系统的应用软件研发工作,有较丰富的经验,可以担任系统分析员、系统设计,但作为项目经理还是第一次。项目组还有另外 4 名成员;1 个系统分析员,2 个有一年经验的程序员,1 个技术专家(不太熟悉业务)。项目组的成员均全程参加项目。
>
> 在被指定负责这个项目后,小伟制定了项目的进度计划,简单描述如下为:
>
> (1)1 月 10 日～2 月 1 日需求分析
>
> (2)2 月 1～25 日系统设计,包括概要设计和详细设计
>
> (3)2 月 26 日～4 月 1 日编码
>
> (4)4 月 2～30 日系统测试
>
> (5)5 月 1 日试运行
>
> 但在 2 月 17 日小伟检查工作时发现详细设计刚刚开始,2 月 25 日肯定完不成系统设计。

问题一:项目在实施过程中出现实际进度与计划进度不符是否正常,试分析导致详细设计在 2 月 17 日才开始进行的原因有哪些?

问题二:请问小伟应该采取哪些措施才能保证此项目的整体进度不被拖延?

小结

本章分五节介绍了项目时间管理计划的相关内容。这其中涉及项目时间管理计划的制定过程、项目时间管理计划制定完成后的沟通并获得批准、项目时间管理计划的实施、项目时间计划的变更管理,以及推迟完工和提前完工这两种改

变项目原有进度计划的相关内容。项目时间管理计划对于项目时间管理的成功与否非常重要,如果没有科学的项目时间管理计划可以遵循,就算有再出色的项目时间计划,项目经理还是难以很好地完成项目时间管理工作。因此,制定符合项目时间计划要求的时间管理计划,是值得项目经理好好下功夫去做的一项工作。在实施过程中应很好地去执行这个计划,加强监控和管理。

关键术语

项目时间管理计划　项目状态报告　项目追踪　状态报告　日工作记录　项目周报　变更

思考练习题

1. 项目时间管理计划的制定过程是什么?

2. 项目时间管理计划审批过程中都要与谁进行沟通?采取的沟通方式有何不同?

3. 如何进行项目追踪?

4. 项目实际进度与项目基准进度的偏差有哪两种情况?应该如何处理?

5. 项目时间管理计划对于项目时间管理的意义是什么?

6. 如何加强时间计划的变更管理?

7. 推迟完工和提前完工各有哪些注意事项?

进一步阅读

1. Project Management Institute Standard Committee,"PMI Guide to the Project Management Body of Knowledge (2004 publication)",PMI, 2004.

2. 吴之明、卢有杰:《项目管理引论》,清华大学出版社,2000 年。

3. 戚安邦:《现代项目管理》,对外经济贸易大学出版社,2001 年。

4. 夏立明、朱俊文:《基于 PMP 的项目管理导论》,天津大学出版社,2004 年。

5. 赵涛、潘欣鹏主编:《项目时间管理》,中国纺织出版社,2005 年。

6. 袁义才、陈军:《项目管理手册》,中信出版社,2001 年。

7. 范黎波编著:《项目管理》,对外经济贸易大学出版社,2005 年。

8. [美]拉乌夫·G.加诺、桑德拉·L.麦基著,杨磊、王增东译:《实用项目管理》,机械工业出版社,2003 年。

9. 池仁勇主编:《项目管理》,清华大学出版社,2004 年。

10. 刘国靖、邓韬编著:《21 世纪新项目管理——理念、体系、流程、方法、实践》,清华大学出版社,2003 年。

案例
尖塔保险公司

尖塔保险(Pinnacle Assurance)——一个在丹佛的医疗保险提供者雇用了罗伯·纳瑞斯(Rob Norris)作为新的首席信息执行官。在很短的时间里,纳瑞斯发现新接收的电脑库支付系统面临的是一场灾难。每天,在它多付给申请人至少 5000 美元的同时,还产生了大量的积压。公司很快决定需要一套新的系统。

新系统能够转换数以千计的章程、规则、费用表,以及为每天 2000 份赔付建立精确的指导方针,能够使尖塔公司采用有创造力的活动来处理个人供应者和网络。曾建立过复杂系统的纳瑞斯决定,组建一个由 24 人参加的开发团队来建立这个系统,并为项目设定了 6 个月的时间期限。

大约 12 个月后,纳瑞斯感到迷惘:"我们无法完成这个项目,我们都很劳累了,而它则陷入了困境。"简短地说,在 12 个月后,纳瑞斯并没有交付任何东西。这个项目对公司是极重要的,所以管理高层非常愤怒,但纳瑞斯的工作还没有完成。随着事情的恶化,他的开发团队成员有很多流失了,留下来的人对纳瑞斯的信心也降到最低。在经过反思后,纳瑞斯认识到,他在项目中走了错路,从一开始他的团队就犯下了一些关键的错误。他们采用了未经试验的新技术和新的平台系统。此外,为了跟上非常紧凑的时间安排,他们违背了许多项目管理的程序。

当项目逐渐失控时,现存的系统仍在继续产生错误。处在混乱中的高层管理者和团队成员都对乱糟糟的项目失去了信心。团队中的冲突达到了极点。尖塔保险公司的医疗赔付经理波尼·卡洪(Bonnie Cahoon)说:"这个项目已像一个怪物电影,问题不断地增长。"

最后,纳瑞斯通知 CEO,这个项目不可能在几个星期内完成了。他告诉 CEO,他们将不得不重新开始,无论如何,这次他们将使用熟知的技术并严格遵守项目管理程序。

他们把新的系统分成 24 个相互分离的单元,每个要在三个星期内完成。在整个项目的范围内,从每个单元的定义到新系统的完工最后期限几乎都被确定下来。最后,重新开始的工程按时完成。根据纳瑞斯的观点,关键不是建立项目计划,而是不断调整所建立的计划。他们就是这样做的,他们共修改了 13 次计划,但是整个工期却没有改变。

资料来源:K. Melymuka,"Turning Around the Project from Hell",Computerworld,November22,1999.

案例问题:

结合案例,你能否说明项目时间管理计划的重要性?

第九章　项目经理的时间管理

本章导读

前几章我们主要围绕项目本身介绍了时间管理的几个主要方面,在本章中,我们将焦点转移到项目的灵魂人物——项目经理上来。我们先了解一下个人时间管理的基本内涵和重要性,然后深入讨论个人时间管理的经典理论——时间管理矩阵的相关内容及其应用,最后我们将介绍项目经理在项目开始到结束整个过程中的时间管理方法和原则。通过本章的学习,正在疲于应付项目中各种事情而抱怨时间不够用的项目经理们应该能够找到一些解决问题的方法。

第一节　时间管理的基本内涵及其重要性

一、时间是稀缺资源

时间是最宝贵的资源,也是最稀缺的资源。做好时间管理,就能享受每一天的工作和生活;能掌握好每一天,就能掌握一生。

1930 年,胡适先生在一次毕业典礼上,发表了一篇演讲,内容如下:

诸位毕业同学:你们现在要离开母校了,我没有什么礼物送给你们,只好送你们一句话。

这一句话是:珍惜时间,不要抛弃学问。有人说:出去做事之后,生活问题急需解决,哪有功夫去读书? 即使要做学问,既没有图书馆,有没有实验室,哪能做学问?

我要对你们说:凡是要等到有了图书馆才读书的,有了图书馆也不肯读书;凡是要等到有了实验室方才做研究的,有了实验室也不肯做研究。你有了决心要研究一个问题,自然会节衣缩食去买书,自然会想出法子来设置仪器。

　　至于时间,更不成问题。每天花 1 点钟看 10 页有用的书,每年可看 3600 多页书;30 年读 11 万页书。

　　诸位,11 万页书可以使你成为一个学者了。可是每天看 3 种小报也得费你 1 点钟的功夫;四圈麻将也得费你 1 点半钟的光阴。看小报呢? 还是打麻将呢? 还是努力做一个学者呢? 全靠你们自己选择!

　　易卜生说:你的最大责任就是把你这块材料铸造成器。学问就是铸器的工具。抛弃了学问便是毁了你自己。再会了,你们的母校眼睁睁地要看你们 10 年之后成什么器。

　　看到胡适先生的这一番语重心长的话语,你有何感受? "时间就是效率"、"时间就是金钱"、"时间就是生命",诸如此类的描述我们每个人都可以脱口而出,但是我们做得究竟怎样呢?

(一)时间的特性

我们常常听到——

"我要是在大学多学点东西就好啦!"

"我应该少看些电视,好好地约束自己,多读点书!"

"时间根本不够用,公司股价节节下降,董事会和股东像一群蜜蜂一样叮得我满头包;同事间争权夺利,我总是担任和事佬的角色;家人总也见不到我,几乎把我登报作废!"

　　从某种意义上讲,时间是世界上最充分的资源,每个人都拥有 24 小时的一天;然而时间又是世界上最稀缺的资源,每个人只能拥有 24 小时的一天。最成功和最不成功的人一样,一天都只有 24 小时,但区别就在于他们如何利用所拥有的 24 小时。成功的经理人有一个共同特点:他们都是管理时间的高手;不成功的经理人在很大程度上归咎于他们不擅于管理时间,抓不住工作重点。时间就是财富,时间就是生命。时间是如此宝贵,但它又是最具有伸缩性的。它可以一瞬即逝,也可以发挥最大的效力,这是因为时间具有以下的特性:

　　(1)供给毫无弹性。时间的供给量在任何情况下都不会增加,也不会减少。因此,我们无法针对时间进行开源。

　　(2)无法蓄积。时间不像人力、财力、物力和技术那样可以被积蓄。不管我们愿意或不愿意,都必须按一定的速率消费时间。因此,我们也无法针对时间进行节流。

　　(3)无法取代。任何一种活动需要时间来完成,时间是任何活动不可缺少的基本资源。因此,时间是无法取代的。

(4)无法失而复得。时间一旦丧失,则将永远丧失。

正是由于时间具有以上特性,所以我们说用好时间、管好时间是需要技巧的,如何用最少的时间与精力完成更多的事情是困扰很多人的问题。

管理者的时间一般容易"属于别人",而非自己。他的时间经常被别人占用,而他的计划也经常被公司重要的客户、政府高级官员或自己的上司的电话所打断。管理者除非采取积极行动去改变他们生活和工作的现实,否则他们只好继续这样"工作"下去。

他是国内一家著名的系统集成公司的项目经理,职务就是"项目经理",更确切地,前面还应该加上"高级"两个字。但是,因为各种各样的原因,他在工作中往往同时扮演着多重角色:从项目控制主管、项目经理、技术经理到软件工程师;工作内容从项目协调、计划、跟踪、售前售后培训、远程技术支持,甚至编码,等等。下面是一篇来自这位项目经理的日记。

6月17日(星期四)

昨天半夜,准确地说应该是今天凌晨,客户的项目经理打电话来,说原定18日开始的验收测试推迟了。昏昏沉沉的我,迷迷糊糊地听到这个消息,心想:对于项目来讲,应该是个好消息吧。这样就给了我们一个喘息的机会,能够把集成测试的遗留问题尽快解决,并且有时间编写相应的文档,为以后的工作做好铺垫。但这同时意味着,我们回北京的时间也要推迟了。

挂了电话,虚汗却越来越多,也许是这半个月来实在太忙了吧。每日的工作堆积如山,早上8:30就开始忙碌,除了吃饭的时间可以稍微喘息一下,其他的时间都在工作,有时候连饭都省了。每天工作到凌晨2:30,回去洗漱,等到入睡已是3:00多。每周的纯工作时间已经达到105个小时!感觉很不舒服,真的有些害怕,害怕睡过去就醒不过来了。自己还有那么多心愿没有实现呢!

嘀嘀嘀!早上熟悉的闹钟把我叫醒,虽然很疲惫,但是松了一口气,终于没有沉睡过去。本来中午想休整一下,没想到事情总是一件接着一件,不论是不是我的事情都需要我来做。几个同事,一个身体不好,一个在谈恋爱,总不能让他们做吧,而且他们也已经超负荷了,每周工作七八十个小时。做项目经理做成我这样,不知道是成功还是失败呢?唉,不去想了。打电话过来的是一家JCN打印机分销商。我们的系统需要支持这种打印机,但是JCN没有驱动程序,而且国内没有技术支持力量,所以JCN只好请出分销商了。讨论了半天,没结果,很郁闷。

下午开会,把最近的工作安排给大家讲了一下,希望这几天能早九晚五吧——不过觉得还是不太可能。傍晚,公司市场总监打来电话,明天就要和银行进行商务谈判了,于是写了些文档发过去。看看表,21:00。再处理些问题,等会儿就回去了……

　　从他的叙述中，我们可以了解一个项目经理一天的主要活动和日程安排。为什么他们会如此地繁忙？你认为他们需要什么样的时间管理理念来改善这种工作状态呢？

　　项目经理要想很好地完成项目就必须善于利用自己的工作时间。工作很多，时间却是有限的。时间对每个项目来说都是最宝贵的财富。没有时间，设想的目标再高、制定的计划再好、项目经理和成员的能力再强，也只能是"望时兴叹"。但从另一个角度讲，时间也是项目潜在的资本，项目经理要把它看得与资金、人力等重要资源一样重要，利用好了也是可以创造财富的。

　　能将时间伸缩的本质掌握贴切、发挥得淋漓尽致的，就是美国作家约翰·斯坦贝克(John Steinbeck, 1902～1968)。他在 27 年前 58 岁时，带着爱犬查理，开卡车绕美国一周来了解美国的真面目，其中也检讨了自己的存在价值。这是一趟孤独的、苛刻的旅行。在这个过程中，他体验到生存时间以及时间的伸缩作用。还因此对时间的本质产生了深刻的洞察。以下引用他的记述：

　　"过去很多事情，瞬间即成记忆，这并非真实。相反，记忆有过去的模样，事情发生有先后秩序，若没有这些前前后后的事情，时间流逝就无从留下痕迹。"

　　依据这个观察，儿童时代的一年，何以感觉如此长也可以明白了。热衷于游玩，对于所见所闻，如吸水纸一般急于吸收，时常累积新的体验，所以儿童的时间是充实的、无限延长的。相对地，如果感觉时间急速而去，那是因为生活马虎，没有了感动与惊奇，也没有充实感。

　　在生存时间里，某个时间会变长，某个时间会变短。这伸缩的时间要比固定的钟表时间，对我们的人生有更大的意义。

(二)时间管理

　　随着现代商业社会竞争的加剧，项目经理们为了适应瞬息万变的市场环境，时刻处于神经紧张的状态。他们在忙乱的工作中习惯了应付各种突发事件和意外事故，但是辛苦的工作并不是总能换回相应的回报，项目往往以失败告终。而通常是可以预防的方面却因为时间不够用、来不及而成为项目失败的原因。

　　项目经理们为何忙乱？是没有足够的时间，还是不经意间把时间浪费掉了，或是被其他因素挤占了呢？善于管理自己的时间，是一个项目经理最大的成功因素之一。

　　"时间管理"一直是个重要的问题，但从来没像今天这么重要过。寻求事业、家庭与社会生活的平衡，处理大量的信息，缓解竞争压力、满足客户对品质的要求,等等,这些都需要时间。但时间就是这些,大家也都是如此,我们要从管理要时间、要效率、要效果!

时间管理的本质是能够主动、有效地控制时间,让时间为你服务,而不是整天追赶时间的脚步,对时间没有计划、没有管理、没有思考,在时间面前充满被动和困惑。特别提醒项目经理注意的是,时间管理并不是指以时间为对象而进行的管理,时间本身是无法管理的。时间管理的正确含义应该是面对时间而进行的自我管理。真正自我管理的实现,必须调和、统一自立性、社会性、人性及独创性。

时间管理所探索的是如何克服项目中时间的浪费,以便有效地完成既定目标。浪费时间,是对实现目标毫无贡献的时间消耗。项目经理应该从以下两个途径入手克服时间的浪费:一方面,要树立正确的时间观念;另一方面,培养克服时间误区的技能。我们不是要将每一天的工作时间都填满工作内容,而是合理地安排最主要的工作和解决最关键的问题。项目经理为自己制定工作计划的同时,也应该为项目团队制定一份周密的计划,项目成员按照团队工作计划再制定出每个人的工作计划。这么做的目的是让项目成员清楚自己的任务和责任,有利于使项目经理放心地授权于人。什么事都亲力亲为的项目经理也许是最勤劳的项目经理,但远远不能称其为成功的项目经理。

这些情况在你身上发生过吗?

● 由于记忆欠佳,需要重新阅读同一材料
● 对每天规定的目标只完成一半,却不知为何
● 每天大量的时间用于对凡事大惊小怪上
● 漠视自己的行动计划变得越拖越长
● 当需要时,无法找到重要的文件
● 由于随手乱放,不得不耗费时间四处寻找

(三)时间管理的重要性

一直以来,我们没有给予时间管理以应有的重视;而事实上,时间管理的重要性至少等同于战略、创新、运营这些更为炫目的管理议题,甚至更为重要。因为不论战略、创新、运营都需要由人去做,投入他们的时间和精力。对于项目经理来说,最大的约束之一就是时间,因为他们只有那么多时间。有时想通过雇用更多的人来获得更多的时间,但他们可能会相互妨碍工作,甚至阻碍信息的流通,这时项目经理不得不花更多的时间去处理摩擦与冲突。

任何一个制定出来的、帮助我们高效利用时间的计划,都必须从我们对时间宝贵性的认识入手。人生最宝贵的两项资产,一项是头脑,一项是时间。无论你做什么事情,即使不用脑子,也要花费时间。因此,管理时间的水平高低,会决定

你事业和生活的成败。

> 哈佛大学有一个非常著名的 25 年跟踪调查:对象是一群智力、学历、环境都差不多的年轻人。
>
> 调查发现:27% 没有目标,60% 目标模糊,10% 有清晰但较短期的目标,3% 有清晰且长期的目标。
>
> 25 年后调查发现:27% 没有目标的人是社会的最底层,抱怨整个世界;60% 目标模糊的人处于社会的中下层,安稳地生活与工作;10% 有清晰但较短期的目标的人,成为各行业的专业人士;3% 有清晰且长期的目标的人,成为社会各界的顶尖人士。

但是,可能每个人都有过这样的经验:毫无目的地看电视或阅读杂志,即使觉得无意义,也仍继续看下去,直到夜深,变得身心疲劳,才抱着棉被入睡。但是,第二天又重复着同样的事情。这到底是怎么回事呢?重复做这样的事,或是几个小时、或是瞬间,但其后回想起来,感觉非常空虚。

> Tom 准备晚上 7 点开始看书,但由于晚饭吃得太多,想要看电视消遣消遣。他本来只想看一点点,谁料节目太精彩,只好继续看完,这时已经过了两个小时。
>
> 9 点的时候,刚想坐下看书,他却又折回来给女朋友打个电话聊天,不知不觉又花了 40 多分钟。
>
> 这时,他又接了一个电话,花了 20 分钟。
>
> 当他走到书桌旁时,忽然看到有人打乒乓球,他不禁一时手痒。于是,他又打了一个小时的乒乓球。
>
> 打完球后,他已经全身是汗,就去冲凉。接着,他又有点疲倦,觉得应该小睡片刻。
>
> 淋浴后他又感觉到有点饿了,所以还要吃点宵夜。这个原准备用功的晚上马上就过去了,最后在半夜一点钟,Tom 才打开书来。但是,这时候他已经看不下去了,只好作罢,蒙头大睡。

事实上,这种状况潜伏着根源性的问题或原因。例如:①生活意义丧失,没有明确的目标;②欲望低下,思想不活跃;③埋没在工作或人际关系的被动状态里。运用时间管理观念和方法的前提是追究这些问题或原因,并从正视它们开始做起。管理好你的时间就能管理好你的生活。

时间是管理者和专业人士最大的约束因素,更重要的是,过分忙碌的管理者和专业人士可能陷入精疲力竭的状态,可能忙得没有时间思考,可能失去工作与生活的平衡。"时间管理"的 3 个关键问题是:什么事是必须做的? 如何看待他人？如何统筹规划出整块的时间？

时间管理：一寸光阴一寸金

以下是一个人可能的时间账目表（只计算20～60岁）

项目	每天耗时	40年耗时	结余
睡眠	8小时	13.3年	26.7年
一日三餐	2.5小时	4.2年	22.5年
交通	1.5小时	2.5年	20年
电话	1小时	1.7年	18.3年
看电视上网	3小时	5年	13.3年
看报、聊天	3小时	5年	8.3年
刷牙、洗脸、洗澡	1小时	1.7年	6.6年
白日梦、闹情绪等	2小时	3.3年	3.3年

真正工作的时间只有3.3年！

我们只有3年的时间去创造价值吗？我们如何管理时间呢？

时间管理看似个人的事情，但是对企业管理者来说，他的日程表实际上就是企业资源分配的一个缩影，也是管理者工作状况的一次透视，更可以看见它背后公司的文化及价值观。

身为管理者，它在组织中的地位越高，组织对他的时间要求往往越大。有效的管理者擅长通过各种管理工具实现对时间的掌控，从而使得自己的管理工作变得更有效。

二、时间的十大窃贼

（一）找东西

根据对美国200家大公司职员所做的调查表明，公司职员每年都要把6周时间浪费在寻找乱放的东西上面，这意味着他们每年要损失10％的时间在找东西上。对付这个"时间窃贼"，有一条原则：对于可以让他人（如秘书）整理的东西，让他人去做；对于必须自己亲自处理的东西，先扔掉那些不用的，再分门别类保管好有用的。

首先，要做必要的物质准备，以避免不能尽快找到所需物品甚至中断工作的情况。如果你把光盘和文件摆放得井井有条，就可以在几分钟内迅速查找到所需的信息。另外，最好把便条固定放在某个地方，或把它们收集在标有日期的日记簿里，以便能迅速地找到。每个人都可以创造方法来整理自己的东西，关键是要持之以恒。

(二)懒惰

只有认识时间的宝贵性,才能克服懒惰。为自己找到人生的目标,用积极的心态面对生活是根本之道。即使有人生目标的鼓舞,很多人也无法克服自己欲望,由于懒惰浪费了不少时间。对付这个"时间窃贼"的一些技巧是:不时地对自己进行负向激励;争取在家之外的地方工作,或者在办公室做完再回家,这就要提高工作效率;提早开始,使自己的实际行动在计划之前开始。

(三)时断时续

研究发现,造成公司职员浪费时间最多的是时断时续的工作方式。因为重新工作时,这位职员需要花时间调整大脑活动及注意力,才能在停顿的地方接下去干。努力做到在一段时间内做一件事,并完成它。在这个过程中,集中注意力,排除外界干扰。这样你会发现,三个小时的工作不仅能按时完成,而且还可以完成得很不错。

(四)不懂得授权

通过其他人的协助也可以提高效率。但在授权他人的同时也要给他们创造完成任务所需要的条件。授权时应注意以下一些方面:

(1)有一套制度用以监督管理;

(2)你所选择的人务必是愿意执行任务,并且有执行能力的人;

(3)教育下属、指导下属,使他们有成长的机会;

(4)确定他们有必要的工具和物资供给,以便完成工作;

(5)激励下属,促使他们保持积极与热诚的态度;

(6)授权不仅要分配不好做的事,也要分配容易做的事;

(7)不能把自己都觉得难以做好的工作转交给别人。

(五)偶发延误

偶发延误也是最浪费时间的情况之一。要避免这种情况,唯一的办法就是制定备选方案。如果事前有所准备,甚至可能利用偶发的延误,把本来会失去的时间化为有用的时间。项目经理必须明白并帮助项目成员也树立这样的观念。这样在发生偶发延误之时,可以在最快的时间内解决问题。

(六)惋惜不已或白日做梦

老是想着过去犯过的错误、失去的机会,或者空想未来、好高骛远,这都是极浪费时间的态度。在失败中吸取经验,根据实际情况规划未来是一个成功的管理者所必备的素质。

(七)拖拖拉拉

这种人做事犹豫不决,错失机会,又为没有完成任务而悔恨。对付这个"时间窃贼"的方法是,把握机会,果断决策,并付诸行动。很多时候你只需要按时赶到工作地点,实施工作计划,调整工作内容,就能很好完成任务了。

(八)对问题缺乏理解就匆忙行动

这种人与拖拖拉拉的作风正好相反,他们在对问题充分理解之前就匆忙行动,以致很多时候需要推倒重来。为了对付这个"时间窃贼",必须培养自己的自制力,熟知工作中各种问题的程序。如果现有的程序合理,你就要按程序进行;如果没有,那么就该制定一个了。

(九)消极情绪

消极情绪使人失去斗志,工作效率下降。要主动进行自我心理调适,培养积极心态,使自己喜欢并善于解决问题。当问题出现时,不会恐慌得坐立不安,也不会为最坏的情形所吓倒。相反,应把精力集中在思考为什么会出现这些问题、现在应该做什么,以及今后怎样才能避免这个问题上。良好的心理素质对高效地处理问题是极有帮助的。

(十)分不清轻重缓急

区分轻重缓急是时间管理中最关键的问题之一。许多人在处理日常事务时,以为只要时间被工作填得满满的,就有成效感,就对得起自己的良心。他们完全不知道怎样把人生的任务和责任按重要性排队。对付这个"时间窃贼"的方法是,在确定一段时间具体做什么之前,要问自己三个问题:

(1)我需要做什么? 明确那些非做不可、又必须自己亲自做的事情。

(2)什么能给我最高回报? 人们应该把时间和精力集中在能给自己最高回报的事情上。

(3)什么能给我最大的满足感? 在能给自己带来最高回报的事情中,优先安排能给自己带来满足感和快乐的事情。

除了上述十大"时间窃贼"之外,其他常见的"时间窃贼"还有:夸夸其谈,门户大开,迎来送往,家务繁杂,应酬过多等。

测试:

你是否具有自我管理的能力呢?

你能在一分钟左右的时间里, 找到你已经归档的任何材料吗?

如果必要, 你的身体状态能否允许你今天加快工作速度?

你知道今天的时间安排吗?

你能查看哪些任务可以移到其他时间完成吗?

你愿意帮助多少同事摆脱困境?

有多少同事会帮助你摆脱困境?

你遇到的重要问题是哪些?

你怎么能防止问题的再度发生?

第二节　时间利用和管理技巧

　　传统的时间管理告诫我们每日要制定计划,而且要按照优先顺序排列。但是当你把这些都做到之后,没过几天你就会发现自己的老毛病不知不觉又犯了,于是你只能对着计划望而兴叹了。同样,当你制定了工作计划,心里知道有很多事情要去完成时,突然莫名其妙地发现自己情绪低落、身心疲惫,什么都不想做,于是你又只能对着一大堆事望而兴叹了。还有,工作时无法专注、犹豫不决……这到底是怎么回事?

　　一、有碍时间管理的四种观念[①]
　　一般人在不同的环境、不同的年纪、不同的心绪下,对时间可能会持有不同的看法,而且一般人对时间的态度是极为主观的。在各种时间观念中,有四种观念特别不利于时间的有效运用。它们是:

　　(一)视时间为主宰
　　视时间为主宰的人,将一切责任交托在时间手中。这种人深信"这只是时间问题"、"岁月不饶人"、"时间是最好的试金石"这一类的说法。在这种人心目中,时间犹如驾驶员,而他们则好像乘客。

　　视时间为主宰的人的一个主要行为特征,便是重形式而不重实质。例如,尽管他们有时需要更多的休息,但是这些人每天总是在同一时间起床;尽管他们有时在那个时间并不感到饥饿,但是这些人每天总是在同一时间进餐。这些人总是恪守固定的时间办事而不愿稍作变动,例如下班时,虽然下一班 6:05 分的班车不愁没有座位,但他们总是赶 5:45 分那趟拥挤不堪的班车。有时甚至是以时间为行为准则而忽视其他一切,例如长途电话的通话时间一超过三分钟,就令他们感到极度不安,即使增加的通话时间可以节省几天的旅途奔波或是代替冗长的会议。

　　视时间为主宰的人虽然重形式而不重实质,但这并不意味他们一定喜爱形式。他们有时也会违背形式的要求,但却不敢公然违背,而只是以"自欺欺人"的方式逃避。例如常听某些人说"偷得浮生半日闲"。言下之意他们认为:
　　(1)他们不应当在忙忙碌碌的工作中偷闲;
　　(2)他们想偷闲,而且无论如何都要偷闲;
　　(3)他们期望能避免罪恶感或良心的谴责。

---

　　① 《哈佛经理的时间管理》http://www.cioworld.net/index.html.

视时间为主宰的人并不面临"选择"的困扰,他们生活得颇为潇洒,因为他们只需听从时间的指挥而无需费脑筋。他们最大的缺点在于无条件地向时间屈服,以致不能善用时间。那样的话,发掘生命过程中无穷的机会便无从谈起了。

> 我们是每分钟的主人,否则便是每分钟的奴隶;我们利用时间,否则时间利用我们。

(二)视时间为敌人

视时间为敌人的人,经常将时间当作超越与打击的对象。这种人的行为特征表现为:

(1)设定难以完成的时限,以便"打破记录"或"刷新纪录"。对这种人来说,节省下来的一点时间好像能积蓄下来似的。

(2)在任何约定时间的场合,因早到而感到"胜利"、因迟到而感到"沮丧"。这种"胜利"或"沮丧"的感觉,是针对时间的早晚而产生,并非针对时间的早晚所导致的后果而产生的。例如有些人开会总是早到,结果便是等候其他与会者的来临。仍有一些人因约会时迟到一两分钟而感到沮丧,只因自己与时间打输了一场仗而感到沮丧。

视时间为敌人的人有一个最大的长处,便是洋溢着突破障碍的竞争精神。但与时间竞赛的人,是注定要失败的。当一个人的心理经常处于竞争状态时,他将难以充分体会经验、成就和过程的喜悦,也将难以生活在现在,因为他的心总是放在下一场的战斗上。

视时间为敌人,就是重效率而不重效能。效率是一种相对于既定标准而实际达到的标准的概念。比如,能以较少的投入获得同等的产出,或是以同等的投入获得较多的产出,这都被视为富有效率。自从泰勒于 20 世纪初倡导科学管理以来,效率被当作一种追求的目标。效率之所以受到如此重视,恐怕应归功于管理学界对它不遗余力的研究与追求:从早期的"动作研究"、"时间研究"与"工作设计"到近期的"作业研究"、"计划审核术"等,无一不是致力于提高效率的。在可支配的资源(包括时间)极度匮乏的情况下,讲求效率是明智和必要的,因为效率的提高足以减轻资源(包括时间)的浪费。

同时为了将"效率的提高足以减轻资源的浪费"变成事实,管理者更要讲求效能。所谓效能,是指设定合适的目标,以及选择为完成特定目标所需的适合的手段。有效能的人不但能够制定合适的目标,而且能够选择适合的手段以完成既定目标。

譬如,当纯平电视机已处于生命循环的成熟期,而液晶电视机正方兴未艾时,若管理者仍选定纯平电视机为目标产品,则不论其生产效率有多高,这种产品肯定要滞销。这样的管理者是无效能可言的。又如,管理者为了推销女性化妆品,而在某一电视节目内发布产品广告,但是倘若该节目不受女性欢迎,则不论其收视率有多高,或广告费有多便宜,这种广告肯定无法实现促销的目的。这样的管理者也是无效能可言的。上述实例显示,倘若管理者只讲求效率而不讲求效能,则将因为目标无法实现而导致严重的资源浪费。大管理学家彼得·杜拉克有鉴于此,在 1966 年撰写了《有效的管理者》一书,呼吁管理者重视效能。在这本书上,他简明扼要地指出:效率是"以正确的方式做事",而效能则是"做正确的事"。

管理者固然期望能同时拥有效率与效能,但在效率与效能无法兼得时,管理者首先应着眼于效能,然后再设法提高效率。难怪彼得·杜拉克会斩钉截铁地说:"对企业不可缺少的是效能,而非效率。"

(三)视时间为神秘物

视时间为神秘物的人通常都认为时间高深莫测,囿于时间所加的限制。他们对待时间的态度,与他们对待自己身体的态度极为相似。除非等到他们的肠胃出毛病,否则他们不会意识到肠胃的存在或是肠胃的重要性。同样,除非等到他们对时间的使用受到限制,否则他们不会意识到时间的存在或是时间的重要性。

视时间为神秘物的人因为忽视时间所加的各种限制,所以能够专心致志地工作。这未尝不是一件好事。但是,时间对绝大多数人特别是对项目经理来说都是吝啬的。除非他们真正了解到这种吝啬,否则他们将无法适当地从事时间的调配,并将其投入到最重要的工作当中。

(四)视时间为奴隶

"视时间为奴隶"这种观念转化成一种行为,便是长时间地沉迷于工作,成为所谓的"工作狂"。在各种各类的机构中,许多管理者的工作时间都很长,而且职位愈高者工作时间愈长。我们时时可以听到这一类的话:"一位基层的管理者如能在八小时内做好一天的事,他已算是一位能干的人物。但是一位高层的管理者如能在十小时、甚至十二小时内做好一天的事,他应被视为特别杰出的俊才。"

难道职位越高的管理者,他的工作时间将无可避免地延长?许多人对这个问题都给予了肯定的答复。理由是:当一个人在组织中职位上升得愈高、工作愈加重要,其责任愈加重大,所以工作时间自然延长。可是,对这个问题的否定回答,或许更加令人信服:当一个人在组织中职位升得愈高,上级授予他的权力愈大,供他差遣的员工也愈多,因此工作时间不应随职位的升高而增加。

统计调查显示,每周工作时间超过五十五小时、甚至六十小时的管理者大有人在。令人感到奇怪的是:这些长时间工作的人大多数都不认为自己工作过长。事实上,有些管理者只有等到心脏病突发、子女求见时,才领悟到自己花在工作上的时间过长。例外性的长时间工作并不足以产生不良后果,但是经常性的长时间工作则有不良后果。以下三种后果很值得管理者注意:

(1)研究发现,每天的工作时间一超过八小时,则生产效率将快速递减。倘若这些研究结果是可信的,则每周工作时间最好不超过四十八小时(按六个工作天计算)为好。

(2)长时间工作足以令人养成拖延的习惯。许多管理者对工作因保持着"白天做不完,夜晚还可以做;平时做不完,周末或礼拜天还可以做"的态度,于是使八小时可以做好的事被拖延到十小时才完成,五天可以做好的事被拖延到六天才完成。这不幸应验了帕金森所提出的"帕金森定律",即如可供完成工作的时间为八小时,则工作将在八小时内完成;如可供完成工作的时间被增加为十小时,则同样的工作将在十小时内完成。

(3)长时间工作可能导致工作的失败。管理学者约瑟夫·崔岂特曾经对一群管理者在事业上的成败进行研究,他发现成功的管理者与失败的管理者的差别在于:后者随时愿意为工作而牺牲家庭。即忽视家庭而过度强调工作的管理者,其工作终究会不佳。长时间工作所导致的不良后果足以说明,为何一些机构会强迫员工定期休假、限制加班次数或加班时数,或是不准累积假期。

以上四种有碍时间管理的观念是人们不能有效利用时间的根本原因。它给我们一个重要启示:如果我们不改变自己对时间的态度,进而改变自己的行为习惯,那么所有的时间管理技巧都是纸上谈兵。我们要管理的其实不是时间,而是我们自己,是对自己价值观的管理、对自己工作生活状态的管理及对自己行为习惯的管理。如果抛开这些根本去谈一些时间管理技巧的话,那只能是治标不治本。

许多时间管理专家都指出:时间是与生俱来的,它像空气那样支持人们的生存,又像手或手指头那样可以供管理者作多种不同的用途。因此,只有不对时间抱任何成见,或加诸任何价值判断,而视之为中性资源,才可对它作出有效的运用。

视时间为中性资源,犹如人力资源、财力资源、物力资源与技术资源那样,将有助于管理者切实把握现在,而不致迷失于过去或未来。但这并不意味着过去与未来不重要:过去犹如一面镜子,它足以令管理者认清自己以免重蹈覆辙;未来是现在努力的导向与终结。不过,只有现在才是管理者可以采取行动的唯一时间。世界上的所有成就都是"现在"创造的,因此管理者应能记取过去,把握现在,放眼未来。

> 昨天是一张已被注销的支票;明天是一张尚未到期的本票;
> 今天则是随时可运用的现金。请善用之!

二、时间管理矩阵[①]

任何想要学习时间管理的人,都对自己支配时间的方式有所怀疑,即现在的时间分配模式并不能带来有意义的生活。每个人都想平衡自己扮演的各种角色,但是他们所能做的也只是尽快实现角色的转换而已。例如,一名项目经理是公司的销售部副经理——他既是总裁的下属,又是部门成员的上级,同时他还是丈夫、父亲、儿子、朋友等。在不同的时间里,他或许可以扮演好不同的角色,承担不同角色所赋予的责任。可是当他在同一时间扮演两种或两种以上的角色时,大多数人只能根据紧迫性原则选择其中一个角色而放弃其他的角色。

中国人做事情讲究"轻重缓急",美国的史帝芬·柯维博士(Stephen R. Covey)则将事情划分成了四个象限,即时间管理矩阵。这是第四代时间管理法,它使我们能够通过平衡和以原则为中心的方式来满足自己的基本需求和能力,从而创造高质量的工作生活方式。

第一代理论着重利用便条与备忘录,在忙碌中调配时间与精力。这一理论的最大缺点,是没有"优先"概念。虽然每做完备忘录上的一件事,会带给人成就感,可是这种成就不一定符合人生的大目标。因此说,所完成的事是必要的而非重要的。它是积极的,但却是被动的;它是一种良好的习惯,但未必是科学的方法。

第二代理论强调的是计划与日程表,反映出时间管理已注意到规划未来的重要。这一代理论使人的自制力和效率有所提高,能够未雨绸缪,不只是随波逐流,但是对事情仍没有轻重缓急之分。

第三代理论是目前最流行的,讲究优先顺序的观念,也就是依据轻重缓急设定短、中、长期目标,再逐日订立实现目标的计划,将有限的时间、精力加以分配,争取最高的效率。

这一代理论虽然有了很大的进步,讲究价值观与目标,但也有人提出疑义,

---

① [美]史蒂芬·柯维(Stephen R. Covey)等著:《要事第一——最新的时间管理方法和实用的时间控制技巧》,中国青年出版社,2003 年。

认为过分强调效率,把时间绷得死死的,反而会产生副作用,使人失去增进感情、满足个人需要及享受意外的机会;拘泥于逐日规划行事,视野不够广阔,纠缠于急务之中,难免因小失大,像是拾到芝麻丢了西瓜。

第四代理论是在前三代理论的基础上,兼收并蓄,推陈出新,以原则为重心,配合个人对使命的认知。将事情分成重要紧急、重要不紧急、不重要紧急和不重要不紧急等四类,当事情进来,先归类判断是属于哪一类,就知道要不要花时间或花多少时间是合宜的。

时间管理矩阵的重点在于开发能力和培育价值观,而不局限于任何技巧和工具,也不只是提高我们作计划的能力。如图 9-1 所示,它将所做的事情划分为四类,分别归在四个象限内。

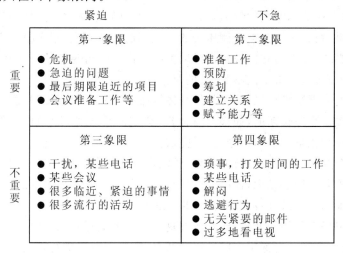

```
        紧迫                            不急
   ┌─────────────────────┬─────────────────────┐
   │     第一象限         │     第二象限         │
   │  ● 危机             │  ● 准备工作         │
重 │  ● 急迫的问题       │  ● 预防             │
要 │  ● 最后期限迫近的项目 │  ● 筹划             │
   │  ● 会议准备工作等   │  ● 建立关系         │
   │                     │  ● 赋予能力等       │
   ├─────────────────────┼─────────────────────┤
   │     第三象限         │     第四象限         │
   │  ● 干扰,某些电话    │  ● 琐事,打发时间的工作 │
不 │  ● 某些会议         │  ● 某些电话         │
重 │  ● 很多临近、紧迫的事情 │  ● 解闷            │
要 │  ● 很多流行的活动   │  ● 逃避行为         │
   │                     │  ● 无关紧要的邮件   │
   │                     │  ● 过多地看电视     │
   └─────────────────────┴─────────────────────┘
```

图 9-1　时间管理矩阵

```
重要
 |
 |   B 重要而不紧迫      A 重要且紧迫
 |
 |   C 既不紧迫与重要    D 急迫而不重要
 |_____  紧迫
```

图中的四个象限基本说明了我们每天都在做的事情。"忙人"在时间的分配上,给到第一象限的通常比较多。把又重要又紧急的事情优先处理,这看似符合常规逻辑,但是正如 Charles Hummel 在《急事的奴隶》(Tyranny of the Urgent)一书上所说:重要的事情通常不需要在今天甚或这个星期完成,但急事却非得立刻行动不可。急事的迫切性总让人觉得非常重要不可耽搁,从而一步步耗损我们的精力。把重要的事情摆在第一位才是时间管理的要诀所在。所谓重要的事情,是指真正有助于达成我们的目标的事情,是让我们的工作与生活更有意义,更有成就的事情,但是这些事情应该是第二象限中通常并不是那么迫不及待的事情。

第一象限代表既"紧迫"又"重要"的事情,比如说处理怒气冲冲的客户的问题、赶时间等。

重要紧急的事马上做,例如考试、赶三点半的火车和看医生等。做完之后应该检讨是不是能预防以后不要发生得这么突然,因为太常发生,压力太大,对健康很伤。

在这个象限进行管理,需要拿出自己的经验和判断力来应对诸多需要和挑战。但是,如果你把大部分时间花在这个象限上,可以想象一下你每天的忙乱程度,这么做会耗费你巨大的精力,而一个又一个问题会像大浪一样向你冲来。长期这样,你早晚有一天会被击倒压垮的。我们需要认识到,很多重要事情之所以变得迫在眉睫,是因为它们被延误或因为我们没有进行足够的预防和筹划。

第二象限包括"重要但不紧迫"的事情。

这一类的事情影响深远,例如做身体健康检查和学习新知识、新技能等。这类事情的效益是中长期的,如果一再拖延,会变成重要又紧急的事,所以应该拟定具体目标和化整为零的计划,按时完成。

在这个象限,我们进行长期规划、预测和预防问题,赋予能力,通过阅读和不断的专业培养来增长见识,提高技能。例如,设想如何帮助正在奋斗的儿女,为重要的会议和发言做准备,通过深入坦诚的聆听进行感情投资。在这个象限多投入时间将提高我们的办事能力;忽视这个象限就会导致第一象限扩大,从而造成压力、筋疲力尽和更深层次的危机。所以,对这一象限进行投入将使第一象限缩小。计划、准备和预防可以避免很多事情变成当务之急。第二象限不会逼迫我们,但我们必须去做。

第三象限几乎就是第一象限的幻想,包括"紧迫却不重要的"事情,这是一个蒙蔽象限。紧迫的噪声造成了重要的假相,很多电话、会议和不速之客都属于这一类。例如没有事先约定的访客或打来闲聊的电话,则长话短说,或每天留一些空白时间来处理这类事,或由替代方式处理。

不要以为这些是紧急的事就认为它们也很重要,实际情况是,这些事情的紧迫性常常是由别人的轻重缓急来决定的,你始终在被别人牵着鼻子走路。我们在第三象限花费很多时间,满足他人优先考虑的事情和期望,却认为自己在干第一象限的事情,所以工作效率可想而知了。

第四象限是留给那些"既不紧迫也不重要的"事情,这是浪费象限。

例如闲逛街或闲聊或无目的地看电视等等,偶一为之,但限时间结束;或者提升层次,逛街提升为对流行的观察或对人的观察,闲聊提升为讨论或主题交流,看电视提升为有目的的新信息的接收。

我们根本不应该在这个象限白费时间。但是我们被第一和第三象限折腾得伤痕累累,因此为了生存经常"逃避"到第四象限。第四象限都是什么样的事情呢?不一定是娱乐,因为作为真正意义上具有再创造性质的娱乐是第二象限值得去做的事情。第四象限不是生存,而是堕落。它可能开始像吃棉花糖一样给人一种满足感,但很快会被发现是空无一物。

请看下面的行事次序,看看你自己平时喜好用哪种方式?

(1)先做喜欢做的事,然后再做不喜欢做的事。

(2)先做熟悉的事,然后再做不熟悉的事。

(3)先做容易的事,然后再做难做的事。

(4)先做只需花费少量时间即可做好的事,然后再做需要花费大量时间才能做好的事。

(5)先处理资料齐全的事,然后再处理资料不全的事。

(6)先做已排定时间的事,然后再做未经排定时间的事。

(7)先做经过筹划的事,然后再做未经筹划的事。

(8)先做别人的事,然后再做自己的事。

(9)先做紧迫的事,然后再做不紧要的事。

(10)先做有趣的事,再做枯燥的事。

(11)先做易于完成的整件事或易于告一段落的事,然后再做难于完成的整件事或难以告一段落的事。

(12)先做自己所尊敬的人或与自己关系密切的利害关系的人所拜托的事,然后再做其他人所拜托的事。

(13)先处理已发生的事,后处理未发生的事。

事实上,以上的各种行事准则,从一定程度上说大致上都不符合有效的时间管理的要求。我们既然是以目标的实现为导向,那么在一系列以实现目标为依据的待办事项中,到底哪些应该先着手处理,哪些可以拖后处理,哪些甚至该不予处理呢?

每个人可以对照自己近期的生活,将过去一段时间的事情进行分类,列入所属象限,然后分析一下自己把大部分时间花在哪个象限上了。时间管理矩阵理论的意义在于,它使我们的思维模式从紧迫性模式转变成重要性模式。在转变思维模式之前,先来想想什么事情对自己来说是重要的,在内心里回答这样的问题:

(1)有一件事情,你知道如果干得特别出色而且坚持下去,就会对自己的生活产生积极的重大的影响,那是什么?

(2)有一件事情,你知道如果干得特别出色而且坚持下去,就会对你的职业生涯或工作产生积极的重大影响,那是什么?

你的答案应该属于第二象限。这些事情应该是对你来说是重要的事情,但是对照自己在这些事情上所花费的时间,我们会发现,或是因为这些事不急、不紧迫,或是它们不会逼迫你去做,结果你在忙碌的工作中,始终没认真地去完成。

史蒂芬·柯维(Stephen R. Covey)在他的《要事第一》这本书中提出:使用紧迫性思维方式来管理自己时间的人,即使解决了紧迫的事情,但是他在以后面临同样的事情时,仍然没办法很好地解决,他的生活永远处于忙碌且收获甚微的状态。

柯维提供了一个每周前利用30分钟做一周前瞻性计划的方法,来贯彻以重要性为原则的管理时间方法:

1. 联系自己的构想和使命

利用时间管理矩阵来管理自己的时间,最困难之处在于要判断:什么是重要的,而什么是紧急的。没有明确的规则可以将这些活动划分到各个象限中去。问题出现的时候也不会带着"重要/不紧急"的标签。而且,人们怎样才能确定自己所关注的活动是重要的,而不只是紧急的呢? 对个体来说,意识到自己的核心价值观和建立一套与职业生涯同样持久的基本原则以引导行为是非常重要的。这就是个人构想和使命的基本内容。

在工作之余,留出时间思考生活中最重要的事情,对自己的内心发问,什么是最重要的? 什么使你的生活有意义? 你想在自己的一生中成为怎样的人、做什么事? 按照自己的构想和使命去安排日程,就不会发生进度计划和目标不一致的情况。

2. 确认自己的角色

角色代表的是责任、人际关系以及作出贡献的领域。很多人遇到的问题是,在成功地履行了某个角色的同时,牺牲了另一个角色。例如,某个人可能是一个声誉卓著的项目经理人,但他作为父亲和配偶却并不成功;某个销售人员可能在满足客户需求方面获得满分,但在个人发展和成长方面却没有满足自己内心的需求。

该怎么做呢? 首先,把认为合适的角色列出来,这样可以让人体会到生活的整体性——生活不仅是工作,或家庭,或某个人际关系,而是这些角色的整体。另外,它还会突出目前被忽视的"重要但不紧迫"的某些领域。柯维建议加上一个基本角色,称为"磨刀不误砍柴工",它是为增加个人才能而花费的时间,例如,锻炼身体、建立关键的社会关系、补充专业知识等等。

3．为每个角色选择第二象限的目标

在一周中充当各种角色的时候，能做哪些重要的事情以产生最大的积极效果，是确定角色目标的准则。目标应符合内心的构想和使命，并且不要为每个角色确立太多的目标，你可以问自己类似下面这些问题：

（1）如果我在下一周达到了这些目标，那会怎样？

（2）我会对自己的生活质量有什么感觉？

（3）那会在我的生活中产生什么正面影响吗？

（4）如果我每周都这样，那又如何？

（5）那样，我能比现在更加有效吗？

4．为第二象限目标安排日程

这是为了把第二象限各种角色的目标转换成行动计划。它不是给日程表中的事务理清优先顺序，使日程表里挤不出一点空余时间；而是给重要事务安排日程表，正如先给大瓶子里装上大块石头，再装沙子和水一样。重要的是把第二象限目标放在合适的位置上。

在具体的应用上，可以这么做：把一周中每天的活动安排在两个区域，一个区域按小时分给特定的约会；另一个区域列出第二象限的目标作为今日要务。今日要务的履行并不固定，例如：作为子女的角色时加强同父亲的联系，目标的实现不在于特定时刻的机会，与其计划在下周的某天安排一次聚会，不如简单把"父亲"写在今日要务的最前面，然后等待机会。如果周一没有机会，那就画一个箭头挪到周二。重要的是在你决策时，父亲总比其他事情重要。如果在你处理业务文件时，你的父亲打来电话寻求你的帮助，那你当然是把文件——而不是父亲——放在一边。另外在合适的时间特别安排一次约会也很有价值：和父亲一起吃饭，坐下来谈谈你的工作、父亲的身体等等。

第二象限日程安排的目的是建立一个框架，使人们每日每时基于重要性作出正确的决策。

5．在抉择时刻的诚信

一周内的第二象限目标已经安排好了，最后的挑战就是在应付意外事件的同时坚持要事第一的原则。是否能将内心的构想和使命转化为抉择时刻的行动是一种能力。可以做下列三类事情来培养这种能力：

第一类事情：对这一天进行心灵演练。保持个人使命的坚定性和明确性，不仅有利于加强在抉择时刻的诚信，而且能提供一个可以不感觉内疚而说"不"的基础。同"每日计划"不同，心灵演练的过程是从一周的背景来看这一天，重温内心构想和使命，牢记第二象限目标的日程安排。

第二类事情：区分优先顺序，用涂亮画圈等方法标出你的最优先的事情。排序只包括列入一周事项的活动,未考虑意外事件的优先顺序。所以如果已经仔细考虑了自己的角色及其目标后,就能清楚明白什么是本周要事了。

第三类事情:应用 T 型计划。每日日程安排可以设计左端为对时间敏感的活动,右端为任何时刻都可进行的活动。应当注意的是,并非"对时间敏感"的活动总是优先于其他活动,可能你对两个活动的重要性判断让你重新安排日程计划。

6. 评估

当一周结果时,回顾一周的活动是否符合自己内心的构想和使命,是否达到了自己所扮演角色的目标? 在抉择时刻遇到了什么样的挑战? 自己最终的决定是什么? 是否遵循了要事第一的原则?

这种一周前瞻性计划是一种思考方式,它按周制定计划,可以给我们提供更为广阔的视野和对重要安排的灵活性,同时它使我们对生活意义价值的理解变成日常生活的一部分,它使我们看到的不是生活的零星碎片,而是完整的画面,这是使生活更有意义和成功的时间管理思想。

第三节　项目经理的时间管理

之所以说项目经理是一个项目的灵魂,是因为项目从开始到结束,都是项目经理全权的责任。他需要控制项目的各个方面按照计划进行,同时也必须控制好自身的行为。而除非进行很好的时间管理,否则他就无法控制好自己,进而无法控制整个项目。事实上,项目经理的时间管理堪称是时间管理在个人身上的典型应用。

许多项目经理试图延长他们的工作时间,以完成更多的工作。但是,工作会不断地增多,以填满它能得到的时间。工作不是固体,它像一种气体,会自动膨胀,并填满多余的时间。所以,若是不管出现什么困难,都要在规定时间内完成任务,这样也不好。因为这样做是将自己置于压力之下,产生紧张、焦虑甚至更糟的情况。

那么,项目经理应该怎样做才能提高自己的效率,并很好地协调工作和生活呢?

一、项目目标设定与时间管理

(一) 项目目标

项目目标是在一定项目背景下确立的,是项目成败的衡量标准,也是项目中所有工作的终极目标。因此,项目经理必须对项目目标有深刻透彻的理解,并以项目目标为原则作出决策。以目标为指向的时间管理可以使项目经理在工作中以重要性为原则，真正做到要事第一。

1. 项目背景描述

项目背景描述一般依据可行性研究报告而形成项目背景描述文件。项目背景一般比较复杂，在大多数情况下，项目背景描述显得比较程式化，不被项目团队所重视。但是项目经理必须清晰地了解项目的各个方面，因为这些方面决定着项目的成败。

项目背景描述应包括以下几个方面的内容：

（1）项目设想。包括项目的具体介绍，如项目种类、规模、形式等。

（2）项目环境的构成及分析。包括社会外部环境，如政治、文化等；以及组织内部环境，如公司的组织管理制度、特别是公司管理项目的方式。

（3）项目发起人情况。包括基本情况、提供资金的可能性等。

（4）项目的利益相关者。包括公司外部各单位和公司内部有关部门。

（5）支持该项目的经济政策和其他相关政策。

清晰的项目背景描述有助于项目经理理顺项目和各方面的关系，在项目过程中把大部分时间用在处理同主要利益相关者的关系中，把建立、培育同这些利益相关者的关系归入第二象限事务。

2. 有效目标的特质

项目的目标往往不是单一的，而是由多个具有不同重要性的目标按一定层次构成的有机整体。一般地，范围、质量、成本和时间是任何项目都具备的基本目标。其中，范围规定了项目目标和工作内容；质量是项目实现功能的基础；成本和时间是项目实施阶段主要考虑的绩效标准，而且往往在项目结束阶段显示出迫切性。项目团队应在项目经理带领下自高至低、自抽象到具体建立目标管理系统，这样可以使项目成员明确个人责任对整个项目目标实现的贡献，有利于团队沟通和授权。

项目目标的设立和描述应遵循 SMART 原则：

（1）S（Specific）代表具体。项目目标依据项目范围、进度计划、成本和质量等来具体定义，最终确定一个具体的产出。有人说："我将来要做一个伟大的人。"这就是一个不具体的目标。目标一定要具体，比如你想把英文学好，那么你就订一个目标：每天一定要背十个单词、一篇文章。

有人曾经做过一个试验，他把人分成两组，让他们去跳高。两组人的个子差不多，先是一起跳过了 1 米。他对第一组说："你们能够跳过 1.2 米。"他对第二组说："你们能够跳得更高。"经过练习后，让他们分别去跳，由于第一组有具体的目标，结果第一组每个人都跳过 1.2 米；而第二组的人因为没有具体目标，所以他们中大多数人只跳过了 1 米,少数人跳过了 1.2 米。这就是有和没有具体目标的差别所在。

(2) M(Measurable)代表可测量。任何一个目标都应有可以用来衡量目标完成情况的标准。你的目标愈明确,就能提供给你愈多的指引。目标应尽量以数据型参数来界定,比如你要买一栋房子,先要在心里有个底:房子要多大、是几层楼、需要多少卧室,要木头的还是钢筋水泥的,要多少平方、坐落的地点。你的预算有了这些明确的标准,你才有可能顺利地买好你的房子。

(3) A(Achievable)表示可实现的。一个无法实现的目标是毫无意义的,所以项目目标应是通过努力可以达到和完成的。不能达到的目标只能说是幻想、白日做梦,太轻易达到的目标又没有挑战性。

多年前在美国进行了一项成就动机的试验。15 个人被邀请参加一项套圈的游戏。在房间的一边钉上一根木棒,给每个人几个绳圈套到木棒上,离木棒的距离可以自己选择。站得太近的人很容易就把绳圈套在木棒上,而且很快地就没兴致了;有的人站得太远,老是套不进去,于是也很快就没兴致了;只有那些站的距离恰到好处的人,不但觉得游戏具有挑战性,而且还有成就感。实验者解释说着之所以产生这种现象,是因为这些人有高度的成就动机。

(4) R(Relevant)代表相关的。项目各目标之间应相互关联,达到目标的过程也是执行一系列相互关联的任务的过程。

(5) T(Traceable)表示可跟踪的,也有一种解释是有时限的(Time Bound)。项目目标的完成情况应通过信息系统等来监控和跟踪,并在预定的时间内完成,否则将使项目失控,超出计划的范围。

(二)围绕项目目标的工作任务

有的项目经理,一天要接几十个电话,一周要开十几次会议,忙得团团转,总需要增加人手,却总不够用。当项目经理同时又担任部门经理时,部门的日常事务也无暇处理,难以协助公司整体战略的实施。这样的项目经理不能从容地处理项目进程中的大小事务,也没有时间考虑部门发展的问题。

1. 项目经理的工作任务

项目经理应清楚自己的工作内容和主要任务,把时间和精力集中分配到这些事情上:

(1) 制定目标。

(2) 进行组织工作。包括分析达成目标所需的各项活动,对工作进行分类,为各项工作安排适当的执行人员。

(3) 激励和沟通。

(4) 制定和执行绩效考核标准。围绕项目目标确立绩效衡量标准,并及时将绩效评估结果反馈给项目成员。

（5）培养团队成员，包括项目经理自己。项目经理可以制定培训计划和能力发展计划，一方面使项目团队成员在执行任务时投入更多的热情，另一方面也可以提高项目团队的工作效率。

项目经理的 12 条规则

1. 弄清项目经理所面临的问题、机会和期望。
2. 明白项目团队将会有冲突，但却是团队发展中的必然现象。
3. 弄清谁是利益相关者，以及他们的目标。
4. 意识到组织的强烈政治色彩并利用政治手段获得优势。
5. 意识到项目经理必须精于领导，但是你应当灵活机动。
6. 明白判断项目成功的四个标准：预算、进度、绩效标准和客户满意。
7. 为组建一个和谐的团队，你必须充当队员的激励者、教练、活跃气氛者、维和人员和冲突裁决人。
8. 你所表现出的情绪——无论正面还是负面的，都将是你的团队成员培养品质的基础。
9. 经常做一些"如果……那么"的假设，避免安于项目现状。
10. 不要因小事而停止不前，迷失了项目的目标。
11. 有效地利用好时间。
12. 首要任务是：计划、计划、计划。

---

2. 项目经理在项目各阶段的重要工作

（1）启动阶段

这是确定项目开始的阶段。项目经理的主要工作是撰写项目背景描述文件。我们已经讨论过项目背景描述的主要内容，除了写在文件中的内容之外，项目经理还应该认真思考项目目标与各方对项目真实期望的偏差，特别是对于项目的及时交付、主要里程碑的完成时间的期望。但是，很多人忽视此阶段而直接投入项目的"实质"管理工作，忽视与进度和交付有关的约束条件，这样很容易在实施过程中产生问题。

（2）计划阶段

项目计划是对项目管理过程的目标和行为进行规划。项目计划的编制是项目管理过程中最关键的任务之一。项目经理牵头制定出总体性的计划，提出达成项目目标的指导性方案，项目成员据此拟定具体的行动计划，最后团队讨论通过。

具体讲，项目经理在这个阶段应该掌握的与时间管理有关的知识和技能包括：

●在活动定义方面：能根据项目的初始 WBS 继续进行工作分解和活动分解，创建活动清单；对活动进行清楚定义，知道定义过程的输入、工具和输出；验证活动分解和定义后的结果是否能导致项目交付物的完整产出，识别出遗漏的活动或者定义不清楚的活动，确保所有活动都在项目范围之内；对 WBS 给予新的验证，如有必要，相应修改 WBS 和活动说明并获得各方认可。

●在活动排序方面：知道如何确定活动间的几种依赖关系，识别和记录活动的前后依存关系；知道活动排序的输入、工具和输出，知道绘图方法，能够根据活动的关系描述作表和绘制网络图；在排序和绘图过程中能够对活动清单和 WBS进行更新，对遗漏的活动或者需要澄清的活动给予说明，列在新的活动清单中。

●在资源估计方面：知道活动需要的资源种类，并根据活动需要寻找、创建资源库或者资源池；知道资源估计的输入、工具和输出，特别是类比法和标准定额法作为资源估计的依据；知道资源对活动工期的影响，包括可得性、数量、质量和资源使用及管理方法；根据资源估计情况对活动定义、活动排序以及工作清单进行更新；纪录下资源估计的基础、前提和假设条件。

●在活动工期估计方面：知道活动工期估计的输入、工具和输出，特别是类比方法和专家推断法等；知道并在可能的情况下利用仿真工具，比如蒙特卡罗分析法；记录下活动工期估计的基础、前提和假设条件；生成工期估计并更新活动清单和说明。

●在生成进度计划方面：知道项目日历和资源日历；知道生成进度计划的输入、过程和输出；选择和进行适当的数学分析，比如关键路径法、计划评审技术等；明白不同的进度表现形式的优点和缺点；生成进度管理计划，包括进度的基准计划、进度变更的识别和控制体系，定义明确的绩效测量。

（3）组织实施阶段

在执行计划的过程中进行指导、调整和控制。而那些可以根据项目计划完成的具体业务可交由项目成员完成。项目经理在此阶段应该掌握的与时间管理有关的知识和技能包括：能够真正实施一些控制机制来测量、记录、报告活动相对于已有的进度计划的实施情况；进行持续的状态分析和选择性分析，来识别偏差和预测对进度变化的影响；自始至终评估活动进程，确定由于进度变化对总体项目计划实施的影响；确定快速跟进和赶工是否适合项目进度要求，进行新的风险评估，以确定最佳的进度调整措施，并形成新的进度基准计划；启动纠偏措施，将变更的影响最小化，实施得到批准的变更计划以确保项目符合新的范围、目标约束，与时间和资源约束保持一致；确保进度变更成为项目总体变更控制体系中的一部分。

（4）收尾阶段

项目在此阶段得到结果并取得正式认可。在这个阶段，项目经理应重点关注项目的验收或其他项目收尾任务，比如团队解散。项目经理不仅要处理好各种项目资料的验收，而且应做好项目交接工作。最后对项目的评价要有利于项目经理积累经验和个人职业生涯的发展。项目经理在此阶段应该掌握的与时间管理有关的知识和技能包括：如何进行最终的绩效评价；总结、记录经验教训，包括导致进度变化的活动有哪些、原因是什么，进度是如何变化的，为什么选择了特定的纠偏措施、纠偏措施的实施效果，各方对进度变化的反应、进度变化产生的影响等，以供进一步分析使用。

3. 项目经理设定目标应注意的问题

（1）每个目标必须落实到具体的个人。项目经理必须让每个项目成员都承担责任，项目经理的责任之一就是将目标个人化。

（2）项目经理必须详细地和项目成员讨论他们的目标，认真听取他们对资源调配、进度安排等问题的看法。

（3）目标必须以书面形式记录，并且应尽可能详细，因为它们是项目评估时进行项目成员绩效评估的依据。

需要注意的是，不能机械地运用目标管理方法。一旦为成员设立了目标，如果他完成了目标，就应获得奖赏；如果失败，就会受到惩罚。如果项目经理只看重结果，成员在这种情况下工作，压力巨大。目标管理的精髓是需要共同的责任感，它依靠团队合作。项目经理要问自己，是否对某项任务选配了最适合的人选，是否成功引导、帮助、鼓励和发展项目成员去理解和实现组织的目标。

二、项目经理的时效观[①]

由于时间管理是一个每天都要进行的活动，复杂的工具只会让人们在短暂的新鲜使用后就放弃了，这样的时间管理工具和技术只能使项目经理忙碌的工作状态更加混乱，而不是变得清晰一些。想要真正做到有效利用时间，必须先从改变工作观念和对时间的态度上着手。比如能够认识到：

（1）平等分配。任何人都没有足够的时间，然而每一个人又拥有自己的全部时间。这就是著名的"时间悖论"。时间是一种被相等地分配给所有人的资源。

（2）错误感觉。管理者的时间很少花费在他自己想要花费的地方。这种想法捉弄了时间的所有者，使他错误地认为，他的时间正用于应该用的地方，而不是用于实际用的地方。

（3）时间分析。至少要记录每日活动，每周填写 1 次时间使用情况分析表，这作为有效时间分析的基础是必要的。这种活动应该持续进行，以免恢复低劣的时间管理方式。

（4）有所预料。事先有所准备的活动一般来说比事后补救的活动更为有效。避免发生意外的最好办法就是预料那些可能发生的意外事件，并为此制定应急措施。

（5）有所计划。绝大多数难题都是由未经认真思考的行动引起的。在制定有效的计划中每花费 1 小时，在实施计划中就可能节省 3～4 小时，并会得到更好的结果。如果你没有认真作计划，那么实际上你正计划着失败。

（6）设立目标。较有效的结果一般是通过对既定目标的刻意追求来达到的，而不是依靠机会。目标管理的基本概念就来源于这个已被证实的原则。

（7）优先次序。应该按照优先次序对各项任务进行时间预算或分配。遗憾的是很多管理人员花费时间的数量往往与他们任务的重要性成反比。

（8）效能与效率。假如执行的是错误的任务，或者把任务放在错误的时间执行，以及毫无目的的行动，无论效率怎样高，最终都将导致无效的结果。

（9）活动与效果。管理人员往往忽视目标，或者忘记预期的效果，而把精力全部集中在活动上，终日忙忙碌碌渐渐成为他们的目标。这些管理人员趋向于活动型而不是效果型。他们不是去支配工作，而是往往被工作所左右。他们把动机误当作成就，把活动误当作结果。

（10）时间预算。管理人员往往对完成任务所需要的时间抱乐观态度。他们往往希望别人能够比实际可能的要更快一点完成任务，所以，他们易于作出不切实际的时间预算。

（11）紧急任务专制。管理人员常常处于紧急任务与重要任务互相挤压的状态中。紧急任务要求立即行动，就使他们没有时间去考虑重要任务。管理人员就是这样不知不觉地被紧急任务所左右，并承受着时间的无休无止的重压。这使他们忽视了搁置重要任务所带来的更为严重的长期的后果，即我们所提到的要事第一原则。

（12）危机管理。管理人员往往低估问题，不善预料问题的复杂性，或是遇到所有问题都反应过度，仿佛碰到危机。这种危机管理和消防式工作的倾向往往造成过分忧虑，削弱判断力，导致仓促决策和浪费时间与精力。

（13）选择忽略（有限反应）。对各种问题和需求的反应要切合实际，并要受制于情况的需要。有些问题如果你置之不理，它们就消失了。通过有选择地忽略那些可以自行解决的问题，把大量的时间和精力保存起来，用于更有用的工作。

（14）机动性。安排个人时间的程度上应有机动性，以便于应付个人无法控制的情况。总之，时间安排不要过满，也不要过松。

（15）问题分析。不区分问题的原因和现象，结果必然丢失实质性问题，而把精力和时间耗费在表面的问题上。

（16）选择余地。在任何特定的情况下，都应当能够提供一些可供选择的可行性解决办法，否则就会减少选择最有效行动方向的可能性。

（17）犹豫不决。在需要作出决策的时候，很多管理人员毫无理由地踌躇不决、犹豫不定或拒绝作出决策。

（18）上交问题。管理人员往往喜欢下属依赖他们解决问题，这样不知不觉地助长了下属上交问题的倾向。这种现象产生的原因可能是由于管理人员平时无意识地训导下属："不经过我的同意，什么也不要做。"

（19）例行公事（琐碎事务）。所有对目标没有多少价值的例行公事都应该给予合并、取消、授权或减少到尽可能低的程度。管理人员应该使自己摆脱不必要的琐事，并有选择地忽略不必要的材料。

（20）合并。在安排工作时间时，应当把类似的工作集中起来，以便消除重复的活动，并尽力减少打扰，诸如来往电话之类。这样做将能经济地利用各种资源，包括个人的时间和精力。

（21）反馈。对通向目标的实施情况进行定期反馈，是保证计划顺利进展的前提。进度报告应该明确指出各种问题（即在执行计划过程中所产生的实际偏差），以便及时进行纠正。

（22）例外管理。只有在执行计划中出现大的偏差，才应该向主管人员汇报，使他们能够留出时间和精力处理突发事件。

（23）可视化。把你打算做的那些事情都列出来，这会提高达到目标的可靠性。你不可能去做你记不住的事。这条控制原则存在于许多时间管理方法中，如实验室计划表、工作日计时卡和办公桌上的日程表，以及工程控制图等。

（24）简洁明晰。文字和情节的简洁能够节省时间，同时促进理解。简单、明了、清晰的语言是正确理解和节省时间的保证。

（25）习惯。管理人员往往成为自己各种习惯方式的受害者。他们易于沿袭自己所管理的那些组织中的老的习惯做法。要打破这些根深蒂固的旧习惯是非常困难的，需要不断地进行自我约束的训练。

（26）接受。管理人员应该有勇气去改变那些能够被改变的事物，心甘情愿去接受那些无法改变的事物，寻求智慧去认识那些不同的事物。

（27）管理上的需要。时间是所有管理资源中最重要的资源，既无法替换也无法补救。正如本·富兰克林所指出的："你的时间用完了，你的使命也就到头了。"

三、项目经理时间管理的原则

在对项目时间管理的概念和误区，以及项目经理的工作和责任有了一个基本的认识之后，我们运用时间管理矩阵，设计出以周为单位的前瞻计划。在这个过程中，我们应该遵守一些时间管理的基本原则，只有对原则有了一个认识后，才有可能很好地运用以上的技巧与方法。

下面我们就项目经理时间管理的七项基本原则分别进行阐述：

(一) 学会授权

在社会分工日益细化的当代经营环境中，项目经理不可能将项目从上到下所有的决策权集于一身。对许多人来说，成为项目经理后的第一反应就是承担更多的工作。而事实上，亲力亲为的经理干得越多，项目成员越缺乏积极性，他们感到自己不被信任，能力不能发挥。多想多看、少说少干应是项目经理的作风，要想轻松地管理团队而又能驾驭全局，项目经理就得把自己当作裁判或导演，而非运动员或演员。其实，项目经理只需为项目成员提供方向、动力和工具，这样不仅减少了项目经理的负担，也培育了团队整体的能力，从而提高了项目效率和效果。

授权体现在权和责的结合上，项目经理和成员之间要维持充分的信任和协作关系，采取支持、鼓励、劝告、帮助的方式，实现项目成员的自我管理。这时，项目经理需要掌握沟通和激励的艺术，有效地发挥项目成员的才干和潜能。

工作时间中有75％的时间是花在与人沟通上。在世界上最浪费时间的，就是不良的人际关系。职业是否成功，84％决定于如何有效地与别人沟通。沟通有多种形式，要弄清楚与谁沟通、沟通什么，达到什么目的。

不当授权反而会浪费时间，要使自己成为解决方法导向的人，要将可能交办出去的工作授权出来，要告诉部属如何做好所交办的工作，要善用身边的资源。

授权有五个维度：自我效能（个体能力的感觉），自我决定（个体选择的感觉），个人控制（拥有影响力的感觉），意义感（在活动中有价值的感觉），信任（安全感）。如果能强化项目成员这五种感觉，那么项目经理就是对员工进行了成功的授权。

(二) 关注过程的改进，而非具体的事务

为改进过程安排时间，而不要把百分之百的时间投入到项目的某项任务中去。也许用于过程改进的时间对项目目标的达成没有明显的作用，但它对提高完成项目任务的能力有重要影响。

> 要管理过程,而不是内容。领导的真正工作是掌握日程和信息的流动,但太多人试图控制细节。
>
> ——安·唐纳伦(美国巴布森学院教授)

(三)将培训时间放到计划中

针对项目的特殊性和项目成员承担任务的不同安排培训,把培训时间从项目成员在完成任务可用时间中减去,同时也应在项目经理的日程安排中体现出来,因为这是属于第二象限中"磨刀不误砍柴功"这一角色目标的事务。

(四)考虑任务切换所需的时间

我们自己身上可能会有好几个角色,让这些角色和时间保持动态的平衡。有人认为角色越多,时间越不够分配,一益则一损。这是因为他把角色之间看成是冲突的、竞赛的、分割的。其实各种角色是一个整体的不同面,就好像一个活的生态系统,生活的均衡不是靠穿梭在各角色之间,而是一种动态的平衡。各角色之间的关系是双赢的,彼此共同组合成紧密的整体;一个角色的成功无补于另一角色的失败,事业成功不能弥补家庭的失败。

调查表明,如果一个人在一项特定任务上每周花费 10 小时,并不表明他可以在一周内完成 4 个这种任务。因为各种任务之间切换的时间增加了我们完成任务的时间。不要把日程表安排得满满的,因为这种总也做不到的日程计划会打击自己的信心。

(五)运用 80/20 法则

80/20 法则是时间管理和人生规划中最重要的概念之一,它是由意大利著名经济学家维尔弗雷德·帕累托发现的。根据这一法则,20％的努力产生 80％的结果,20％的客户带来了 80％的销售额,20％的产品或者服务创造了 80％的利润,20％的工作能够体现 80％的价值,20％的项目成员制造了 80％打扰你的事件等等。

这是经济学的理论,意思是说,在工作或生活上可能有一现象,就是少数的几桩事却成就了大部分的价值。如果我们能管理这少数的事,就掌握了大部分的效益。企业用人也一样,作为领导不要奢求员工是全能,重点是合适的人在合适的地方,这些都说明做事需要重点。时间的管理就是掌握关键工作,掌握关键人物与关键活动,这会让你花少时间得大功效。

人们总是容易在一些事情的处理上拖拖拉拉,而大多数人拖延不做的正是那最重要、最有价值的 10％或 20％的工作。相反,他们终日为 80％毫无价值的事情而忙碌。把人生中的主要目标、工作和责任列成一张清单,然后根据 80/20 法则确定哪些是能够体现你 80％价值的那 20％的任务。同样的方法,项目经理把所要做的事情分类,就会发现其中只有 20% 是属于第二象限中的活动,但它却给你带来 80% 的成果。如果排除 5%～10% 的不必要活动或委托他人做一些事情,你将会腾出 20%～50% 的时间。

(六) 专注原则

专注于少数真正重要的活动可以取得效率和成功,努力清除外部和内部分散注意力的因素,创造一个易于集中精力工作的环境。集中注意力并不是一件容易的事,质量管理学家的秘诀是给自己定下集中注意力做某项工作的最短时间标准,然后奖励自己一下,努力延长集中注意力的时间,这需要动力、毅力和体力。

一般人只用 50% 的能力工作,但自诩效率很高。一分耕耘一分收获,牢记播种与收割定律;养成环境及桌面有序的习惯;用一整段的时间工作,找出至少 30 分钟或 1 小时不会被打扰的时间,来做重要的事;要有坚忍的毅力,一气呵成;一次处理完成,才不会浪费时间;万一工作中断,要有“回去工作”的毅力;要有完成工作、结束工作的强制力:不要每件事都只做一半而无结果;集中能力于自己的优点上,发挥自己的专长;设定完成工作的期限;达成对别人的承诺。《世界主义者》杂志主编海伦·格利·布朗始终在她的办公桌上放着一期这种杂志,无论何时她被引入歧途,做一些无助于这本杂志成功的事的时候,只要看到那本杂志,就会使她回到正道上来。

在每天的第二象限事务日程安排上,为每件要做的事设定一个特殊的时间区段,在这段时间谢绝一切无助于第二象限要事进程的事务,使自己完全投入到工作中。如果你只有两小时来写份报告,就保证这两个小时里写出一份高质量的报告。

那么,什么使我们不能专注于我们的工作呢?

1. 来自上司的打扰

来自上司的打扰最难控制,尤其是当你正在全心尽力地处理一项紧急而重要的事情时。不过,如果你是一名上司,你还是应该首先想想,你是不是也会对下属这样呢?

以下是如何处理类似问题的一个实际例子和妙招:有一位职员,每当他应召去见上司时,他手上总是带着一件仍待完成的工作,比如正在编写的报告、正在阅读的资料等。一来可以利用在一旁等待上司打电话或是其他事务处理的时间;二来可以提醒上司自己的工作也是很忙的,希望可以尽快结束对话或事情的安排;三来还可以让主管对他的工作态度留下深刻的印象。

2. 来自下属的打扰

你不妨想想以下有关解决下属打扰上司的各项问题:

(1)你是否曾经训练你的助理,将他人可能的打扰集中起来,然后每天或每星期一次向你汇报。

(2)你是不是尽可能地把集体例会列为每日/周工作的一部分。

(3)你是不是每天都会保留一段固定的时间,供下属向你提出问题,同时在一旦发觉某些工作日程发生改变时,会告诉对方何时见面较合适。

(4)你是不是曾经鼓励下属以便条/邮件方式提出问题,而不必亲自上门打扰你的工作。

(5)你是不是立即向下属回话,使他们不至于认为他们必须经常打扰你,才能立刻获得回应。

3. 来自同事的打扰

在上司打扰的时候,你只能无奈地加以接受;而下属在打扰你的时候,你可以将他的打扰方式加以定型化。可是,要处理同事或同级人员的打扰,恐怕必须多花一点心思才行。以下是你应该牢记的一些要点:

(1)双方应事先达成共识。你应该力求对他们的要求保持热心、同情以及随时愿意加以协助的态度,可是,你更应该让他们知道这么做往往会影响到你的工作效率。

(2)不要随意打扰对方。你可以从容地、预先地与同事联系你的要求、时间等,只有如此,你才有可能获得相同的回报。

(3)想想为什么你的中断情形无法受控:你不喜欢得罪他人?你喜欢参与每一件事?别人经常询问你的意见,使你觉得自己很重要?你不善于结束他人的来访?你让别人习惯于经常咨询你的意见?你就是喜欢不断地和他人交谈?但是,如果你让这些现象一直持续下去,你终究会一事无成。

(七) 4D 原则

对时间管理矩阵中四个象限中各个象限的事务,项目经理的正确态度应遵守 4D 原则,如 9-2 图所示。

	紧急	不紧急
重要	Diarize 定出做的时间 Do it latter 待会儿做	Do it now 马上就做
不重要	Delegate 授权别人去做	Do not do it 别去做了

图 9-2 4D 原则矩阵

小结

本章主要探讨了项目经理的个人时间管理理论和方法。第一节中我们介绍了个人时间管理的基本内涵,然后阐述了时间管理的重要性,最后介绍了时间的十大窃贼。第二节中我们以有碍时间管理的四种观念作切入点,深入讨论了个人时间管理的经典理论——时间管理矩阵的相关内容及其应用。第三节中我们介绍了项目经理的目标设定方法,项目经理的时效观和项目经理时间管理原则。希望通过本章的学习,能够帮助大家对时间管理的概念、误区、原则有一些基本而清楚的认识,同时还能够在项目管理工作中灵活地运用时间管理的方法和技巧。

　　小李是某公司的项目经理,在项目 A 筹备阶段就作为项目经理助理参与该项目,项目正式实施后被公司任命为项目经理。但使小李感到恼火的是:其他职能部门的经理虽然为该项目安排了时间和人手,但他们更热衷于其他项目。

　　这个时候项目的情况已经很困难了,项目滞后了 9 个月,但还没有成型的单元完成,客户对项目拖期问题非常关注,小李不得不花大量时间向客户解释存在的问题和补救计划。

　　三个月后,项目仍然没有大的进展。客户开始不耐烦了,尽管小李进行了大量的解释和说明,但客户仍然不能接受严重拖期,于是指派了一个代表到项目现场监督工作。客户代表要求找出问题并持续更新,继而试图参与进来解决问题,小李和客户代表在一些问题上产生了激烈的冲突,导致两人关系恶化。

　　公司管理层最后撤换了小李,项目 A 在超期一年之后,以预计费用的 140% 最终完成。小李在项目 A 中遇到了很多项目经理都曾经遇到的困难。

讨论:

1. 小李应该为此项目产生的问题负责吗?

2. 试分析小李被撤换及失败的原因有哪些?

3. 如果你是小李,面对这样的问题你应该怎样制定切实可行的项目计划?

关键术语

时间伸缩性　　时间管理矩阵　　授权　　80/20 法则　　专注原则　　4D 原则

思考练习题

1.思考本章情景案例,如何使这位忙碌的项目经理调整好自己的工作和生活。

2.你现在的时间使用存在下列哪些误区?

(1)因欠缺计划而导致时间浪费;

(2)因不好意思拒绝他人托付而导致时间浪费;

(3)因拖延而导致时间浪费;

(4)因不速之客的干扰而导致时间浪费;

(5)因电话的干扰而导致时间浪费;

(6)因会议过多与过长而导致时间浪费;

(7)因文件满桌而导致时间浪费;

(8)由上下班交通及商务旅行而导致的时间浪费;

(9)由午餐所导致的时间浪费;

(10)因"事必躬亲"而导致时间浪费;

(11)与秘书之间因缺乏协调而导致时间浪费;

(12)由上司所导致的时间浪费。

3.根据本章所学的知识,为自己制定一个的以周为单位的前瞻计划。

4.有这么两个项目经理:

A 项目经理很谦虚,客户提出的大小问题都给予解决,客户很满意。但项目却拖得时间较长,客户总想把所有的问题都改完再说,已经一再延期。

B 项目经理盛气凌人,客户提出的问题一般都不解决,客户不是很满意。但项目进度控制得较好,基本能按期完成项目。

你认为哪位项目经理的风格更好?

5.有个老木匠准备退休,他告诉了老板。老板舍不得他走,问他能否帮忙再建一座房子,老木匠说可以。但是大家后来都看得出来,他的心已不在工作上,他用的是软料,干的是粗活。房子建好的时候,老板把钥匙递给他:"这是你的房子,我把它送给你作临别的礼物。"老木匠震惊得目瞪口呆,羞愧得无地自容。如果他早知道是在给自己建房子,他怎么会这样呢? 现在他得住在一所粗制滥造的房子里。这个故事对你有什么启发?

进一步阅读

1.[美]史蒂芬·柯维(Stephen R. Covey):《要事第一——最新的时间管理方法和实用的时间控制技巧》,中国青年出版社,2003 年。

2.[美]史蒂芬·柯维(Stephen R. Covey):《高效能人士的七个习惯》,中国青年出版社,2002 年。

　　3. [美]哈罗德·科兹纳(Kerzner. H)著:《项目管理:计划、进度和控制的系统方法》,电子工业出版社,2002 年。

　　4. [美]詹姆斯·P. 刘易斯(James P. Lewis)著,张学海、胡秀红译:《项目经理生存指南》,机械工业出版社,2004 年。

　　5. 威廉·翁肯(William Oncken. Jr.)、唐纳德·沃斯(Donald L. Wass):"谁背上了猴子",《哈佛商业评论》,1974 年。

　　6. 李啸尘著:《新人力资源管理》,石油工业出版社,2000 年。

案例
经营者总感到时间不够

　　美国两家著名的管理顾问机构——管理工程师联合顾问所与史玫特顾问公司曾经就这个问题做了一个调查。这个调查发现,企业经营者之所以感觉到时间不够,主要就是浪费太多时间在下列三方面:(1)打电话;(2)开会;(3)处理信件。

　　1.电话干扰

　　第一个问题是打电话。一个经营者每天总要接到数个甚至数十个电话,而他打出去的大概也在这个数目上下。这些电话通常都不能像其他公务一样,集中处理,尤其是来电,究竟什么时候会响铃根本无从得知,因此许多工作常因接转电话而被干扰中断。

　　根据心理学家的研究,当我们正在专心做一件事情或思考某一项问题的时候,最好能够一气呵成,不要中途中断。因为受到中断干扰之后,通常都要经过一段相当长的时间才能使精神或思绪再重新集中。根据研究,电话的干扰是打断经营者思路和破坏其集中精神的最主要原因。

　　为了解决这个问题,大部分的经营者都让秘书先"过滤"电话,把一部分可以不必亲自处理的电话先行代为处理,只有重要事情非由经营者亲自解决不可的才以转接。这个办法虽然可以减少来电干扰的机会,但是其作用仍然有限,因为大部分的秘书都无法严格地"过滤",因为怕发生处理不当得罪客人的情形;况且大部分来电的人都认为事情很重要,非要经营者亲自接听不可,因此这种办法不能完全解决问题。

　　2.会而不议

　　第二个问题是开会。每一个企业每周总要开几次会议,规模越大,开会越频繁。每次开会时间短则 20 分钟,多则持续 3~4 小时。这些会议有些是计划公司政事,有些是检讨业务成效,有些是协调工作关系,其目的都冠冕堂皇。但是根据上述两家管理顾问机构研究发现,大部分企业内所开的会议都患有"会而不议、议而不行"的顽疾。大家在会中信口开河或无的放矢,说者口沫横飞,听者昏昏入睡。等到该说的都说完了以后,主席宣布散会,于是大家带着一脸的空白,打个哈欠,作鸟兽散。这是一般企业界开会的通病,也是造成经营者浪费时间的第二个原因。

3. 处理信件

第三个问题是写信。处理公私信件是一件挺浪费时间的事情,因为"写信"不比"说话",总是比较费时间。再加上字句的斟酌,一封普通信件写下来,总要耗掉不少时间。人们在办公室的时间能有几个钟头,能处理掉几封信件?

请结合自己在这三方面的体验,运用我们这章所讲的有关个人时间管理方面的观念和方法,思考一下在工作中如何有效地解决这三个问题,同时又不影响工作的正常进行。

第十章　项目团队成员的时间管理

10

本章导读

前一章介绍了项目经理的时间管理。在本章中,我们将着重介绍项目团队成员的时间管理,主要是项目团队成员个人的时间管理。我们将首先了解如何认识自己的时间,在认识了自己时间的基础上,再继续深入探讨如何计划时间以及若干时间管理技巧。通过学习本章,我们希望项目团队成员也能够更好地管理自己的时间,从而提高项目团队成员的时间使用效率。值得一提的是,本章中所使用的管理者概念既包括项目团队成员中的高级、中级、低级管理人员,也包括项目团队的普通成员,因为"我们至少是我们自己的管理者"。本章中的时间管理知识不仅可以大量运用到项目工作中去,同样也可以运用到日常的工作和生活中,因为时间管理是我们每时每刻都在从事的工作。

张欣是某市国际展览中心的一名中层管理人员。最近,该展览中心承办了一场全国性的物流产品展,并为此组建了一个项目团队,张欣作为项目团队成员主要负责联络媒体和物流产品的购买客户参加展会。他本来联系了某家全国性大型超市的高级物流经理参加展会,但该超市突然决定不派人参加展会。张欣明白如果能邀请该超市物流高级经理参加展会并签下大笔订单,将给顺利承办下一届物流产品展会带来极大好处。因此他决定撰写一份详细资料来说服该超市派遣高级管理人员参加展会。

这是一项繁杂的工作,收集信息、撰写资料大约需要2~3天,而距离展会开幕大约还剩12天左右。时间看似很充裕,可要命的是张欣发现他根本就没有时间。公司有开不完的会,经理总是喜欢叫他去跑腿;他每天都要接这样或那样的电话,向客户不厌其烦地解释展会情况;而他的下属也总是找他解决问题。几乎每次张欣开始动笔写材料时总是发觉自己还有电话要接,还有紧急会议要参加,还有更为急迫的事情(如给客户发传真)要办。6 天过去了,张欣的办公桌上堆满了文件和传真,而要写的材料却一个字也没动。张欣发觉不论他每天加班到几点,也总是不会有时间去动笔写那份材料。他感觉自己就像一只被铐住的猴子,前面有一只香蕉,他拼命地向前伸手想抓住这根香蕉,却都被会议、电话、会客这些镣铐紧紧地锁住。他几乎对完成这篇材料绝望了,他开始产生一种想法:"既然看不到完成的希望,干脆放弃算了。"

第一节   认识你的时间

大部分有关时间管理的书籍一开始就讨论如何作时间计划、制定工作时间表。这看起来很有道理。但它唯一的错误是不具可行性。计划总是留在纸上,也总是停留在美好的动机上,很少转化为行动和成就。

根据学者的相关观察与研究,有效的时间管理者并不是从他们的任务开始,也不是从计划开始,而是从它们的时间出发。他们首先认清他们的时间花在什么地方,然后设法管理他们的时间并减少那些没有成果的工作所占用的时间,最后再将他们的"支离破碎"的时间集合起来,形成尽可能长的连续时间段。大体上可以归纳为以下三个步骤:

(1)记录时间;

(2)管理时间;

(3)集合时间。

这三个步骤是使管理者具有有效性的基础。[①] 也正因为如此,本书将首先从这三个步骤向读者介绍如何认识你的时间。

一、时间记录

很多人都认为自己对于把时间花在什么地方非常的清楚。他们自诩记忆力强,并固执地相信自己的记忆。事实上,如果完全靠记忆,我们是不会知道时间是怎么过去的。

---

① ［美］彼得·F.德鲁克著,屠瑞华、张晓宇译:《有效的管理者》,工人出版社,1989 年。

有一位公司董事长非常肯定地声称他把自己的时间大致分成三部分：1/3用于与公司的高级干部商讨业务；1/3用于与重要的顾客打交道；还有1/3则用于参加社会活动。但是，六个星期之后，他的时间记录清楚地表明，他几乎在这三大项活动上没有花一点时间。原来，他所说的三大项活动只不过是他认为"应该"花时间的任务而已。因此他的记忆强制地从下意识里告诉他已经真的花时间在这些任务上了。六个星期的实际记录显示，他的大部分时间都在干"发货员"工作，如处理他所认识的顾客的订货单或者打电话给工厂催促发货。更有意思的是，由于他从中干预反而延迟了正常的交货。当秘书把时间记录拿给他看的时候，他几乎无法相信。后来秘书又给他做了记录，他才相信记忆靠不住，才明白要知道自己如何使用时间，实际记录要比记忆更可信。

一个人必须先记录自己的时间，才能知道自己把时间花在哪里，然后才能有针对性地设法管理自己的时间。记录时间，有助于我们发现在什么地方浪费着时间，有助于发现我们内部的和外部的"时间敌人"，有助于发现我们的时间是否花在了工作重点而不是应付那些最活跃和最扰人的家伙上面，有助于我们发现自己能够自由支配的时间的数量，也有助于我们进行自我工作评价。因此，要想达到时间管理的有效性，第一步是制定你的时间记录表，记录时间的实际使用情况。

表 10-1 是一份管理者时间记录表范例。它是根据三个明确的目的制作的：①了解计划的时间分配情况；②了解每天列出的需要在第二天完成的重要任务清单；③根据实际完成的重点任务数字和以计划分配的时间为依据测量出的实际时间利用比率。以下是利用该表的具体说明。

表 10-1　管理者时间记录表

每天的目标	星期一 1. 2. 3. 4. 5.	类别号	星期二 1. 2. 3. 4. 5.	类别号	星期三 1. 2. 3. 4. 5.	类别号	星期四 1. 2. 3. 4. 5.	类别号	星期五 1. 2. 3. 4. 5.	类别号
9:00										
9:30										
10:00										
10:30										

每天的目标	星期一 1. 2. 3. 4. 5.	类别号	星期二 1. 2. 3. 4. 5.	类别号	星期三 1. 2. 3. 4. 5.	类别号	星期四 1. 2. 3. 4. 5.	类别号	星期五 1. 2. 3. 4. 5.	类别号
11:00										
11:30										
3:00										
3:30										
4:00										
4:30										
5:00										
5:30										

时间分配		所用时间占全天时间的百分比	所用时间占全天时间的百分比	所用时间占全天时间的百分比	所用时间占全天时间的百分比	所用时间占全天时间的百分比	总计所用时间占全周时间的的百分比
类别	%						
1							
2							
3							
4							
5							
6							
7							
效率估量							

（1）时间分配。确定花费时间的基本活动类别和你打算分配到各种活动的时间比例。这些活动可能包括"处理信函"、"会议"、"会面"，当然还有"浪费"的时间。活动类别的名目要具体，避免像"思考"这样的含糊不清的字眼。把活动类别和计划的时间分配比例，填写到"时间分配"的栏目中。

（2）确定每天的目标。每天下班前，把第二天所要完成的基本工作项目确定下来(确定目标),并按照轻重缓急来排列顺序(重点工作排队)。然后把确定的目标填写到表的上部标出的空格中,要特别注明每个目标的轻重次序。

(3)坚持记录时间。时间不等人,每隔十五分钟时间就得记录一次。千万不要等到一天结束时再填时间表。记忆是靠不住的,而且你还会欺骗自己。为了简便,你可以用数字来代表名目繁多的项目(为此表中画出了小方格)。比如,如果你的第二类活动是回复信件,而在10:00时你回信给蒋超与马凤,你就可以在10:00的大格中填入"蒋超/马凤",而在小格中填入"2"。

(4)每隔一周或者一周以上的时间进行一次总结。在你填写时间表至少一周以后(我们建议填写两个典型周之后),把用在每类活动的总时数加起来,并将得到的总数按类填写到最右边的一栏中。然后再计算用于每类活动的总时数在整个事件中所占的比例。

(5)估计日常工作效率。以所完成的"每天的目标"以及时间的实际利用情况与时间的计划分配情况的比较作依据,来估计你每天的工作效率。如果实际完成的目标与计划完成的目标之比超过30%,你的效率就高过了美国的国家"平均"效率。[①]

通过制定这样一份时间记录表并坚持对其进行记录工作,你就在认识你的时间上面迈出了最重要的第一步。集合这样的时间记录表,你就拥有了一份专属于你的"时间使用数据库"。在今后的时间管理中,这会是你很大的一笔财富。很多有效的管理者都经常保持这样的一本时间记录簿,并且每月定期拿出来看看。参照他们的时间记录样本,管理者就可以常常调整自己的日程安排。

二、管理时间

我们记录自己的时间是为了更好地管理自己的时间。而在管理自己的时间之前,我们必须对自己的时间记录作出评价。只有建立在有效的评价基础之上,我们的时间记录才能发挥出应有的作用。因此请先拿出你的时间记录表,回答以下几个问题,这些问题的答案都会是你有针对性地解决你所面临的时间问题的"疾病报告书":

(1)你完成了你每天工作的目标了吗?你所完成的是不是最重要的目标?如果你在不减少时间记录表上活动的基础上提高你的工作效率,是否你工作的目标就能够全部实现?

(2)将你完成的活动划分为四种:①重要的和急需的活动;②重要但不急需的活动;③急需但不重要的活动;④日常工作。看看你的时间都花在了哪种事务

[①]　[美]阿利克·麦肯济著,顾路祥译:《跳出时间圈套》,陕西人民出版社,1986年,第25~28页。

上？你为它们所耗费的时间是否是自己所预期的？这些活动是否都需要完成或者都需要有你亲自完成？

(3)你遇到了哪些未曾预料到的活动？它们是否经常发生？

(4)你有多少未受干扰的时间？哪一段的时间最长？

在完成了以上分析之后，你就可以根据你对上述问题的答案并针对你的时间记录表进行下一步工作，即管理你的时间和集合你的时间。

要系统地管理时间，我们必须找出那些不会有产出的、浪费时间的活动，并尽可能取消这些活动。我们应该确保自己所消耗的每一分钟时间都有它的价值，而做到这一点，应该自问以下几个诊断性的问题：①

(1)找出那些根本就不必做的事，那些浪费时间、丝毫无助于取得成果的事，并取消它们。要找出这些浪费时间的事，我们可以把时间记录表拿出来，对我们所有的活动一项一项地问："如果我不做这些事，后果如何呢？"如果其答案是："没有任何后果。"那么结论很明显，就是以后别再干了。

令人惊诧的是，很多大忙人天天都在做没有后果的事，而且从来不愿错过。这些事有数不清的演讲、宴会和担任社会兼职等，真不知道花去了他们多少时间，而他们自己却对此毫无感觉。其实，对付这类事情只要审度一下是否会对组织有所贡献、对自己有所贡献，或者是对对方组织有所贡献；如果都没有，只要谢绝就可以了。

据管理大师彼得·F.德鲁克(Peter F. Drucker)的观察，他所见过的任何一位管理者，不论他的职位和身份如何，至少可以把那些占用他时间的要求打发掉1/4而不会对他的工作成果产生任何影响。

> 有一位天天在外面吃饭的总经理。当他经过分析后发现，其中至少有1/3的宴会不必由他亲自参加。事实上，他还懊恼地发现，他所参加的很多宴会其实并不欢迎他参加。他们邀请他只不过是出于礼貌。主人希望他会谢绝，而他的参加反而让主人不知如何待他是好了。

(2)第二个该问的问题是："在我的时间记录表里有哪些活动可以另请他人办理而一样做得很好或者更好？"

管理者只要一打开时间记录就会清楚地发现，他根本没有时间来处理那些确实重要的事情、那些非他参加不可的事情，以及那些属于他责任范围的事情。要使管理者能做真正重要的事情，唯一的办法就是把那些可以由别人干的事情

---

① ［美］彼得·F.德鲁克著，屠瑞华、张晓宇译：《有效的管理者》，工人出版社，1989年，第40～45页。

推给别人。学会授权是管理者解决时间不足问题的一件真正的法宝。而且充分的授权不会剥夺下属应有的权力，能够培养下属的独立工作意识，这也将避免管理者陷入不断替下属工作的可悲境地中。

> 前面的那位总经理发现，在他参加的宴会中，另外三分之一较正式的宴会完全可以由公司的其他领导人参加，因为请客的名单上写的是公司的名字而不是他的名字。

(3)有一项时间浪费的因素是管理者自己可以控制并消除的，这就是：管理者自己在浪费别人的时间。

要诊断这种现象最好的方法就是去询问他人。有效的管理者懂得询问："请你想想看，我有什么地方对你的有效性毫无帮助，而只是浪费了你的时间？"当你从别人的真心话中了解到真实情况后，你会发觉原来很多活动，除了让你和他人都感到疲于奔命外，毫无用处。这时候你唯一需要做的是，勇敢地砍掉这些浪费他人时间的事情或者改变浪费他人时间的因素。当然，作为项目普通成员，你也应该真诚地告诉上级管理者你的想法和感受，因为你节约的不仅是上级管理者的时间，你也在节约自己的时间，节约自己的生命。

(4)项目成员应该发现由于管理不善和组织缺陷所引起的时间浪费，尤其是项目的高层主管更应该询问自己："我们的项目组是否总是在重复出现同样的危机？我们是否由于项目成员太多导致时间浪费？我们是否有太多的会议？我们是否存在信息不灵和信息不吻合的情况？"当确实存在这些问题时，管理者一定要想办法去通过危机处理例行化、裁汰冗员和雇用顾问、调整项目组织结构和建立项目团队信息沟通渠道(包括正式和非正式的渠道)来解决。做好这些工作，你节约的将是团队全体成员的时间、尤其是团队领导的时间。

很多人认为砍去这些无效的时间会冒很大风险，他们害怕因小失大。人们通常都过高地估计自己的重要性，对很多事情都会得出结论认为，别人肯定干不了，只有我才能干得了。而事实上，"把无效的时间要求砍出太多会出危险"只是吓唬人的鬼话。最好的例证是，那些身患重病的或者是严重残疾的人常常能获得杰出的有效性。

> 霍普金斯先生(Harry Hopkins)的事迹就是一个很好的例证。他在二战时担任罗斯福总统的机要顾问。当时他已精力衰竭，只能隔一两天工作几小时。因此他不得不把一切事物都撇开，只处理最重要的工作。他没有为此丧失有效性，相反，他倒成为了(丘吉尔称他)"盖世奇才"。他的成就使当时华盛顿的任何官员都黯然失色。

当然，这只是一个特例。但这个特例还是说明了两个问题：①如果我们真正努力,那么我们对自己的时间的控制力其实是很强的;②可以狠狠地砍去浪费时间的事情,这不会使我们丧失有效性。

三、集合时间

德鲁克曾经在他的《有效的管理者》一书中提到这样一个例子。他在给一家大银行担任顾问时,银行的总裁规定,每月约他交谈一次该银行的管理问题,每次交谈时间为一个半小时。一个小时 20 分钟后,这位总裁就会结束交谈,总结交谈内容并确定下次交谈题材,在一个半小时后他们就会准时结束交谈。为什么要以一个半小时为限呢? 这位总裁说:"原因很简单,我的注意力只能维持一个半小时,研究任何问题,超过了这个限度,我就会重复。而且,如果时间太短,时间便不够,我恐怕会掌握不住问题的重点。"在他的这一个半钟头的交谈时间里,他从不允许任何电话和访客的打扰,把这一个半小时完全用于同德鲁克的交谈,只在交谈结束后他才看秘书的记录,用半个小时回电或者会见客人。其效果是这位银行行长在他们的每一次会谈中,完成的事比任何一位同样能干的却天天开会的管理者在一个月的会议里所完成的事还多。

德鲁克认为这位"最擅长管理时间的人"的成功之处在于,他知道如何去集中他的自由时间,他知道他需要的是大的连续时间段,很多小段的零星时间等于没有时间。如果能集约起一定大的连续时间段,哪怕只有 1/4 个工作日,也足够办成几件大事了。反之,零零碎碎的时间,即使加起来有 3/4 个工作日,也毫无用处。所以,他很明智地把时间集中成很多 1 个半小时的连续时间段,并在这些时段只做一样工作,这大大提高了他的工作效率。因此,时间管理的最后一个步骤,就是把可由管理者自行控制的时间集中起来。

至于如何集中,各人有各人的办法。有些高级管理人员一星期有一天在家里工作。很多编辑和科学家就经常采用这种时间集约法。还有些人把例行工作——开会、接受采访、解决问题等,安排在一星期的某两天里,而将其他日子的整个上午保留下来,用于处理真正重要的事情。而另一种常见的办法是每天上午都排定一段时间在家里办公。

> 卡尔松教授(Sune Carlson)在他的"管理者行为"研究中,提到了一位更有效的管理者。这位管理者每天早上上班前,在家中花九十分钟时间研究问题,不接电话。这样的结果就使管理者额外拥有了一个半小时的集中时间段进行重要工作,其效果非常理想,远远超过了晚上与同事一起加数个小时的班的效果。

但是,集约零星时间的办法不是最重要的,更重要的还是如何处理时间。如果不能有效地处理时间,努力集中起来的时间就很有可能会被新的危机、新的紧急事件、新的琐碎之事所蚕食。有效的管理者首先应该估计究竟有多少可支配的时间真正属于他,然后留出一段相当份额的连续时间段。如果后来发现有其他事情侵占他所保留的时间,他就再仔细研究他的时间记录,再将其中比较次要的工作再重新过滤一下。

　　所有有效的管理者都能持之以恒地管理他们的时间,他们不但持续记录自己的时间和不时地分析自己的时间记录,而且还要以他们自己的可支配时间为基础,对每一项重要工作都限定最后完成日期。这样他们就能发现自己的自由时间是否正在溜走。

　　总之,时间是最稀有的资源。如果管理不好时间,任何事情都管理不好。进一步说,只有分析自己的时间才是分析自己的工作以及发掘工作重要性的一项易行、可行,而且系统的方法。在管理学的各种方法和技巧中,"认识你的时间"是一条真正通向贡献和有效性的路。

第二节　计划你的工作时间

　　最简单不过的是忙碌,最难不过的是有成效地工作。管理工作中最辛苦的是思考,不经过思考和计划就开始行动是一切失败管理者的共同特点。未经思考的行动往往都在做无用功,而这几乎成为了很多管理者犯过而且还将继续不断犯下去的错误。

　　在查尔斯·史瓦的故事中,可以清楚地看到对每天的工作进行计划所起到的作用。查尔斯·史瓦在半世纪前担任伯利恒钢铁公司总裁期间,曾经向管理顾问伊维·李提出这样一个不寻常的挑战:"请告诉我如何能在办公时间内做妥更多的事,我将给你想要的酬金。"

　　伊维·李于是递了一张纸给他,并向他说:"写下你明天必须做的最重要的各项工作,并按重要性的次序加以编排。明早当你走进办公室后,先从最重要的那一项工作做起,而且在你完成这项工作之前不要做其他事情。接下来再重新检查你的办事次序,然后着手进行第二项重要的工作。倘若任何一项着手进行的工作花掉你整天的时间,也不用担心。只要手中的工作是最重要的,则坚持做下去。将上述的一切变成你每一个工作日里的习惯。当这个建议对你生效时,把它传授给你的部属。你爱坚持这个方法多久就坚持多久。然后,你认为这个建议值多少钱,就把多少支票寄给我。"

　　数星期后,史瓦寄了一张面额 2.5 万美元的支票给伊维·李,并附言说,这一课是他学到的最合算的一课。史瓦的朋友事后曾问及,何以他为那么简单的观念付出了那么大的代价。史瓦的答复是："哪些观念基本上不是简单的?"他说,经过伊维·李的指点后,他与他的部属才开始养成"先做重要的事"的习惯。他考虑了一下又说,这项花费可能是伯利恒钢铁公司全年最有价值的投资。伯利恒钢铁公司后来之所以能够跃升为世界最大的独立钢铁制造者,据说是缘于伊维·李的那数句箴言。

> 管理者应更多地注意到:如何去管理他们的时间——一种最有价值的资源。如果能够最优化地利用和明智地分配珍贵的时间,将增大他们的能量,从而创造更多的价值。
>
> ——(美)卡斯特

我们有充分的理由说,计划是管理中一切事情的开端。它是对你向何处去,以及如何到达目的地的问题预先作出的合理决定。不预先作出合理决定,就不能保证你按正确的方向努力。正如古罗马哲学家塞涅卡所说:"当某人不知道他向哪个港口航行的时候,哪种方向都不是顺风。"只有学会如何计划我们的时间,了解如何安排我们的时间,我们才能让每一分钟的时间都发挥出最大的价值,我们才能成长为一个出色的时间管理者。[①]

一、为什么我们不事先制定计划

几乎所有管理者都说他们十分重视计划的拟定与执行,但仍有一些管理者却从来不做计划。究其原因,除了人们都有因为厌恶自我约束而不愿意做计划的天性外,还主要有以下原因:

(1)不了解做计划的好处。

(2)计划与事实之间难趋于一致,故对计划丧失信心。

(3)因为强调临时应付,因此紧急事务专制几乎总是把计划工作推得远远的。

(4)不知如何做计划。

其实就讲求实效的管理者来说,这些原因根本不应存在。现分析如下:[②]

(1)做计划的人能够有意识地支配工作而不是消极地应付工作,在心理上他将居于支配者的地位。这显然是做计划的意义所在。做计划的另一种好处是,计划足以缩短工作的执行时间并提高工作的效率。美国一位教授曾经针对某公司的两个工作性质相近似的工作组,就其计划时间、执行时间以及所获的成效进行比较。结果发现:计划时间较长的那一组工作所需的执行时间较短,而计划时间较短的那一组工作所需的执行时间则较长;计划时间较长的那一组工作所花

---

① [美]阿利克·麦肯济著,顾路祥译:《跳出时间圈套》,陕西人民出版社,1986年,第47~48页。

② 参见哈佛经理的时间管理,http://mbafund.com/002/0001/2004/1108/423.shtml;[美]阿利克·麦肯济著,顾路祥译:《跳出时间圈套》,陕西人民出版社,1986年,第53页。

费的计划时间与执行时间的总和,要少于计划时间较短的那一组工作所花费的计划时间与执行时间的总和,而其效率要高于计划时间较短的那一组工作的成果。由此可知,花时间做计划无异于"投资时间以节省时间",这本来就是一种明智的举措。

(2)虽然计划与事实常常难以趋于一致,但是,在计划执行过程中管理者能针对目标本身及完成目标的最佳途径作必要的修正,以期符合实际。如果没有计划的引导,则一切行动将杂乱无章,不仅导致时间的浪费,而且迟早会把企业带向死胡同。

(3)紧急事务总是纠缠着管理者,但是最紧急的事务并不一定是最重要的事务。紧急事务专制源于重点工作的混乱——它巧妙地使次要工作带有重要工作的色彩,使之往往具有"危机的外观"。而缺乏计划的管理者往往无法清醒鉴别重要工作与紧急工作。他们往往在面临紧急事务时会失去清醒的判断,屈从于紧急事务的专制。管理者如果把处理今天的燃眉之急看作高于为明天进行计划,就为将来的火灾备足了充分的燃料供应。而计划会使管理者对如何处理重要事务与紧急事务之间有一个清醒的认识。他们不会轻易屈服于紧急事务,更容易拒绝根据紧急事务进行管理,拒绝成为紧急事务的奴隶。而且善于计划的管理者会更多地考虑如何采取措施来防范紧急事务的出现和再次出现。

(4)在管理教育——包括学校教育及管理顾问机构所提供的训练及管理学文献极为普遍的今天,"不懂如何做计划"已不能成为不做计划的借口。

除此之外,计划还能消除人们下意识对工作的推延习惯。蒙特利尔研究院的一组研究表明,有相当一部分管理者下意识地拖延工作,直到工作压力迫使他们采取行动。而良好的计划与对计划的认真执行能改变这种惰性,促使人们在未火烧眉毛时就开始采取行动,早日完成工作。

也正因为如此,要成为一个有效的时间管理者,必须克服这些让我们不愿意做计划的心理因素,拒绝不做计划的借口,建立起在动手之前计划我们的工作的习惯,这样才能充分利用自己的时间创造更好的工作效果。

二、如何计划你的工作时间

(一) 确立目标和目的

目标就是一个组织或个体所寻求的经过长期努力来达到的成就,目的则是短期的愿望。目标和目的为管理者提供其行动的方向。现代管理早就接受了目标管理(MBO)的观念,认为一切管理工作必须从目标出发,以目标作为行动的出发点和指南。没有目标而为效率而效率是毫无价值的,正如航船不确定方向便永远开不到港口,不管它的速度有多快一样。在提高时间使用效率之前,必须先确信自己在干一件正确的事(Do the right things)，而不仅仅是正确地干一件事(Do the things right)。因此，在做计划之前，我们应首先确立目标和目的。

> 目标管理源于美国管理专家德鲁克，他在 1954 年出版的《管理的实践》一书中，首先提出了"目标管理和自我控制的主张"，认为"企业的目的和任务必须转化为目标。企业如果无总目标及与总目标相一致的分目标，来指导职工的生产和管理活动，则企业规模越大、人员越多，发生内耗和浪费的可能性越大"。
>
> 概括来说，目标管理是让企业的管理人员和工人亲自参加工作目标的制定，在工作中实行"自我控制"，并努力完成工作目标的一种管理制度。

在管理者确立自己的目标和目的时，除了应该遵循 SMART 原则(Specific、Measurable、Achievable、Relevant、Traceable)，还应注意到任何一种目标都必须指明完成的期限。原因有二：第一，若不指明目标的完成期限，则人们很容易采取拖延的态度，而使目标的实现遥遥无期；第二，确定目标的完成期限，有助于恰当地拟定行动纲领。在确立某一目标时，管理者必须衡量实现该目标所需的总时间；其次，将这个总时间区分为若干细小的单位，以便令管理者在每一单位时间内只须照顾目标的一小部分。例如一个为期五年才能实现的长远目标，可以区分为五个"年度目标"，而每一个"年度目标"又可区分为四个"季度目标"，每一个"季度目标"又可区分为三个"月目标"，"月目标"又可区分为"周目标"，以至"日目标"。以上所说的即是所谓的"目标金字塔"。

(二) 探寻和选定完成目标的最佳途径

管理者应该根据目标确立通过何种行动以及行动的路径来达成目标。途径的不同决定了管理者为实现目标所采取的行动的种类和方式的不同。管理者应该在这些途径中选择一个最佳途径，以达到实现目标的效果与所耗费的时间、资源的最优。这一步骤的决策效果取决于管理者的个人能力和经验。

(三) 将目标与完成目标的最佳途径转化为每周或每日的工作事项

管理者的目标与计划可能是宏伟的，但宏伟的目标与计划必须细化，直到管理者有一个明确、细致、便于操作与监控的目标和计划，这样管理者才能真正有效地计划自己的工作时间。在管理者的年、季、月、周、日等层次的目标之中，最容易把握的是"周目标"与"日目标"。管理者只有将目标细化到"周目标"与"日目标"这个层次才能够有效地执行目标和监督目标执行的效果。因此管理者应该首先确立自己的"周目标"与"日目标"，然后根据"周目标"与"日目标"确立在这一周或这一日中自己应该完成的工作事项。只有完成了这种对于目标和工作事项的细化，我们才有了制定一个详细可操作的计划的基础。

(四) 编制"每周工作计划表"及"每日工作计划表"

"每周工作计划表"及"每日工作计划表"原则上应该在每周或每日开始工作

前编好,最好应该在每周或每日的前一工作日接近终了时编好。这样管理者一则可以更好地监督上一周或上一日的计划完成情况,这将便于管理者编排下周或次日的工作;二则事先编好的"每日工作计划表"可以作为权衡偶发事件的依据。例如工作途中某一事件突然发生,这个时候管理者应先考虑该突发事件是否比自己预先拟定的工作更重要。若答案是肯定的,那么管理者应毫不犹豫地去处理这一宗突发事件,否则管理者可设法拒绝或延迟处理。

> 管理学作家约瑟夫•朱兰在将80/20法则(即帕累托原理)运用到时间管理上时发现,"关键的少数"虽然只占用了20%的时间,却创造了80%的工作价值;而"琐碎的多数"虽然占用了80%的时间,却只创造20%的工作价值。图10-1反映了朱兰对于帕累托原理在时间管理上的有益分析。80/20法则对管理者的时间使用的一个重要启示便是:避免将时间花在琐碎的多数问题上,因为就算你花了80%的时间,你也只能取得20%的成效;你应该将时间花于重要的少数问题上,因为掌握了这些重要的少数问题,你只花20%的时间,即可取得80%的成效。尤其是在时间不足的情况下,管理者更应该使自己的时间花在能产生最大成效的"关键的少数"事情上面。

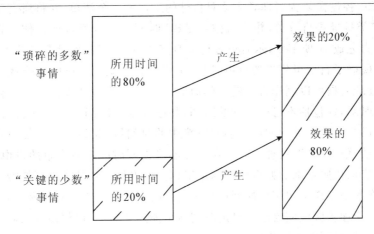

图 10-1 帕累托时间原理图

资料来源:[美]阿利克•麦肯济著,顾路详译:《跳出时间圈套》,陕西人民出版社,1986年,第66页。

"每周工作计划表"及"每日工作计划表"中应设一栏填写履行各项工作的优先次序。该优先次序的编排对管理者能否有效地实现目标具有决定性的作用。F.D.巴雷特说,时间不会像管理者所想象的那样允许他去做所有的事情。无论管理者的工作周是40、60或80个小时,都不会改变这一情况。因此管理者必须对自己所要做的事情有所取舍。我们常说:"办事情要分轻重缓急。"事情的重要程度和紧迫程度是我们对所从事工作的先后顺序进行取舍的两个维度。而在这两个维度的选择上,史帝芬·柯维博士的时间管理矩阵图和管理学作家约瑟夫·朱兰的帕累托时间原理图都提出管理者应该以事情的重要程度而不是紧急程度作为对所从事工作的先后顺序进行取舍的首要依据。

当然,管理者不应全面否定按事情的"缓急程度"办事的习惯。在此需要强调的是,在编列行事次序时应先考虑事情的"轻重",然后再考虑事情的"缓急"。因此,时间管理引入了存货管理中的"ABC 控制法"来决定工作的时间顺序安排。ABC 控制法将每天的工作划分为三类:[①]

●A 类。A 类工作占工作总量的 20%～30%,每天 1～3 件;它应具有本质上的最重要性和时间上的最紧迫性;它只能自己亲自去做;所耗费的时间应占工作总时间的 60%～80%。

●B 类。B 类工作占工作总量的 30%～40%,每天 5 件之内;它应具有本质上的重要性或时间上的紧迫性;所费时间占工作总时间的 20%～40%。

●C 类。C 类工作占工作总量的 40%～50%;其特征是无关紧要、不迫切、做不做无所谓;对此类工作不分配时间,只在有空余时间时才予以考虑。

ABC 控制法认为管理者应该对自己的工作列一个清单,并将所有工作按照 A、B、C 类标准进行分类,并严格按照 ABC 时间管理分类进行工作。管理者应集中精力完成 A 项工作,尔后再进行 B 项工作,C 项工作可以弃之不顾。

在明确了自己可集中的自由时间、工作项目与确定自己的工作优先次序安排后,管理者便可以制作自己的工作时间计划表。管理者应首先划出自己的不可支配时间,这包括不可以变动的时间,如已经确定时间的会面或会议;此外还包括自己为不得不处理的琐碎事物所集中的时间段,如每天上午集中的一个小时的电话、信件、文案处理时间。在去除不可支配时间后所剩余的自由时间中,管理者应该按照正确的办事次序确定工作次序安排及各项工作所耗费的大致时间,并将各项工作按次序分配到可支配自由时间中。值得注意的有三点:

(1)管理者应该使自己的自由时间尽可能连续集中,以便使自己对每项工作的时间分配尽可能连续集中。

(2)管理者在完成一项工作前不应该放下手上的工作去从事另一项工作,除非新的工作更加重要、更加紧急。

(3)管理者应该给自己留下处理意外的时间。

对于项目团队人员而言,由于其所从事的是非日常性工作,每个项目又各有不同,其所面临的风险相对于普通管理人员更加巨大,意外情况更加复杂。所

---

① 孙宗福、李飞、王琴素著:《时间管理,管理者的生命》,中国商业出版社,1988 年,第 60～61 页。

以,为意外事件预留时间是很明智的。聪明的员工一般不会将计划排得满满的,他会为每件计划都留有预备时间。

加拿大的几位经理建议普通管理者应该用一天时间中的 80% 进行计划中的工作,留下 20% 的时间作为处理不可预料的事情的机动时间,以处理意外事件,而项目团队的管理人员应该要留出更多的机动时间作为对时间风险的防范。此外,项目团队成员还另准备一套应变计划作为对工作时间计划执行意外的防范。在此基础上,管理者便能制定出合理有效的工作时间计划表。表 10-2 便是一份每日工作时间计划表范例。

在每天工作之前,管理者应该首先确认自己的工作目标、明确工作活动并将工作活动按照 ABC 分类法进行分类,在各类的内部排定次序,尤其是 A 类工作的次序。接下来,管理者应确定自己的不可支配时间(本例中为处理电话信件与项目例会时间)和可集中的自由时间段。在留出一部分时间作为机动时间以处

表 10-2 某项目客户服务人员的工作时间计划表

工作时间计划表				日期 / /
目标	1. 2. 3.		已完成目标	
工作活动	A 类工作 1. A1 工作:会见客户 2. A2 工作: 3. A3 工作:	B 类工作 1. B1 工作: 2. B2 工作: 3. B3 工作: 4. B4 工作: 5. B5 工作:	C 类工作 1. C1 工作: 2. C2 工作: 3. C3 工作: 4. C4 工作: 5. C5 工作:	
8:00~8:30	A1			
8:30~9:00	A1			
9:00~9:30	A2			
9:30~10:00	A2			
10:00~11:30	机动时间(若空余时进行 B2 活动)			
11:30~12:00	处理信件、电话、公文			
2:00~2:30	A3			
2:30~3:00	B1			
3:00~3:30	项目例会			
3:30~4:00	项目例会			
4:00~4:30	机动时间(若空余时进行 B2 或 B3 活动)			
4:30~5:00	机动时间(若空余时进行 B2、B3 或 B4 活动)			
5:00~5:30	处理信件、电话、公文			
已完成工作				

理意外后,管理者再按照工作次序依次排入各项工作活动,因为时间不够而不能从事的活动可以舍弃。当工作活动时间超出预计时,管理者可以占用机动时间来完成计划(但一般应努力使计划如期完成)。当机动时间空余时,管理者可以动用机动时间从事其他备用任务,以充分利用时间。当一天结束后,管理者应总结这一天完成了哪些目标和哪些工作,以便未来对自己的时间管理进行改进。

三、执行工作时间计划应该注意的几个问题

在工作时间计划的执行中,管理者应该注意以下几点:

(一)避免习惯性拖延时间

很多人都有一种习惯性拖延时间的现象。他们总是很难下定决心开始工作,尤其是在面临不愉快的、困难的事情与含重大决策的事情时,总是拖延到无法再继续拖延时才开始手中的工作,结果往往一事无成。尤其是在他们为自己留有机动时间的情况下,他们往往更有理由进行拖延。

> 某日早上,张三信誓旦旦地对自己说,一定要完成今天的工作时间计划。他很准时地于 9 点整走进办公室。接下来他决定在开始计划中的预算估计工作前先泡一杯咖啡以提提神。喝咖啡的时候他决定要看看报纸,掌握一下当前世界大事。很快,一个小时过去了。而他预想的已经完成的预算估计工作却还影子都没有。他告诉自己没有关系,反正还有一个半小时的机动时间可以应急。他伸伸懒腰想开始动手,又突然想去洗手间。他带了份杂志过去,想充分利用时间。从洗手间出来,结果他又放不下手中的杂志了。到 11 点时,他才想起今天的计划还没动手呢,便急急忙忙开始工作,结果他这才发现工作远比想象中的耗费时间。不用说,他又没有完成自己的工作时间计划。

管理者应该努力避免这种习惯,告诉自己时间并没有想象中的充足,必须立即着手工作。同时,应时时用计划作为监控自己工作进度的手段。这样管理者便可有效地避免这种不良习惯。

(二)学会拒绝

判断工作重点是一件容易的事,可是确立工作重点并确实按照工作重点来工作并不是一件容易的事。在我们确立重点工作一、二、三之外,可能会出现搭重点工作顺风车的四、五、六,如果管理者不懂得否定,而是在确定重点工作后,又加上其他八件、十件事情,那么结果一定是影响工作时间计划的执行。对于别人提出的次要工作,管理者要勇敢拒绝。

罗伯特·厄普德格拉夫说:"多少年来,我听到人们抱怨说,没有时间去做应该做或者想做的事情。我发现他们中有很多人都遇到一个共同的难题:他们不

好意思利用英语中最省时间的词,也就是那个只有两个字母的小词 NO。"①

(三)根据时间计划的执行情况不断调整时间计划

现实中时间计划的执行情况往往会同计划存在差距,比如计划中预留的机动时间不足、对自己的工作效率估计过高,环境与目标发生变化等等。管理者应根据自己的工作时间计划表的执行情况不断地调整时间计划,努力使计划同实际执行情况相一致。同时,管理者也应该努力使自己的工作在计划规定的时间内完成。在时间计划超出实际所需时间时,管理者应充分利用空余时间,制订空闲时间利用计划,不浪费空闲的时间。

第三节　时间管理的若干技巧

你是不是被堆积如山的文件和恼人的电话所困扰,你又是不是常困顿于无聊的会议与会面之中? 这些事情虽然琐碎,却往往能占用我们非常多的时间。正确处理这些问题对提高办事效率、节约时间非常重要。聪明的管理者往往都拥有一些独特的时间管理技巧来避免在这些事宜上花费不必要的时间。有一位管理者在下属求见时,只要不是当务之急,他都往往要求对方给他十分钟时间处理当前的工作,然后再亲自到对方的办公室里洽谈问题。结果这大大节省了时间。因为他坐在自己的办公室里,来者就处于主动地位。现在他到了下级的办公室里,"我就能够控制局势,因为我可以爱什么时候离开就什么时候离开那里"。在本节中我们就将介绍这样一些节约时间的小技巧。

一、建立条理化的工作秩序

对于一个有效的时间管理者而言,杂乱无章的工作秩序是他无法容忍的。苏尼·卡尔松说:"像所有其他匠人一样,管理者也依赖他们的工作环境。"杂乱的环境会影响工作者的心情和状态,同样也会增加花在寻找档案、闲聊之类无谓事宜的时间。因此,"5S"才会成为一种时髦的管理哲学而备受欢迎。阿利克·麦肯济在《跳出时间圈套》一书中提出管理者应该从以下几个方面建立条理化的工作秩序,以节约时间。

(一)工作环境的布置

在《跳出时间圈套》一书中,麦肯济提到了一位可怜的、被困在自己办公室的管理者。这位管理者所在公司的总部实行的是门户开放政策,而公司的主要楼道又刚好直接通过这位可怜人的办公室门口,因此他的朋友有很多机会把头探

---

① [美]阿利克·麦肯济著,顾路祥译:《跳出时间圈套》,陕西人民出版社,1986年,第71~72页。

进来打个招呼。结果他就成了不速之客干扰的牺牲品。不仅朋友常来寒暄几句，访客也常来问他某某人在哪间办公室里，这大大浪费了他的时间。

在办公环境的布置上，管理者应该努力给自己一个不受干扰的环境。管理者可以把办公室的门关上，可以调转办公桌的方向，使它不正对门口，这样就有助于控制自己，不必抬头去看那个"出现"在门口的是谁。而对于配备了秘书的高级管理者（如项目经理），管理者可以将秘书的办公位置安排到管理者办公室正对门口的地方，使来访者须经秘书同意方可进入室内。当然，你得配备一个聪明的秘书。

至于下级所在的位置，与领导工作沟通最多的，应坐在领导的附近，以便交谈。需要相互之间独立工作的人员应分开，而需要密切合作的人员的位置应较近。座位的安排是很有学问的一件事。

（二）克服"文件满桌病"

只要对各级管理者的办公桌稍加留意，大概都能获得这样的一个印象：多数的办公桌都堆满文件，其中有一些办公桌甚至杂乱得不堪入目。

办公桌是一般管理者最重要的工作领域。倘若各色各类的文件被堆积在办公桌上，则管理者的工作效率无疑地将受影响。因为文件的堆积将妨碍注意力的集中，导致情绪紧张，以及增加翻查的时间。从时间管理的角度来看，文件满桌也是一种病，还是一种通病。

造成"文件满桌病"的原因，大致有以下几个：

（1）不知怎么及时整理、归档；

（2）授权不足；

（3）犹豫不决和半途而废的工作习惯；

（4）担心遗忘文件的心理。

对那些不愿意或不善于从事"分层负责与逐级授权"的管理者来说，许多本来可以由部属处理的文件都要交到他们那儿，这是导致文件堆积的一种重要原因。消除这个原因的根本办法，在于授权部属处理文件。

遇事无法当机立断的管理者，通常都会将待处理的文件留到限期届满之时，这必然引起文件的堆积。其次，无法坚持办好整件事而见异思迁的管理者，也很容易将各种文件堆积在办公桌上。因此，挽救之道在于改正犹豫不决与半途而废的工作习惯。

许多管理者为了避免文件被遗忘，所以将它们摆在办公桌上，以便随时可以看到它们。由于这种心理作祟，相当时日之后文件堆积如山。因此，建立一个在适当时间、能自动提醒待办事件的系统，也是一个解决途径。

我们已对"文件满桌病"的起因及其对策作了简要的解释。在实际治疗"文

件满桌病"时,下列七种经验性的"处方"很值得管理者借鉴:

(1) 充分发挥字纸篓的功能,亦即非确实有用的资料或文件尽量丢弃。

(2) 把你办公桌上所有与正在做的工作无关的东西清理干净,包括零星的装饰物——照片、纪念品。

(3) 建立一套便于排斥、储存与调阅文件的处置系统。

(4) 办公桌上或办公桌周围的物件的摆置,必须遵守这样的准则:每一件物品必须被摆置于固定的地方(此即"各就各位")。

(5) 只容许最优先办理的文件摆在办公桌的中央,优先次序较低的文件,则应摆在其他地方,因为管理者每一次只能集中精力做一件事。

(6) 每天下班之前应将办公桌整理就绪。

(7) 除非资料不足,否则每种文件原则上只应处理一次。每次拿起文件,不要只将它摆在"待办"的卷宗之中,而应当场处理掉,这样做才能令文件及早远离办公桌。

在以上各种经验性"处方"中,第三种"处方"——建立一个便于排斥、储存与调阅文件的处置系统,可以说是治疗"文件满桌病"的最佳良方。每一位管理者都应设计一套文件处置系统。它不一定要跟他人的一样,但却必须最适合自己。

> 5S 管理起源于日本,是日本工业成功的管理方法之一,近年来在我国国内及东南亚地区企业中比较流行,被许多成功企业所使用。5S 指整理(SEIRI)、整顿(SEITON)、清扫(SEISO)、清洁(SETKETSU)、修养(SHITSUKE)等五个项目,因五个日语均以"S"开头,因此简称为"5S"。
>
> 5S 管理的思路和目的均十分简单而明确,它针对企业中每位员工的日常行为方面提出要求,倡导从小事做起,力求使每位员工都养成事事"讲究"的习惯,从而为员工创造一个干净、整洁、舒适、合理的工作场所和空间环境。5S 的倡导者相信,保持企业环境的干净整洁,物品摆放有条不紊、一目了然,能最大程度地提高工作效率和员工士气,并将资源浪费降到最低点,最终达到提高整体工作质量和效率,从而增加顾客满意度与企业美誉度,提升企业综合竞争力的目的。

(三) 信件和电子邮件的处理

据芝加哥达特耐尔商业研究所对 3000 名管理者的研究调查表明,管理者中的大部分人每天都要用两到三个小时去读信和回信。现代社会信件的使用变少了,但电子邮件(E-MaiL)的使用却大大增加了,管理者花在 E-MaiL 和信件的总时间比以前似乎有增无减。

经济研究室的管理小组发现,最有秩序、最集中地处理信件和 E-MaiL 问题的方法是:不要立即理会那些信件和 E-MaiL,要把信件和 E-MaiL 放到一天结束后再去收集、处理。这通常比随时处理这些信件和 E-MaiL 的做法要好些。这样既不会因摆满了各种信件而使办公桌杂乱无章,也不会使管理者的注意力从他面前的工作吸引过去,避免了信件和 E-MaiL 所提供的意想不到的情报所带来的无休止的干扰,从而保持自己的注意力和专心致志的工作劲头。

管理界曾经对梅叔兰·瑞克利斯的管理经验进行过讨论。他宁可让并非最紧急的信件在他的信箱里"成熟"至少三个月。他发现,经过这段时间的成熟,80％的信件都不需要再回复了。当然,你得确认这些信件或E-Mail很有可能不需要你回复,否则你拖延的时间越长,你肯定还得加上几句客套话。

此外,在火车或飞机上空闲的那段时光无疑是你处理那些还没来得及回复的信件或E-Mail的好时机,很多常出差的优秀时间管理者就是这么做的。

二、排除干扰

乔治·伯克威特说过:"让管理者把工作搞得很糟糕的,正是那些干扰——经常不断的、而且好像总是没个休止的电话、突然召开的会议以及个人问题。所有这些都好像是被魔术般地设计出来,使他的工作脱离正常的轨道。"干扰是管理者的时间天敌,因此有必要排除这些浪费时间的干扰。我们可以从下列干扰因素着手:

(一)不速之客干扰

不速之客泛指未经预约的访客,主要来源为属下员工,其次是同一阶层的同事,再次是组织以外的人士。不速之客的干扰往往迫使主管难以专心致志地工作,甚至令他们费时费力而竟然徒劳无功。为有效地应付不速之客的干扰,秘书人员的协助几乎是不可或缺的。当然在一般组织里,通常只有上层管理者才配以专用秘书,中、下层管理者则没有那么幸运,他们可能数人共用一位秘书,甚至毫无秘书协助可言。不过就算组织内部并没有秘书,主管也可要求部属权充秘书,在他需要专心处理事情或思考问题时,协助他对付不速之客的干扰。现将对付不速之客的若干可行途径简介如下:

(1)不要采取无条件的"门户开放政策"。

(2)由秘书全权安排约会事宜,或至少授权秘书对约会事宜作初步安排。

(3)授权秘书甄别并拦截来客。

(4)规定接见部属的时间。

(5)移尊求教。这就是我们在本节之初提到的那位管理者应对下级来访的方法。它除了可以避免停顿手中工作与失去全局控制、让管理者掌握时间主动之外,还便于管理者从下属处就近获得资料,给与部属一种受重视的感觉。

(6)在办公室外接见外界不速之客。

（7）站立会客。

（8）让秘书控制会谈时间或限时面谈。

（9）利用隐蔽的办公室。

（10）宁可提早上班，也不要延迟下班。

这些方法都可以大大减少不速之客的干扰，以节约时间。

（二）无端电话干扰

电话的使用本来旨在免除笔写、面谈、开会，甚至在旅途奔波所引起的时间浪费，但电话被普遍使用后却成为浪费时间的重要来源。有些管理者不但不能支配电话，反而为电话所支配。究其原因不外是：第一，管理者事必躬亲以致来往电话特别多；第二，过分讲究客套而不自制；第三，缺乏结束谈话的技巧；第四，担心对外来电话的过滤将冒犯来电者。由上面第一个原因所引起的干扰的根本补救办法在于增加对部属的授权；由后三个原因所引起的干扰，则可借管理者本身的自律、谈话技巧的改进，以及秘书的协助而大量地予以消除。现简介有关要领如下：

1. 外来电话秘书接听

外来电话应先由秘书接听，以便确定其信息的重要程度及信息的适当承受人。只有需要管理者亲自处理的重要紧急电话才由管理者立即接听。而需要管理者亲自处理但并不紧迫的电话则可以由秘书记录来电情况而由管理者稍后集中答复。

2. 事后回复电话

这种办法具有三种好处：第一，外来电话可以累积下来一起回复，这样有助于时间的节省；第二，管理者可获得充分时间作有关回复电话的准备工作；第三，管理者可选择最适当的时间回复电话。例如，在午饭前或下班前的时间回复，可令对方长话短说，速战速决。

3. 打出去的电话应由秘书代拨

除非为了表示特别尊重受话者（如长辈或上司），否则先让秘书代拨电话。亲自拨电话常会遭遇线路不通或受话者不在等情况，这类时间的浪费是没有价值的。

4. 尽量将需要打出去的电话集中在一起

这样做可节省时间。但是对每一个电话所要传递的信息重点，则应事先记下，以免通话后突然想起漏了某些项目而必须重拨电话。

5. 避免以题外话作开场白

除非有意闲聊，否则不应以"您好吗"、"好久不见了"或"听说您就要高升了，几时请客"之类的话语作开端，因为这些话语最容易引起无休止的谈论。最好是以礼貌的方式开门见山地道出原意，例如"张经理，如您现在时间容许，能否答复我两个问题？第一……第二……谢谢"。

(三)"会议病"困扰

会议本来应该是沟通意见、解决问题、制定决策的一种有力手段。但它却经常被滥用，以致成为一种费时费事有碍正常运作的顽症。不少中、上层管理者抱怨，会议竟占去他们日常工作时间的 1/4 甚至 1/3。然而更令他们苦恼的是，在这么多的会议时间之中，几乎有一半是徒劳无功的。

之所以会产生这种"会议病"，原因主要有以下五种：

(1) 基于合群的愿望而聚会倾谈。这往往使会议成了聊天会。

(2) 为不让他人专美于前或为表功而开会。有些会议是因"人家会计部每两星期就举行一次会议，我们销售部又岂能不跟进"而召开。有时候管理者又把会议当作表露功绩与努力的一种方式。

(3) 为推卸责任而开会。有些会议是因"没有理由让我单独承担全部的责任"而召开的。

(4) 为避免让部分人觉得不受重视而邀请无关人员参加会议。

(5) 会议主持者因欠缺管理技巧，而令会议费时无功。

要想消灭这种"会议病"，管理者可以从会议前的准备工作、会议进行过程以及会议后的收尾工作等三个方面采取一些可行的措施：①

1. 会议前

(1) 有些会议本可以不召开的，因此在筹备会议之前应先寻找取代会议的可行途径，如由对个别专业人员的咨询代替大型的会议研讨。

(2) 召开会议之前，必须先确立清晰的目标。若无清晰的目标，则不应开会，因为目标是会议的指南。

(3) 尽量减少与会人数，只邀请有关人士参加。

(4) 选择适当的开会时间，以令所有与会者都能出席。当关键性人物无法参加会议时，则原则上不应开会。选择开会时间时，为避免会议时间过于延长，如有可能，则将会议安排在午餐前、另一会议或活动之前，或是下班之前不久举行。

(5) 选择适当的开会场地，以方便与会者。

(6) 议程及有关资料应先发给与会人，使他们能事先作必要的准备。

(7) 按每一与会者每分钟的工资额及每一分钟所享有的福利额估计会议成本。这样可以提醒管理者会议是要付出代价的，而且还很大。

---

① ［美］阿利克·麦肯济著，顾路祥译：《跳出时间圈套》，陕西人民出版社，1986 年，第 128～131 页。

（8）应该对会议加以时间限制（即事先制定起止时间），并按每一个议案的重要程度而分配给它适当的时间。

（9）可能的话，应限定出席会议的次数，只出席与自己有关的或是自己有所贡献的会议。

2. 会议中

（1）会议应准时开始。在会议中如等候迟到者，则等于惩罚准时者。召集会议者应先预告会议将准时举行，然后毫无例外地坚持准时举行。

（2）在会议进行中可指定专人控制时间。

（3）不要令与会者过于舒服——尽量避免提供茶水或点心；当议程很短而且无需作记录时，可考虑采取站立的方式开会。

（4）应按议程所编列的优先次序进行讨论。

（5）除非紧急事件，否则应避免会议受到干扰——包括电话及访客的干扰。

（6）视实际需要可让部分与会者参加会议的一部分，即令与会者只参加与他们有关的议案的讨论。这样，有些与会者可在会议进行到某一阶段时才加入，另一些与会者则可在会议结束之前离席。

（7）会议应准时结束，好让与会者安排自己的时间与工作。在开会之前，如能将重要的议案排在议程的前端，则可令休会前未及处理的议案只限于次要者。

3. 会议后

（1）会议记录应尽快完成。精简完备的会议记录应在 24 小时之内，或至迟在 48 小时之内派给有关人士，包括缺席会议的人。会议记录如能在极短的时间内派发，则可令一部分人士免于参加会议。

（2）对刚结束的会议作考核并记录在案。考核内容至少应包括以下各项：会议的目标是否清晰；议程与有关资料是否在开会前适当的时间下发了；会议是否准时开始与准时结束，倘若会议不是准时开始与准时结束，那是因为什么；会议是否按议程所制定的次序进行；在全部会议时间内，有百分之几的时间没有被有效利用；为什么。同时对考核结果进行总结，以便总结经验教训，在下次会议中给予改进。

（3）解散已达到目的的各种委员会或工作小组。

以上所列举的治疗会议病的处方，主要是供项目的会议召集者使用。倘若你并非会议召集者，则不妨设法将上列的处方介绍给他们。只是"良药苦于口"，你必须具备足够的勇气与高超的技巧，才能令会议召集者接受它们。当然，如果会议召集者接受了，对你而言也就摆脱了"会议病"对你的困扰。

小结

本章主要探讨了项目团队成员个人的时间管理,有的内容也适用于项目经理。第一节探讨了如何去认识我们的时间,包括如何作时间纪录、管理时间和集合时间。第二节首先介绍了工作时间计划对时间管理的重要性,接下来着重探讨了如何做工作时间计划,并简要提出了在执行工作时间计划表时所应注意的几个问题。第三节从建立条理化的工作秩序与排除干扰这两个方面进一步介绍了时间管理的若干技巧。希望通过本章的学习,读者能学会如何合理有效地节约自己的时间、管理自己的时间,并合理地运用本章所学到项目工作中,从而提高项目团队成员对于个人的时间管理效率。毕竟,项目管理相对于日常运作,对时间有更高的要求,因此每一位团队成员都必须懂得如何高效利用自己的时间,同时也辅助其他团队成员高效利用自己的时间,不做时间管理的干扰者。

关键术语

时间记录表　　集合时间　　ABC 控制法　　工作时间计划表　　帕累托时间原理

思考练习题

1. 列出你印象中时间的花费项目与所花费的时间,然后认真做三天的时间记录表,看看记录表所体现的情况与自己的印象是否存在差别。如果有,差别在哪? 你是否认为你的时间花费都是有必要的?

2. 你平时有没有替自己的时间做计划的习惯,为什么? 如果你替自己的时间做过计划,计划是否得到了很好的实施? 你在实施过程中遇到了什么问题,你是如何解决的?

3. 在编排行事次序时,你是按照事情的"轻重"还是"缓急"来决定工作的次序? 如果你选择的是"缓急",你认为是什么原因让你首先选择完成紧急工作呢? 你是否信服"要事第一"的观念?

4. 制定一份周工作时间计划表与日工作时间计划表,并按照计划施行,提出你制定与执行工作时间计划表中所面临的最困难的三个方面。

5. 麦肯济在《跳出时间圈套》中提到了一位管理者。他厌恶一个打电话浪费他时间的家伙。有一次这个家伙又在一个糟糕的时刻给他打电话,他在自己一句话讲了一半时扣上了电话机。当然,对方以为是电话公司的故障——谁也不会想到一个人会打断自己的谈话。你认为这种方法可取吗? 如果是你,你会怎么处理这些恼人的家伙打来的电话?

6. 你是否觉得你们项目团队的会议多得令人厌恶? 你认为可以采取什么

办法改善你们团队的会议？如果你不是会议召集人,你有勇气向召集人提出意见和建议吗？你会用什么样的方式提出？

7. 如果你是一位配备了秘书的高级项目团队成员,你认为你的秘书在节约你的时间方面是否发挥了他的应有作用？他还有哪些做得不够好？

8. 阅读了本章开始的情景案例,请读者思考几个问题:

（1）你觉得张欣为什么会陷入到这种疲于奔命的境地？你觉得为什么他总是迟迟不能开始写那份材料？

（2）如果你是张欣,你会如何安排自己的工作？你又会如何处理这些电话、传真、宴会、会议和下属上交的工作？

（3）你在工作中是否也曾经遇到同张欣一样的经历。你是按照上述回答的方式去解决这些问题的吗？效果又如何呢？

进一步阅读

1. ［美］彼得·F.德鲁克著,屠瑞华、张晓宇译:《有效的管理者》,工人出版社,1989年。

2. ［美］阿利克·麦肯济著,顾路祥译:《跳出时间圈套》,陕西人民出版社,1986年。

3. 孙宗福、李飞、王琴素著:《时间管理,管理者的生命》,中国商业出版社,1988年。

4. 哈佛经理的时间管理,http://mbafund.com/002/0001/2004/1108/422.shtml

案例
拟定一个日工作时间计划

李振是某房地产公司一个楼盘项目组的财务负责人。一天晚上下班后,他独自一个人在办公室里思考第二天的工作,列了如下一个工作表:

1.项目经理要求自己在10天之内拟出该楼盘的财务方案报告。

2.女友要求他下午陪她去买衣服。

3.房地产公司老板上午10:00要跟他座谈一次,咨询相关财务事宜。

4.项目财务报账出现了借贷不平衡现象,要在第二天查出问题所在以便制作这个月财务报表。

5.项目组下午有一个例会,邀请他参加,但会议内容与财务部关系并不大。

6.下属对一部分财务支出的报销拿不准,将报销凭证和报告送上来请求李振处理。

7. 收到了一位老同学从美国寄来的咨询该楼盘的信件，对方希望他尽快回复。

8. 股市这几天大幅波动，自己私人持有的十几万元股票很有可能受到损失，需要监控股市情况。

请结合本章内容回答下列问题：

1. 在这些工作中，哪些是不必要做或应该拒绝的？ 哪些是可以授权给秘书或者应该由下属完成的？

2. 在那些需要李振亲自处理的事项中，你认为哪些是不可变更的事项，哪些是应该优先处理的工作？ 用 ABC 控制法对这些工作排序。

3. 替李振拟定一个日工作时间计划表。

第十一章 实践中的项目时间管理

本章导读

"按时、保质、保量完成项目"是每一位项目经理最希望做到的,是每一个成功或者希望成功的经理人或者创业者都希望做到的。通过前面章节的介绍,想必你已经对项目时间管理的内容有所了解。无论是项目生命周期、项目活动分解、项目时间管理计划等,都在帮助和引导人们对项目时间进行有效的管理。恐怕读者到此也已经有了跃跃欲试的冲动,希望自己能切实把握和控制一个项目的时间进度。但是,有着多年工作经验的人们,尤其是在管理决策岗位上长期工作的人们都清楚地认识到,完全控制住一个项目的时间进程是不太现实的,因此工期托延或者在时间安排上出现这样那样的问题会时常发生。此外,不同的项目在不同的环境下还有不同的做法。

合理安排项目时间是项目管理中的一项关键内容,目的是保证按时完成项目、合理分配资源、发挥最佳工作效率。作为一名管理者,掌握项目时间管理常用的实际技能和项目时间管理经典工具技术如 WBS、CPM、PERT、甘特图等是必要的;明确了解项目中各个成员、特别是项目管理者在项目中所担当的角色、职责和应具备的知识技能要求也是必需的。然而我们还需要认识到,项目真正运行起来时,在项目时间管理中我们会遇到许多特殊的情况,光用这些理论知识和数学工具还是不够的。因此,通过案例分析,我们能够经历从理论到实践的过程,即便这并非是"真枪实弹"地面对工作中的问题。

当然,如果有条件的话,完全把理论应用到实际当中还需要各位读者在日常的工作中多加实践和体会。中国有一句古话,"笔上得来终觉浅",讲的就是这个道理。因此我们引领读者看一些实际的项目,请读者自己去体会和理解,使大家对项目时间管理的认知更上一个水平。

第一节 阶段性鲜明的商务调研项目时间计划

随着竞争的加剧,商务调查已受到越来越多的重视。一些在观念和思维上比较超前的企业已经成立了专门的市场研究部门,为产品和服务的推广寻找和创造更多的机会。一份好的市场调研计划对未来一年的经营管理会起到一个指南针的作用。因此,市场调研跟工程项目一样,常常要求由特别的调研队伍在规定的预算和时间范围内高质量地予以完成。

在项目开始之际,精心制作一份项目时间表是对项目团队的基本要求。有经验的人对此绝不敢掉以轻心。如何才能够制定出一份有效、专业的调研时间计划呢?

第一步就是对调研项目的不同阶段必须清楚了解,并严格按顺序排列。怎样划分这个阶段,不同的调研项目略有差别,这依赖调研的目的、要求、时间、预算等因素。但分阶段的一个重要目的是让你将项目的时间也相应分段,为每一个阶段分配足够的时间和相应资源。这样,当你沉浸于项目的具体工作时,别忘了对每一项工作在时间上的要求。

为了保证调研项目的质量和效率,在长期的实践中,人们逐步制定了一套严格的工作程序。一般来说,它包括确定问题、制定调研计划、收集信息、分析信息以及报告结果等五个阶段。

一、确定问题

明确而不是似是而非地写下所要调研的问题,这一点经常被忽略。这种忽略会使目标模糊、不鲜明、不准确并最终导致对调研项目起不到什么具体作用。而比较清楚的题目,比如说"关于公司内部不同部门间缺乏合作的问题调查"就可以告诉我们许多信息:第一,这是一个关于制度、标准和效率的问题;第二,信息收集必须从具有说服力的数据入手;第三,必须亲自走访不同的部门,而不是从领导办公室的感觉和抱怨得出结论。

二、制定调研计划

在明确存在问题的基础上,项目团队要制定相应的调研计划,包括确定调研的目标、决定收集资料的来源、选择调研方法、制定抽样方案、决定具体行动方案、准备调研预算、制定监控措施等七个部分。其中,具体方案又进一步包括了各个阶段的具体时间安排。

三、收集信息

制定了调研计划后,接下来需要进行的工作是收集信息。需要做的工作即依照调研计划选定的方法和时间安排,进行调研对象的选取、调研工具的准备并实地收集信息。

收集信息这个环节成本最高、耗时最久,并且由于信息的质量直接影响到对其进行分析所得的报告结果的可靠性,所以在此环节一定要采取各种监管措施,保证能收集到所要的全部信息,并保证信息的准确性和可用性。

四、分析信息

分析信息是指对所收集信息进行分类、整理、比较,剔除与调研目的无关的因素以及可信度不高的信息,对余下的信息进行全面系统的统计和理论分析。在进行该项工作时,它也具有鲜明的阶段性安排:首先,应审查信息的完整性,如所需信息并不完备,则需要尽快补齐;其次,应根据本次调研的目的以及对所收集信息的质量要求,对信息进行取舍,判断信息的真实性;再次,对有效信息进行编码、登录等,建立起数据文件库;最后,依据调研方案规定的要素,按统计清单处理数据,把复杂的原始数据变成易于理解的解释性资料,并应用科学的方法对其进行分析,得出调研结论以及可行性建议。在分析的过程中,应严格以原始资料为基础,实事求是,不得随意扩大或缩小调查结果。

五、报告结果

这是调研的最后一个环节。撰写调研报告书,将通过调研所得的信息以及对其进行分析得出的结论以书面形式递交企业管理部门,它是调研完成的标志。调研报告是调研工作的最终成果,应该具有真实性、客观性和可操作性,能切实为管理层提供有用的信息和建议,为决策提供各种依据和参考。

在明确了调研的基本阶段性内容和工作之后,我们还需要制定具体的行动方案,包括工作内容、工作进度的日程安排、工作进度的监督、对调研人员的考核等。

其中,工作进度的日程安排是指根据调研内容的多少和时间的要求,有计划地安排调查研究的进度,以便使调研工作有条不紊的进行。如应该何时做好准备工作、何时开始培训工作、何时开始并在多长时间内完成某一调研项目等。在进行调研时,需要调研的子项目一般都比较多,需要在制定行动方案时统筹安排,确定哪些调研需要首先进行、哪些可以同时推进等。

很多调研项目时间计划都写得非常简单：某年某月某日，到某地进行业务调研。我们可以换个思路想一想，这个计划是要提交给单位领导和被调查对象审看的。那么我们的计划必须是可执行的、可操作的，用户可以看得明白的，整个调查让人觉得是很有意义的。如果你的计划展现必要的内容，领导们只是将时间调配一下，或安排相关人员来配合，那么我们的调研也就相对容易一些。

对于用户方，我们建议将计划细分到上午或者下午的具体时间段，而且调研的部门是哪个，需要什么样的人员进行配合、时间有多长，需要了解哪些方面的内容、要准备哪些资料等，都要说清楚。这样一来，领导安排工作就相对简单很多。

此外还要注意在报告的后期制作和递交过程中要消耗的时间。最好的方式是亲自递交。如果通过 E-Mail，一定要马上通知对方邮件已经发出，提醒对方察看。如果需要陈述，还要留出准备报告和幻灯片的时间。

关于报告制作，人们往往比较轻视，觉得调查研究都做完了，写个报告有什么难。实践经验表明，制作一份外表精美、内容准确的报告需要遵循"1－2－3"法则。如果打字员将报告打印完毕需要 1 个时间单位——比如 1 周，那么你应该加上两周的时间用于校对、修改和重新打印，这就是"2"。最后再加上三周的时间用于最终的润色和纠错、编辑、最后的打印机装订，这就是"3"。所以，从手稿到打印好的成品的完成整整需要 6 周的时间。你也许觉得这实在有点夸张，但当你完成一份高质量的调查报告后，你会发现，我们对于时间的估计是非常正确的，甚至还有可能估计少了。[①]

第二节　IBM 公司重视资源保证的转型项目管理

在郭士纳任职期间，IBM 曾经凭领先的技术和产品号令天下。但到 1993 年，IBM 却亏损几十亿美元。为了让"大象"重新能够跳起舞来，IBM 改变了业务模式，郭士纳带领 IBM 进行了面向服务的转型。随着转型的成功，IBM 从一家以硬件为主要业务的公司转变为服务提供商。现在服务已经占 IBM 总收入的 50％左右，盈利能力非常乐观。IBM 将自己作为实施随需应变转型的试验品，通过随需应变服务的战略转型，IBM 持续增强了自身应对市场竞争和客户个性化需求的能力。

郭士纳在最短的时间内对企业进行了重大变革，这种决策在一定程度上决定了企业的发展，决定了 IBM 作为一个全球著名企业的地位。从项目管理角度

---

① ［英］A. D. 扬科维茨著，黄菠译：《商务调研项目管理》，机械工业出版社，2004 年，第 61 页。

来说,他们对公司的整体改造不外乎是对一个巨大转型项目进行一种项目管理。

我们能从项目管理的角度来进行分析。当我们立项时,首要的一件事情也是非常难以作出决定的是要创建一个什么样的项目。在不同的项目选择中如何取舍,这有赖于对项目最终目标的分析和把握。然后我们要分析其要素,分析其阶段性的预期成果,再将过程进行分解。对于项目的最高领导者来说,有这么多工作要做,有这么多的人要管,到底如何分配自己的时间和精力,重点管好哪些地方?郭士纳认为,领导者此时还是应当确定一个关注点。如果一个管理团队没有搞清楚项目的关注点,就很有可能误入歧途。找到了关注点,就等于为管理活动确立了方向,使管理者能够集中资源,搞好经营管理。

初到 IBM,郭士纳为了找到蓝色巨人的关注点,为自己定下了"90 天内不作决策"的规定,能做到这一点是非常难得的。在很多企业中,当一个新官上任时,或者刚刚接受一个项目时,最常见的一件事就是"上任三把火"。当然,我们可以理解当面对一个濒临破产的企业或是一项要求紧迫的项目时人们的急切心情,但是关键在于能否找到公司或者项目的方向,使管理者能够集中资源,来进行接下来的管理工作。

在项目时间管理中,我们正是要作资源分析的。资源能否及时到位往往决定了项目活动能否正常进行、能否符合进度计划要求。郭士纳准确地找到了他的关注点,那就是现金流。他认为,公司的现金流最能反映一个公司的经营情况。郭士纳上任 30 天即 4 月底,他就从公司的业绩报表上了解到公司的财务情况,并给公司财务状况下了定义:"快速失血的财务。"7 月份,郭士纳作了 4 个关键性的决策,其一就是"出售生产不足的资产,以筹集资金。"同时,大规模地削减不具有竞争力的开支,创造新的商业模式,再造公司内部流程。

更难能可贵的是,作为以产出品出售盈利为生存条件的 IBM 把营销都做成了项目管理的一种模式。在郭士纳进入 IBM 之前,营销并没有作为一门独特的职业学问,也没有被当作一门独特的职业学问来实施管理。郭士纳认为一家成功的公司必须有一个以客户为导向的强有力的营销模式。为此,他聘用了专家,在 60 天内进行了 IBM 营销形势分析,并为完善和加强市场营销能力,进行了竞争对手分析、品牌管理、消费者偏好分析、销售渠道建立和广告系统整合等一系列大动作,形成了将市场营销作为企业特定项目管理的一种理念。

第三节　雅典奥运会的"最后一分钟"项目管理

2004 年 8 月 13 日,雅典奥运会举行了盛大的开幕仪式。当圣火被点燃的一刹那,宣告为期 18 天的体育盛会正式开始。但在雅典奥运会开幕之前很长时间以来,外界对此次奥运会能否顺利举办有两个担忧:一是场馆工程建设;二是奥运安全保卫问题。希腊总理卡拉曼利斯后来表示,希腊政府也充分考虑到这个问题,政府后期在场馆建造 40 亿欧元预算的基础上又追加 10 亿欧元,由希腊内阁以及希腊总理本人对奥运工程建设与安全保卫问题负责。因此,本届奥运会作为一个大的项目来说从一开始就已经明确了项目重点,但实际效果又如何呢?

一、主体育馆建设:扣人心弦

此次奥运会共建设场馆 39 个,最令人担心的是举行开幕式的"奥林匹克体育馆"顶棚加装工程。该馆已有二十多年历史,原为一露天体育场,是 2004 年雅典奥运会的中心,位于雅典北郊马罗西,是雅典奥林匹克综合体育场的一部分。体育场可容纳 5.5 万名观众,将进行开闭幕式、田径和足球比赛。世界著名建筑师、西班牙人卡拉特拉瓦受雅典文化部创意的启发,在综合体育场的升级改造工程中增加了很多创新理念,包括奥林匹克主体育场屋顶结构的设计。要在跨度 300 米的体育馆顶部横架两个巨型钢穹顶。穹顶用新型透明材料铺架,总重量 9000 吨,既采光好又隔热。钢穹顶犹如一片"星空",缀满灯光和电子监测装置。这一"奥林匹克梦想"杰作,自设计方案一出台就备受争议,原因是施工的技术性要求太高,对材料需求量太大。

奥林匹克体育中心主体育场工程由希腊文化部负责实施,工程在 2004 年 7 月完工。

这一结构的用料是从正式开工前的一年零 2 个月的时候开始进行招标采购的。在采购过程中,人们发现在最初策划时,忽略了一些预先估计的数据,因此采购清单上的数量是不准确的。例如,主拱跨度 295.6 米,结构钢材用量 1.2 万吨。然而在采购时出现失误,结构钢材在使用到 8700 吨时竟然出现短缺,导致停工竟达一周之久。并且最后是通过希腊政府介入,才从海外一家企业紧急订购到一批钢材救急。最可怕的是这样的情况竟然发生在不同的施工场所,缺少不同的建筑材料,这种情况致使不少工程数次停工。然而在项目出现停工后,没有及时充分运用补救措施,导致时间一拖再拖,有的一度停工长达数月。这给工程的进度、时间的有序安排造成了非常消极的影响,给希腊政府的名誉造成了一定的损害。

2004 年 5 月 11 日,希腊首都雅典郊外奥林匹克体育场的建筑工地上传来一片欢呼声,人们盼望已久的奥运会主体育场封顶工作终于开始了。在国际奥委会官员的注视下,移动屋顶的拱形柱一厘米一厘米地向指定位置移动着,在场的人举杯庆祝。一直以来,雅典奥运场馆不紧不慢的建设速度令人担忧。此前,国际奥委会已经下达了最后通牒：如果 5 月 20 日封顶工作还未进行，体育场移动屋顶计划将被取消，比赛将露天举行。5 月 10 日，国际奥委会官员来到希腊，对雅典进行最后一次为期 3 天的奥运会筹备工作检查。体育场建设在这个关键时刻有了突破性进展，雅典人终于为自己挽回了一点面子。法新社评价说：体育场的封顶建设是雅典奥运会筹备工作的一个转折点。

二、更多的建设项目：一改再改

尽管各种建设项目紧锣密鼓地进行，但随着 8 月 13 日奥运会开幕的日子越来越近，人们还是为雅典奥运会捏了把汗。本届奥运会的比赛按计划将在 30 多个竞技场举行，随之而来的工程有一大堆。但到 2004 年 6 月，有一半的场馆整修、建设尚未完成。另外，马拉松跑道、有轨电车和轻轨线路以及道路拓宽工程也在没日没夜地赶工期。可以说，现在的雅典城依然是个泥泞的大工地，随处可见施工用的脚手架。而以往的奥运会，早在开幕前几个月，准备工作就一切就绪了。

关于这一点我们可以看一篇德国人的报道（摘自德国《法兰克福评论报》题为：冲刺中的奥运会）：

在距离奥运会开幕大约还有 9 周的时间，雅典仍到处是起重机、挖土机和推土机。必需的 39 个比赛场馆只完工了 15 个。别具一格的雅典奥林匹克体育场屋顶直到上周末才安装连接起来，但该体育场远没有完工。现在开始的是聚光灯、扩音器和摄像机的安装。还有 7.4 万个座位的安装，现在才可以开始。而且体育场的周边也同工地一样。扎斯卡拉基——雅典奥组委主席很有信心地说："我们会完成的。"国际奥委会雅典奥运会协调人奥斯瓦尔德也同样乐观：虽然过去曾存在疑虑，但现在这已经消除了。国际奥委会主席罗格 7 日也宣称："我可以保证，雅典将百分之百地为奥运会做好准备。"

其实，尽管有关部门的官员坚持说，届时所有项目都能如期完工，但人们发现雅典奥委会已经悄悄对一些可能无法如期竣工的项目进行了调整和削减，奥运游泳馆的屋顶就被列在削减首位，室内游泳馆变成了露天游泳池。其后果是很严重的。奥运会期间正值地中海地区一年中最热的时刻，通常室外气温高达40 摄氏度以上。原计划建造的顶棚主要目的之一就是为了遮蔽毒辣的阳光，使馆内温度有所降低。如此一来，运动员们不得不经受太阳暴晒的考验。另外，这一决定也直接影响了游泳和跳水比赛的电视转播，使奥运会游泳比赛的转播角度只有泳道两端和侧面，缺少了空中俯瞰的全角度机位。顶棚的取消意味着本届奥运会将在露天场地举行游泳比赛。

而在此之前，国际泳联主席拉尔法维在观看世界杯跳水赛时表示："顶棚是不可缺少的,我们坚信最后能按时完工。"但希腊政府官员还是在 3 月 20 宣布雅典奥运会游泳比赛场馆的顶棚加盖工作"一团糟"。雅典奥组委同日在一份声明中称:"经过周密的考虑,我们认为无法保证游泳馆顶棚在奥运会开幕时完工。为了确保比赛照常进行,我们决定取消顶棚。"雅典奥组委表示,已就此取得了国际奥委会和国际泳联的同意。但国际泳联实际上对雅典奥组委取消游泳场馆的顶棚建设大为不满。国际泳联表示,雅典奥组委欺骗了世界,因为他们曾两次向国际泳联承诺建设游泳馆的大玻璃顶棚,但最终却是露天的。而实际上,这已经是雅典奥组委第 3 次对比赛场地设置进行重大改变。

还有,关于马拉松路线的建设原本还是本届奥运会的特色之一:为了纪念公元前 490 年那位为了传递捷报而从马拉松镇跑到雅典最终死去的战士,组委会决定今年重现古代马拉松跑的路线。起点设在马拉松,终点则是 1896 年第一届现代奥运会的举办地——雅典大理石体育场。但是由于承包公司的财政问题,比赛路线的拓宽和修整工作严重滞后,某些路段至今仍是羊肠小道,根本无法进行奥运会的比赛和转播工作。为此,雅典奥组委最终不得不修改路线。而这不过是整个工程建设的一个缩影。实际上,雅典奥运会的几个标志性建筑都没能建成,与此同时,希腊政府还面临着不断追加投资预算的困扰。

当然,希腊政府并不希望在"赶工"的情况下人们对工程质量有什么怀疑,"尽管各方将努力缩减开支降低成本,但奥运工程项目的质量不会降低,并将按时完工交付使用,确保不辜负人们对奥运会重返故乡雅典的期望"。希腊交通部长、公共工程部长和公共秩序部长都立下军令状,承诺各自负责的行业筹备工作按时竣工。但问题时,外界的种种干扰,加上自身的问题,使得这些听起来十分铿锵有力的承诺都没有落实。

三、后勤和辅助项目:麻烦不断

(一)后勤方面也面临很大的挑战

它包括要指挥 1.05 万名运动员、超过 1.2 万名官员、2.2 万名记者和成千上万的观众穿过这个饱受堵车之苦的城市。奥运会组织者现在就已呼吁雅典市民在奥运会期间不开私家车。但是,交通系统是否能够胜任蜂拥而至的人群,还是个未知数。虽然看起来连接市中心与萨罗尼克湾体育设施的新有轨电车线路会及时完工,到雅典机场的轻轨也刚刚试运行完毕。但由于电气列车没有及时到货,该路线迄今为止只能部分电气化,奥运会期间人们只能采用较慢的柴油车。

(二)雅典所有房间早已预订一空

有些饭店将房价提高到了去年价格的 4～5 倍。此外,酒店餐馆员工工会要求加薪 8％和两个月的额外工资,作为为期两周的奥运会期间工作的"额外负担补助"。如果雇主不满足他们的要求,饭店餐馆则会罢工。

(三)奥运村的一条主要街道采用太阳能发电来照明

奥运主场馆路灯每个塔有 16KW 的发电能力,属于奥运会初期作出的决定,然而在奥运场馆出现问题的同时,这些配套措施的建设也遇到了一定的困难。因此,没能在奥运会开幕前把工程全面完工,导致本应采用太阳能的部分地区未能够实现这一目的。

(四)奥运会比赛场馆出现问题

在奥运会自行车比赛场馆进行粉刷时出现掉色等现象,因此组委会急忙派出专家考察是否有合适的企业。

(五)额外麻烦不断

场馆建设、安全保卫这两项工作已经把希腊政府折腾得焦头烂额,然而希腊的老百姓似乎并不领情,许多人都想趁举办奥运这种百年不遇的机会大捞一把,纷纷跟政府讨价还价。5 月 4 日,希腊警察要求政府为他们保护奥运会支付额外奖金。警察协会威胁说,如果不支付这种"危险工作"奖金的话,他们将从 5 月中旬开始组织一系列罢工请愿行动。希腊政府不得已同意,在奥运会期间给 4 万名直接参加安保工作的警察、海岸警卫队军官和消防队员每人 3000 美元奖金。谁知按下葫芦瓢又起,5 月 5 日,希腊全国公共饮食和旅游业雇员联盟协会对外宣布,如果有关当局无法满足他们加薪 8％的要求,他们将在奥运会举办期间举行全国总罢工,要让那些参加奥运会的外国客人下榻宾馆时,睡在没有换洗过的脏床单上,还要让他们喝不上咖啡、吃不到希腊的传统美食。政府又忙着与该协会进行协调。

(六)建筑工人参加罢工

奥运会场馆建设进度急待加快,而希腊劳工总会却在 3 月底组织了 200 万工人大罢工,有大量建筑工人参与其中,奥运会场馆建设进度将受到很大影响。真可谓雪上加霜,逼得雅典奥组委已经不得不修改了一些工程的建设方案,某些工程已经是只求完工不求"花哨"了。[①]

但原因是什么呢? 在游行队伍行进途中,来自希腊劳工总会的加格诺特在与记者攀谈时,毫不掩饰地表达了自己对雅典奥运会的厌恶之情:"并不是所有的希腊人都为奥运会的举办而疯狂,很多人对奥运会抱着与我同样的态度——不喜欢奥运会"。加格诺特告诉记者,几乎所有的交通系统包括奥运场馆建设的大部分建筑工人都参加了此次罢工。加格诺特称罢工的目的很简单,因为新政

---

① "偷工减料只求按时完工 希腊政府承诺工程质量不用怀疑",《新京报》2004 年 5 月 5 日。

府作出要向伊拉克派兵的决定,而如今工人的工作条件和薪水都没有得到应有改善。在他看来,政府宁愿把钱投入到无谓的牺牲中去,也不愿意改善交通系统和建筑工人们应得的权益。

此外,谈到奥运场馆建设,加格诺特更是透露:"上个月场馆建设方面又发生了一起建筑事故,有 10 名建筑工人在这起事故中丧生! 政府不断地催促工期,而工人们工作环境并没有因为工作任务的加重而得到任何改善。"据加格诺特介绍,在去年一年,因为奥运场馆建设问题丧命的建筑工人大约 100 多人。而据悉,在罢工游行的队伍中就有很多是来自奥运场馆建设工地的阿尔巴尼亚民工和希腊工人。对即将到来的奥运会,加格诺特则坦率地表示:"政府如果不满足我们的要求,我们还会组织罢工。不管场馆是否能修好,也不管奥运会是否会召开,我们不关心,也不会理会,我们只关心自己的生存问题。"

针对希腊工人的大规模罢工行为,希腊文化部部长佩特拉里亚向媒体透露,雅典奥运会的预算实际上已处于"失控状态"。佩特拉里亚透露,雅典奥运会的新预算如今已经超过了最初预算的 50%,基本上处于失控的状态,而她将责任归咎于上届政府对于奥运会预算的不科学。①

据悉,上届政府对本届奥运会的预算是 46 亿欧元,而根据希腊相关部门的最新报告表明,最终的开销将会超过该预算的 50%。佩特拉里亚称:"所有的数据将被重新核算。"佩特拉里亚还举出了一个例子,在奥林匹克体育场建设项目上,如今也将超支 50%。而针对佩特拉里亚的此番发言,希腊前文化部部长却声称预算不会超支,最终的预算还是将停留在先前的 46 亿欧元上。而关于场馆建设滞后的问题,佩特拉里亚很乐观,她认为政府除了积极地寻求场馆建设进度的加快外,还在安保工作方面尽着最大的努力。夏天来临,距离 2004 年雅典奥运会的举行只有不到 10 个星期了。按照常理,举办如此规模的活动,主办方到了这个时候应该是"万事俱备,只欠东风"了,但本届奥运会的主办方希腊的态度却有点出人意料。希腊政府官员突然对主办奥运会是否明智一事,提出了公开质疑。希腊公共工程部部长乔治·苏夫利斯(George Souflias)5 月 27 日对议会委员会说:"我必须对我国是否应该承担奥运会的组织工作提出疑问。"这是希腊官方第一次对举办奥运会提出质疑。②

四、分析原因:多种多样

奥运会,与其说是一件体育赛事,还不如说是一个工程。奥运会期间,雅典

---

① http://sports.tom.com/3583/20040401-307075.html
② http://www.szcifco.com/ReadNews.asp? siteID=94491

将接待1万多名运动员,举办300场比赛,其费用之昂贵、操作之复杂,曾让许多人担心小小的希腊将因此而不堪重负。因为为满足奥运会需要,雅典市还需要约9500万欧元完善市区环境,在奥运会之前,约5000座临街建筑需重新粉刷,需费用约3060万欧元;种树及修缮公园绿地,需费用1115.2万欧元;废物处理需费用3580万欧元;为流浪者专门修建3座收容中心,又需要178万欧元。而前任雅典市政府竟然没有涉及2004年奥运会的预算。

雅典之所以落入现在这样的困境,是由于1997年申奥成功后整整浪费了3年,直到2000年国际奥委会发出黄牌警告之后,他们才把这项工作提上日程。3月7日大选后上台的希腊新政府把奥运建设财务情况作了一番审核后宣布,建筑成本超出预算达数百万甚至数十亿美元。

雅典奥组委自正式挂牌以来,一直以独立公司的形式进行运作。最初,融资计划包含向私人领域融资,但该计划遭到其他政党反对,随后希腊上一届社会党政府决定,完全用公共投资预算为雅典奥运会进行融资。这个对融资的争议结果导致奥运会相关项目的投标大大延迟。新体育场馆、奥林匹克村和媒体设施的建设于2001年开工,这时已是雅典被选为主办城市之后四年了。由于工期延误,60%的场馆都没能在开幕前3个月结束,这成为预算赤字的主要原因。

奥运会的花费在希腊国内一直是一个热点问题。此前已经有一些批评家认为,政府为了赶比赛场馆工程的进度造成了很多不必要的花费,而这些额外的花销造成的恶果将会影响到希腊未来数十年。由于奥运会完全使用公共预算,2004年希腊财政赤字预计将占到希腊GDP的3.2%,连续第2年超过欧盟规定的财政赤字不得超过GDP3%的上限。希腊副财长Petros Doukas明确表示,"短期内"举办奥运会的成本不可能收回,"收回成本的时间将是非常长的"。他承认,举办奥运会对于像希腊这种规模的国家是"十分昂贵"的决定。

由于财务和时间紧张,场馆建设完成后应当要做的一些调试和安全保证恐怕就难以实现了。另外,希腊对这个事情的评估也不够,很多设施,他们认为可以用原有的,但最后因为完全不符合国际奥运会的标准只好重建。所以这次雅典奥运会的35个场馆,80%是新建场馆;即使20%是在原有场馆基础上修建的,也等于是全新的,因为是在原有场馆的基础上推倒重来。

不过在困境中总算尚存一线希望。在希腊政府总理卡拉曼利斯的亲自监督下,奥运场馆建设的进度不断加速。希腊方面的努力,也得到国际奥委会的肯定。工人三班倒,机器连轴转,这就是雅典奥运场馆施工现场的真实写照:距离奥运会只有几天的时间了,但是在雅典的35个奥运体育场馆中,还有将近一半的场馆正在进行紧张的收尾工作,甚至一些地方的绿化工程还在筹建之中。为了赶在奥运会开幕之前把工程交工,工人们每天都进行三班倒的工作制度;由于雅典奥运会已经进入了最后的倒计时阶段,因此即便是晚上,工人们也在加班加点。工地建设者表示,他们正在尽可能快地施工,以使他们能尽早完工。雅典奥运会组委会主席安格洛普洛斯夫人也告诉记者,雅典不得不全速进行准备工作。①

由于原先计划的"室内游泳馆"临时变更成"室外游泳馆"。当地媒体认为,雅典40℃的酷暑天气完全有可能让暴露在阳光下的泳池变成"开水锅"。而为了避免这样的情况发生,工作人员将把冰块或冷水加入泳池,以达到规定水温。所以,办法总是有的。

人口只有1000多万的希腊,是自1952年赫尔辛基奥运会以来举办奥运会的最小国家。由于希腊方面开始不重视,场馆建设等工作拖拖拉拉,在长达7年的雅典奥运会筹备过程中,国际奥委会的批评声与媒体的质疑声不绝于耳。但信奉"最后一分钟哲学"的希腊人在后3年里加班加点地工作,最终化险为夷,举办了一届高水准的奥运会。

对于此次雅典奥运会的筹办,国际奥委会主席罗格在接受媒体记者采访时也多次表示,希腊在奥运会筹办工作的管理上存在很大的不足。特别是在接受澳大利亚记者采访的时候他提到,现在看来当年选择雅典作为奥运会主办城市是个错误的决定。同时罗格也提出了一个应当得到的教训,他认为今后国际奥运会在选择承办城市的时候一定要避开中小城市,一定要避开那些基础设施本来就很薄弱的一些城市。最好找一个基础设施比较好,在准备方面不需要花太多钱的城市作为主办方。

后来国际奥委会还真地吸取了雅典的教训,拒绝了来自中小城市举办2012年夏季奥运会的全部申请,甚至还包括了伊斯坦布尔。申请2008年奥运会时,伊斯坦布尔还曾是北京强有力的对手,而现在,伊斯坦布尔在第一轮筛选中就被淘汰了。吸取了教训的奥委会直接把目光锁定在了伦敦、马德里、莫斯科、纽约和巴黎,这些城市无一例外都是一线城市,财力雄厚,不必怀疑其是否具备举办奥运会的能力。诚如希腊公共工程部部长乔治·苏夫利斯所表示的,"我要说的是,我只是许多对我们是否应该主办奥运会表示疑虑的人中的一员,我的担心主要是基于财政方面的考虑,当然同时,我当然希望这些疑问纯属多余。"

五、北京奥运会:紧急借鉴希腊经验和教训

从美国洛杉矶奥运会开始,人们才真正意识到奥运会的商业价值。一届一

---

① 经济半小时:"北京奥运为何瘦身?"http://news.sina.com.cn/c/2004-08-04/22253928928.shtml.

届办下来,赚钱成为了理所当然的事情。可是,雅典奥运会在经济运作上的失败可能已成定局,这给 2008 年的北京奥运敲响了警钟。所以,无论如何,都应该感谢雅典奥运会,因为它给北京奥运会的举办敲响了经济"瘦身"的警钟。还好,北京奥运瘦身已经在雅典奥运的开幕前启动了。鸟巢体育馆建设计划变更,奥运场馆建成时间延后,也许还有更多值得重新考虑的地方。

现在能够意识到的是:举办奥运会绝不仅仅是组织一场世界上规模最大的体育赛事而已。雅典告诉北京,如果不未雨绸缪,奥运预算可以超支成一个"无底洞"。①

由于雅典奥运的运作主要依靠政府部门来进行,奥运经济工作的成功与否,更多的是在考验希腊政府的行政管理能力。在申办奥运的进程中,希腊政府决没有想到后来"9·11"恐怖袭击给自己带来的巨大风险,这一点提醒北京要始终具备风险意识,在运营过程中始终做好防范经济风险的意识。

上一次欧洲举办奥运会是 1992 年的巴塞罗那,西班牙的成功让希腊过于轻视行政管理和经济运作的重要性。实际上,希腊与西班牙的情况大相径庭。希腊是自 1952 年芬兰夏季奥运会以来最小的主办国,运动场馆以及其他设施建设工期的推迟说明,该国缺乏有效的行政管理能力。

希腊的另一个教训是在奥运资金筹措上一定要利用民间和国外的资本。最初,希腊的上届社会党政府作出决定:禁止私营企业参与奥运会项目。结果这个政策已被证明代价高昂。实际上,自 1980 年莫斯科奥运会以后,没有任何一个主办国政府完全用公共投资预算承担所有奥运场馆的建设费用。

希腊的这种做法导致了财政紧张,据希腊副财长彼得杜卡斯透露,雅典奥运会费用的大幅超支,主要原因就是受建设工期推迟和保安成本增加,原本 46 亿欧元的预算暴涨到 60 多亿欧元。

雅典奥运会的部分场馆直到奥运会开幕前十几天才建设完毕,虽然希腊方面承认,自己在场馆建设上的确有些拖沓,但这并没有影响奥运会的按时举行。相反,他们认为场馆在最后一刻完工,在客观上为希腊节省了一大笔赛前维护费用。

雅典奥运会的圆满结束,标志着奥运会正式进入了"北京周期"。罗格 2004 年 10 月底访问北京时也表示,北京奥运会已由"规划阶段"进入到了"全面实施"阶段。北京在申奥成功后曾表示,2008 年奥运会的所有比赛场馆都将在奥运会开幕前一年半即 2006 年底前完工。如果北京最终兑现这一承诺,将创下历届奥运会场馆完工最早的纪录。比赛场馆提前一年半完工,固然可以确保有充裕的

---

① "雅典为奥运敲响警钟",http://www.nxnews.net/118/2004-8-26/21@48243.htm。

时间来举办测试赛,但奥运会开幕前需要的维护保养费用则会增多,这将大大增加主办城市的经济负担。

鉴于此,2004 年 8 月在雅典召开的国际奥委会第 116 次全会上,国际奥委会建议北京适当推后场馆完工的日期,2007 年完成,能够满足测试要求即可。北京奥组委在对场馆建设的安全、功能、投资和工期等进行统筹考虑后,决定将北京奥运会场馆建设推迟一年完工。除少数项目因国际比赛需要安排在 2006 年下半年建成外,其他奥运场馆和相关设施建设将于 2007 年陆续竣工。对此,北京奥组委常务副主席刘敬民说:"场馆建设完工不是越早越好,而是合适才好。"①

问题:通过这几个举例介绍,你对项目时间管理又有了哪些新的认识?

---

① 高鹏:"雅典奥运加压 2008 北京理性面对奥运筹备工作",新华网北京 12 月 13 日电。